Neue Auflage – Neue Wege Neue Gasthöfe

Wandern und Einkehren
Schwäbische Alb - westlicher Teil

Uracher und Reutlinger Alb
Zollernalb
Münsinger Alb, Blaubeurer A
Kleiner und Grof
Naturpark Obe
Hohenzollernstraße -

Stadtrundgänge - Freilich
Bad Urach, Balingen, Beuren, Haigerloch, ... ingen, Hechingen-Stein, Neuhausen ob Eck, Ödenwaldstetten

Ortsbeschreibungen - Burgen - Schlösser - Höhlen
u.a. Bärenhöhle, Beuron, Blaubeuren, Dreifaltigkeitsberg, Derneck, Ehestetten, Erpfingen, Falkenstein, Gammertingen, Gutenberger H., Hausen, Hayingen, Hohenerpfingen, Hohengundelfingen, Hohenneuffen, Hohenurach, Hohenwittlingen, Hohenzollern, Immendingen, Laichinger Tiefenhöhle, Lichtenstein, Lindich, Marbach, Mochental, Möhringen, Nebelhöhle, Oberes Schlichemtal, Offenhausen, Rusenschloss, Schertelshöhle, Schillerhöhle, Schmeietal, Schömberg, Schwenningen, Sigmaringen, Steinernes Haus, St. Johann, Teck, Trochtelfingen, Tuttlingen, Wartstein, Werenwag, Westerheim, Wimsener H., Zwiefalten.

Schwäbische Alb - westlicher Teil - Welcher Wanderer vermag schon der Verlockung zu widerstehen, einen gut Teil ihrer herrlichen Wanderwege unter die Füße zu nehmen? Welchen Reichtum an landschaftlichen und kulturhistorischen Attraktionen kann er dabei entdecken! Man denke nur an die hübschen Bachtäler, an Donaudurchbruch und Donauversinkung, an die prickelnden Wege am Albtrauf mit den atemberaubenden Ausblicken, an die prächtigen weißgrauen Felsen, an die geheimnisvollen Höhlen, an berühmte Schlösser, Burgen, Burgruinen, Kirchen und Klöster. Nicht zuletzt denke man dabei aber auch an das leibliche Wohl und an die Einkehr in einem der vielen renommierten Restaurants, Gasthäuser und Cafés.
Die profiliertesten Wanderwege und die beliebtesten Gasthöfe werden in diesem Buch vorgestellt.

Ein Buch für Genießer

nach Stuttgart
Herrenberg
Nagold
A 81
TÜBINGEN
Rottenburg
Neckar
REUTLINGEN
Genkingen
68
Sonnenbühl 64
Willmandingen
70
Erpfingen
66
Stein
76,86
72,82
Hechingen
84 Stetten
nach Rottweil
88,90
Haigerloch
96
Grosselfingen
Hausen
150
Mägerkingen 152
Balingen 92,95
Pfeffingen
100
Gammertingen 149
Dautmergen
106
Burgfelden
99
Oberes Schlichemtal
108
102 Albstadt
Schömberg
110,112,113
97
Laufen
103 Ebingen
115
Ratshausen
Frohnstetten
146
Wehingen
117
Hartheim
105
Bubsheim
118
Oberschmeien
144
Schwenningen
138
Klippeneck
120
Thiergarten
140,142
Spaichingen
Naturpark
143
Sigmaringen
Obere Donau
DONAU
134,
136
Fridingen
122,124
Tuttlingen
Immendingen
125
127
Neuhausen ob Eck

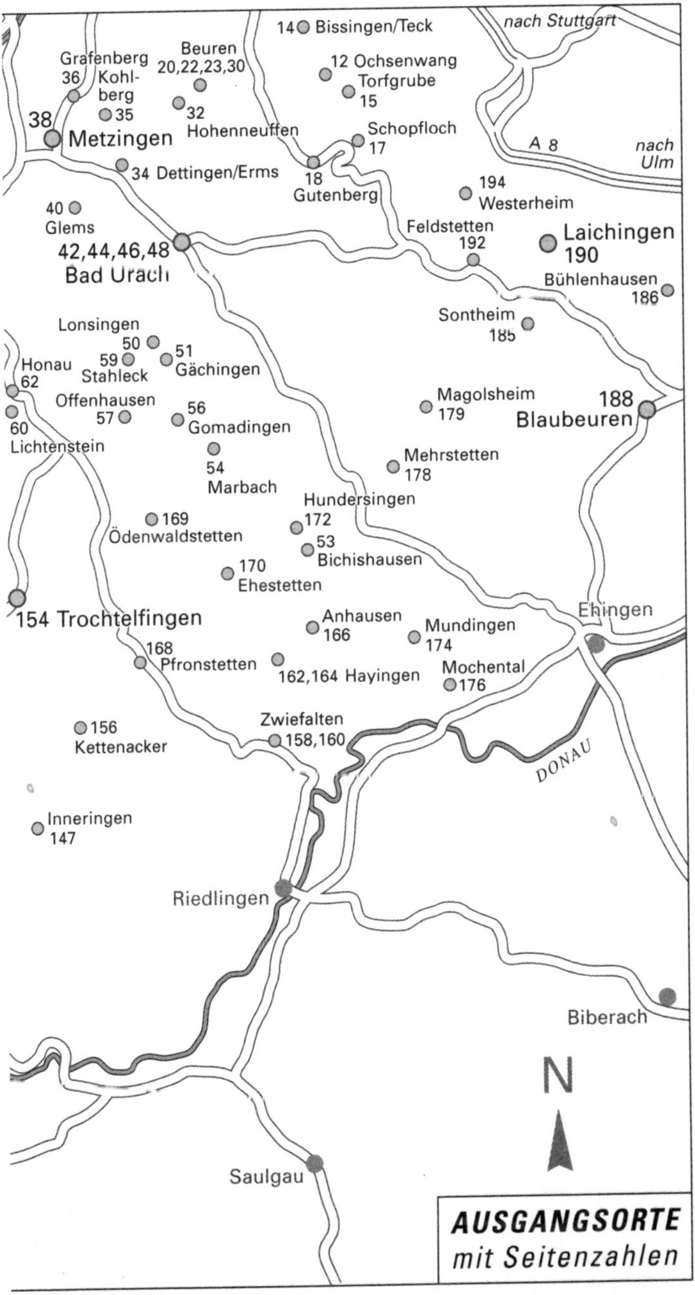
14 Bissingen/Teck
nach Stuttgart
Beuren
20,22,23,30
12 Ochsenwang
Grafenberg
36
Kohl-
berg
35
Torfgrube
15
32
38
Metzingen
Hohenneuffen
Schopfloch
17
A 8
nach
Ulm
34 Dettingen/Erms
18
Gutenberg
194
Westerheim
40
Glems
42,44,46,48
Bad Urach
Feldstetten
192
Laichingen
190
Bühlenhausen
186
Sontheim
185
Lonsingen
50
51
59
Honau
62
Stahleck
Gächingen
Offenhausen
57
56
Gomadingen
60
Lichtenstein
Magolsheim
179
188
Blaubeuren
54
Marbach
Mehrstetten
178
Hundersingen
172
169
Ödenwaldstetten
53
Bichishausen
170
Ehestetten
154 Trochtelfingen
Ehingen
Anhausen
166
Mundingen
174
168
Pfronstetten
162,164 Hayingen
Mochental
176
156
Kettenacker
Zwiefalten
158,160
DONAU
Inneringen
147
Riedlingen
Biberach
N
Saulgau
AUSGANGSORTE
mit Seitenzahlen

Symbole und Zeichen

- eindrucksvolle Landschaft
- mittlere Steigungen
- stärkere Steigungen
- etwa zur Hälfte Wald
- über die Hälfte Wald
- Weinberge
- prägnanter Fluss/Bach
- romantischer Wasserfall
- schöner See/Teich
- markante Felsen
- Höhle/Grotte
- teilweise schöne Aussicht
- großartige Rundblicke
- lohnender Aussichtspunkt
- Burgen und Schlösser
- sehenswerte Sakralbauten
- historische Profanbauten
- (!) auf die Wegführung achten

Abkürzungen

abw	=	abwärts
AP	=	Aussichtspunkt
AT	=	Aussichtsturm
aufw	=	aufwärts
br	=	breit
ger	=	geradeaus
gr	=	groß
i	=	Tourist-Info
kl	=	klein
li	=	links
Min	=	Minuten
ND	=	Naturdenkmal
NSG	=	Naturschutzgebiet
ÖZ	=	Öffnungszeiten
P	=	Parkplatz
P	=	Parkhaus
P	=	Tiefgarage
Pl	=	Platz
re	=	rechts
Ri	=	Richtung
Ru	=	Ruhetag
Std(n)	=	Stunde(n)
Str	=	Straße
Wbh	=	Wasserbehälter
Ww	=	Wegweiser
Z	=	Wegzeichen

Markierungsabkürzungen

MA = Markierungsanfang
OM = Ohne Markierung
MW = Markierungswechsel
LM = Lokalmarkierung

Wanderkarten

Wanderkarten 1: 50 000 (Nr. 17, 18, 19, 20, 26), Landesvermessungsamt Baden-Württemberg in Zusammenarbeit mit dem Schwäbischen Albverein.
Wanderkarte Beuron 1:25 000. Örtliche Wanderkarten.

Wandern und Einkehren

Schwäbische Alb
westlicher Teil

u.a. Reutlinger-, Münsinger- und Hohenzollern-Alb, Donautal

- Herrliche Wanderwege
- Gemütliche Gasthöfe
  Hotels und Pensionen
- Anfahrtsstrecken
- Parkmöglichkeiten

nach den Wanderungen von
Vagabundus
Wanderer zwischen Weg und Wirtschaft

herausgegeben von
Georg Blitz und Emmerich Müller

**Ein Wanderführer im
Drei Brunnen Verlag Stuttgart**

Einbandgestaltung: Jürgen Reichert

Titelfoto: Burg Hohenzollern (Foto-Keidel, Hechingen)

Wanderungen: Georg Blitz
Erika Dritter
Hanne Genssle
Lisa Locher
Monika und Wolfgang Warweg
und
Vagabundus

Karten und Skizzen: Ingenieurbüro artic, Karlsruhe, Duisburg

Bildnachweise: Walter Röhm (S. 25 o., 28 o.), Heinrich Müller Verlag (S. 25 u.), Stuttgarter Luftbild Elsäßer GmbH (S. 26 o.), Sven Grenzemann, Landesbildstelle Württemberg (S. 26 u.), Achim Sperber (S. 27), Weinmann, Gemeinde Sonnenbühl (S. 28 u., 79 o.), Touristik-Gemeinschaft Schwäbische Alb (S. 77, 80, 131 u., 183 u., 184 o.), Römisches Freilichtmuseum Hechingen-Stein (S. 78 o.), Robert Knöll (S. 78 u.), Egidius Fechter, Haigerloch (S. 79 u.), Scholzen, Wurmlingen (S. 129 o.), Helmut Hartmann, Fotofreunde Balingen (S. 129 u.), Rolf Uttenweiler (S. 130), Karl-Heinz Reizner (S. 131 o.), Touristik- und Verkehrsbüro Tuttlingen-Möhringen (S. 132), Helmut Bucher (S. 181), Bürgermeisteramt Zwiefalten (S. 182 o.), Horst Rudel, Atelier Weinmann (S. 182 u.), Hans-Dieter Gram (S. 183o.), Bernhard Mangold (S. 184 u).

Die Deutsche Bibliothek – CIP Einheitsaufnahme

Schwäbische Alb - westlicher Teil : u.a. Reutlinger-, Münsinger- und Hohenzollern-Alb, Donau / nach den Wanderungen von Vagabundus hrsg. von Georg Blitz und Emmerich Müller. - 3., neu überarb. und erw. Aufl. – Stuttgart : Drei-Brunnen-Verl., 1998
(Wandern und Einkehren ; 5)
Bis 2. Aufl. u.d.T.: Schwäbische Westalb
ISBN 3-7956-0206-8

ISBN 3-7956-0206-8
3., überarbeitete und erweiterte Auflage 1998

Druck: Druckerei Göhring, 71334 Waiblingen, Seewiesenstr. 27

Inhalt

Wichtige Hinweise

Lieber Wanderfreund,
damit Sie den größtmöglichen Gewinn aus dem Gebrauch dieses Wander- und Gastronomieführers ziehen können, sollten Sie die folgenden Vorbemerkungen beachten:

- **Weg und Zeit** – Bei diesen Angaben ist im Grunde die *Kilometerangabe* entscheidend. Die *Zeitangabe* bedeutet *reine Gehzeit* bei einer *durchschnittlichen Wegstrecke von 4 km pro Stunde* auf der Ebene oder bei leichten bis mittleren Steigungen. Bei stärkeren Steigungen verringert sich diese Durchschnittsleistung etwas.
- **Wegmarkierungen** – Das *Markierungsnetz* der *Schwäbischen Alb* ist eines der weitläufigsten in *Deutschland.* Großer Dank, Respekt und höchste Anerkennung für dessen Einrichtung und Erhaltung gebührt dem *Schwäbischen Albverein* und engagierten örtlichen Institutionen.
- **Markierungsangaben** – Die *Marginalien* am Seitenrand dienen der besseren Hervorhebung einer Angabe im Textteil. Sie gelten jeweils bis zum nächsten Randvermerk. Allerdings finden sich bei den Wegbeschreibungen zur besonderen Hervorhebung verschiedentlich auch Wiederholungen der Zeichen lediglich innerhalb des Textes.
- **Wegeskizzen** – Sie dienen dazu, Ihnen eine Übersicht zu vermitteln, damit Sie keine groben Fehler machen. Beachten Sie bitte zur Ausrichtung der Skizze den *Nordpfeil*!
- **Wort-Abkürzungen** – Sie sind wanderwegbezogen und daher leicht verständlich. Sie dienen nicht etwa der schnelleren Lesbarkeit, sondern der Platzersparnis, da eine exakte Wegbeschreibung sehr viel Raum in Anspruch nimmt.
- **Rundwanderwege** – Durch die Rundwege bzw. die Verbindungswege zwischen den Gasthöfen ergeben sich völlig neue, überraschend schöne und originelle Routenkombinationen. Selbstverständlich kann eine Wanderung bei *jedem Gasthof* eines Weges aufgenommen und beendet werden.
- **Geschichte – Kunst – Kultur** – *Vagabundus*, Historiker und Kunsthistoriker, stellt jeweils in knapper Form das geschichtliche, kunstgeschichtliche und kulturelle Umfeld eines Weggebietes vor, um dadurch das Erlebnis einer Wanderung wesentlich vertiefen zu helfen.
- **Hotels – Gasthöfe – Restaurants – Pensionen** – Durch eine glückliche Hand bei der sorgsamen Auswahl, verbunden mit einem großen Engagement profilierter Gastronomen, ist es gelungen, für Wanderer und Wandergruppen, Spaziergänger, Ausflügler oder auch „reine Einkehrer“ hervorragend geeignete Betriebe aufzunehmen.

Die hier genannten Einkehrziele zählen zum Empfehlenswertesten, was die Gastronomie dieser Region zu bieten hat.
Selbstverständlich kann es durch Besitzer- oder Pächterwechsel nach Drucklegung immer wieder einmal zu Veränderungen von Angebot, Qualität, Preis, Öffnungszeit und Ruhetag kommen.
● **Viel Spaß** auf Ihren Wanderwegen wünscht Ihnen Ihr
Vagabundus per pedes

Vorwort zur 3. Auflage – Fast alle 96 Wanderwege und Stadtrundgänge dieser stark erweiterten und veränderten Neuauflage wurden neu konzipiert und erwandert, tragen also den aktuellen Gegebenheiten und Möglichkeiten Rechnung. Außerdem wurde das Gebiet auch gaumenmäßig überprüft, wobei es gelungen ist, den wunderschönen Wanderungen auch ebenso viele herrliche Oasen zum Einkehren beizugesellen – von der gemütlichen Weinstube bis hin zum verlockenden schwäbischen Landgasthof oder der gastronomischen Hochburg.

Wir wünschen auch den Benutzern der Neuauflage ein genussreiches *Wandern und Einkehren!*
Die Herausgeber

„Das heißt leben,
die Seele laben in Wald und Flur,
den Körper wandernd stärken,
dem Herzen Gutes tun in freier Luft.
Das Hochgefühl vertiefen,
voll frohen Sinns und Heiterkeit
bei guter Speis und edlem Trank
im Schoß eines gastlichen Hauses.
So zu leben,
heißt lang zu leben."

Vagabundus

Ochsenwang - Auchtert - Mörikefels - Randecker Maar - Ziegelhütte - Schopflocher Moor - Diepoldsburg - Breitenstein - O.

Weg und Zeit - 12 ½ km - gut 3 Stdn.

Charakteristik - Bequemer Rundweg mit nur mäßigen Steigungen, aber mit tollen Ausblicken, besonders vom *Breitenstein.* Erdgeschichtlich außerordentlich interessant durch das *Randecker Maar* und das *Schopflocher Moor („Torfgrube")* beim *Hoffmeister-Haus.* Die benutzten Landstraßen sind bis auf ein kurzes Stück wenig befahren.

Anfahrt - A 8, Ausfahrt *Kirchheim u. T. - Dettingen - Bissingen. - Weilheim - Hepsisau. - Wiesensteig - Schopfloch. - Donnstetten - Schopfloch.*

Parken - Gr P vor dem *Hotel-Gasthof Krone.*

● **Hotel-Gasthof Krone** - *„Die Krone der Gastlichkeit"* - nach diesem Motto wird das lobenswerte Haus mit seinem angenehmen, familiären Ambiente wirklich geführt. Behagliche Komfortzimmer. Gemütliche Gasträume. Gartenterrasse und Biergarten. Vortreffliche schwäbische und internationale Küche. Umfangreiche Speisekarte. Fischgerichte. Vegetarische Speisen. Herzhafte Vesper. Aktionswochen. Mittl. Preise. - *Ru = Di.*

● **Ochsenwang - Auchtert - Mörikefels - Randecker Maar** - ½ Std - Vom Austritt *Gasthof Krone* die *Eduard-Mörike-Str* (in dieser Str hat *Eduard Mörike* von 1832-33 als Pfarrverweser gewohnt) li,
MA *[Rote Raute].* Am Ortsende re aufw bis Haus Nr. 84, dann li,
MW befest. Weg. Am Waldrand re aufw, *[Rotes Dreieck],* zum ausgedehnten Gipfelplateau des *Auchtert,* 813 m, umfassende Rund-
OM sicht. Immer ger weiter, *ohne Markierung,* auf einem angedeuteten Grasweg über die Hochfläche. Am Abbruch entlang abw zum Wald und *Mörikefels.* Besonders schöne Aussicht. Weg ca. 2 Min weiter abw, dann Abzweig re durch den Wald zu befest. Querweg.
MA Diesen li abw, *[Rotes Dreieck]* zu einer Fahrstr. Überqueren und am Rand des grandiosen *Randecker Maars* entlang, das vor etwa 10 Mio. Jahren durch vulkanische Kräfte entstanden ist.

● **Randecker Maar NSG** - Durch die Konservierung seines ursprünglichen Zustands ist es das instruktivste Beispiel eines Maares auf der *Schwäbischen Alb.* Sein runder Trichter hat einen Durchmesser von 1,2 km und eine Tiefe von 60 m. Der frühere See wurde im Laufe der Zeit vom *Zipfelbach* zur *Lindach* hin entwässert.

● **Randecker Maar - Ziegelhütte - Otto-Hoffmeister-Haus** - gut ½ Std - Längs des Maarrandes bis zu kl Str (nur landwirtsch. Verkehr). Li ab mit herrlichen Ausblicken zum *Salzmann-Stein* (Gründer des Albvereins). Blick von hier durch den Einschnitt des *Zipfelbachs* auf die *Limburg,* einen der schönsten Vulkan-

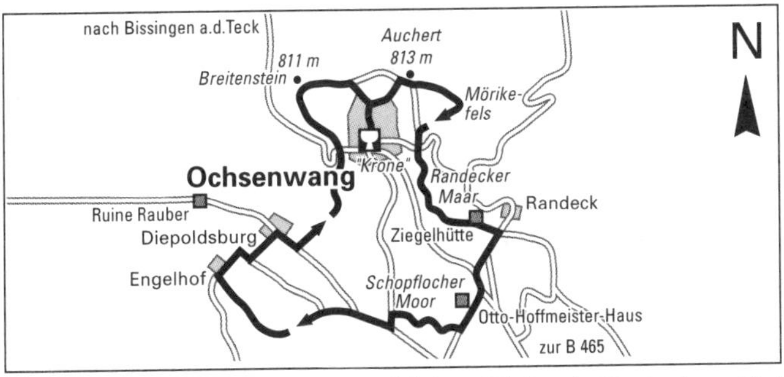

kegel der Region, ein landschaftliches Kleinod. Nach dem *Hof Ziegelhütte* Str re ab, *[Rote Raute],* Skilift, am 1. Wander-P *ohne Markierung* halbre zur Fahrstr. Überqueren, Parallelpfad li und re ab zum *Otto-Hoffmeister-Haus.* *MW* *OM*

● **Otto-Hoffmeister-Haus - Schopflocher Moor - Engelhof - Diepoldsburg** - 1 Std - Ger weiter und sofort nach dem Zaun re, Graswegspur zu einem Bohlendamm, der mitten durch das Hochmoor führt. Es ist vulkanischen Ursprungs, auf Basalttuff sammelt sich das Wasser, einziges größeres Hochmoor der *Alb.* Ein Leckerbissen! Nach dem Moor Grasweg ger zu befest. Querweg, li ab, nächster Querweg re ab, *[Rote Raute],* konsequent ger. In der Waldecke re versetzt durch ein Tannenstück, drüben durch Felder und wieder durch Wald. Waldrand ger, *Engelhof,* re aufw, schöner Blick auf die *Teck.* Straßenbogen abschneiden. *Diepoldsburg* (lohnender Abstecher zur *Ruine Rauber).*

● **Diepoldsburg - Breitenstein - Ochsenwang** - 1 Std - Str folgen, *[Rotes Dreieck],* Erdauffüllplatz, über die Landstr, Wander-P, *Breitenstein,* 811 m. Phantastische Aussicht, Panoramatafel. Nun längs des Traufs Ri *Auchtert.* Ca. 12 Min ab Gipfel br Weg re ab nach *Ochsenwang.* *MW*

● **Weitere Wanderwege von Ochsenwang** - *1) Diepoldsburg - Ruine Rauber - Sattelbogen - Teck - Bissingen - Breitenstein* - (gut 3 Stdn). - 2) *Auchtert - Pferch* (Spaltenhöhlen) - *Pferchhöhle - Hepsisau* - Umrundung *Randecker Maar* - (ca. 2 Stdn).

Bissingen a. d. T. - Sattelbogen - Gelber Fels - Teck - Hörnle - Bissingen

Weg und Zeit - 8 km - gut 2 Stdn.
Charakteristik - Der Rundweg über die ursprünglich mächtige *Burg Teck* (1150 von den *Zähringern* errichtet und 1525 in den *Bauernkriegen* zerstört) zählt zu den beeindruckendsten Erlebnissen, die der geschichtsinteressierte Naturfreund am Rand der *Schwäbischen Alb* erleben kann. Mittlere Anstiege, 350 Höhenmeter.
Anfahrt - A 8, Ausfahrt *Kirchheim-Ost,* über *Nabern.*
Parken - Gäste-P beim *Gasthof Zum Adler.*

MA ● **Der Rundweg** - Vom *„Adler"* Vordere Str, Teckstr mit *[Blauem Dreieck]* aus dem Ort hinaus. Auf Betonweg am Gießnaubach entlang talaufw. Nach ca. 25 Min re auf Feldweg in Ri *altes Schafhaus.* Durch ein Feuchtgebiet und an Reihen mit Kastanien und Linden vorbei geht es leicht aufw zum *Sattelbogen.* Herrlicher Ausblick ins *Lenninger* und *Bissinger Tal.* Beim Rast-
MW platz re mit *[Rotem Dreieck, HW 1], Ww [Gelber Felsen].* Achtung: Nach wenigen Metern nicht dem br Weg folgen, sondern gleich re auf schmalem Waldpfad aufw. Nach ca. 30 Min erreicht der Wanderer den imposanten Gelben Felsen mit Aussichtsplattform. Unter dem Felsen befindet sich die sagenhafte Veronikahöhle. Weiter am Albrand entlang, *Ww [Teck].* Nach re ist ein Abstecher zum Herzogsbrünnele markiert. Es diente als Viehtränke, als die Hänge des damals unbewaldeten Teckberges noch als Viehweide genutzt wurden. Auf dem Abstecher dorthin sind Überreste von Anlagen aus der Anfangszeit des Segelfliegens zu sehen. Der Albrandweg stößt nach kurzer Zeit auf die Fahrstr *Hörnle-Teck.* Nach einer Haarnadelkurve erreicht man die *Burg Teck* (775 m) mit dem Albvereinswanderheim. Am Westhang unterhalb der Burg liegt die *Sibyllenhöhle* (neben dem Burgtor li abw). Auf dem Fahrweg abw zum Wan-

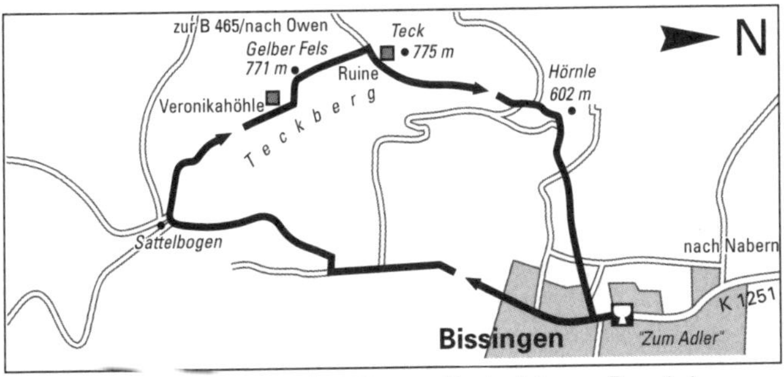

der-P am *Hörnle.* Hier mit *[Blauem Dreieck]* zum Rand des aussichtsreichen Bergsporns und rc abw zum bereits sichtbaren *Bissingen.* Ein leichter Abstieg bringt den Wanderer in ca. 20 Min über Stuberweg u. Brunnenstr zurück zum *MW*

● **Gasthof-Metzgerei Zum Adler** – In einem schön restaurierten Fachwerkhaus befindet sich dieser traditionsreiche Gasthof mit stilvoll-rustikalen Gasträumen und behaglichen Gästezimmern. Ideenreiche schwäbische Küche mit leckeren Spezialitäten aus der eigenen Metzgerei. Herrliche Wildgerichte, große Vesperkarte. Untere bis mittlere Preise. - *Kein Ru.*

Torfgrube/Otto-Hoffmeister-Haus - Krebsstein - Wielandsteine - Torfgrube

Weg und Zeit – 11 km – gut 2 ¾ Stdn.
Charakteristik – Ein beschaulicher Rundweg auf gut befestigten Wegen durch Wiesen und kleine Wälder am Rande des einzigen Hochmoores der *Schwäbischen Alb*, der *Torfgrube.* Wunderschöne Aussicht von den *Wielandsteinen.*
Anfahrt – *A 8,* Ausfahrt *Kirchheim-Ost,* über die *Bissinger Steige, Ochsenwang.*

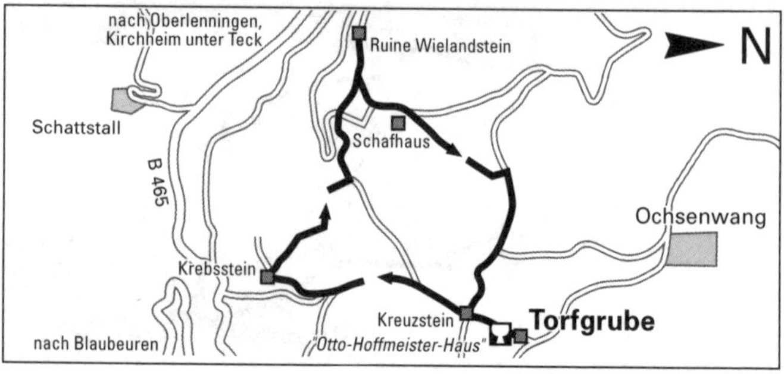

Parken - Großer Gäste-P beim *Otto-Hoffmeister-Haus.*

MA ● **Der Rundweg** - Vom *Otto-Hoffmeister-Haus* mit *[Roter Raute], Ww [Gutenberg, Krebsstein].* Auf asphaltiertem Weg immer ger. Bei Gabel nach Wander-P halbre auf wenig befahrener Autostr bis in den *kl Weiler Krebsstein* (lohnender Abstecher zum Wasserfelsen, schöne Aussicht). Im Ort Querstr re, nächste Abzweigung wieder re aus dem Dorf hinaus. Auf freiem Feld 2. Abzweigung auf befestigtem Weg li. Nach Rechtskurve in den Wald hinein. Gleich bei Eintritt in den Wald Gabel li. Wieder aus dem Wald heraus und auf asphaltiertem Weg li. Bei Wegekreuz mit Orientierungskarte ger auf Feldweg weiter, *Ww [Wielandsteine].* Nach kurzer Zeit in niederem Wald ger vorbei an einem Grillplatz. 20 m nach der Schautafel *Wielandstein-Wanderweg* bei Gabel halbre auf schmalem Pfad zu den *Wielandsteinen* mit herrlicher Aussicht ins *Lenninger Tal* u. auf die Felsenlandschaft des *Albtraufs.* Auf dem höchsten Felsen stand früher eine Burg. Auf gleichem Weg oder auf dem ausgeschilderten kl Rundweg zurück zur Schautafel und weiter zur Grillstelle. Kurz danach bei Gabel halbli mit *[Roter Raute], Ww [Engelhof, Rauber].* Ein kurzes Stück auf Wiesenweg, dann halbli auf geschottertem br Feldweg. Nach 10 Min hinter dem
OM *Schafhaus ohne Markierung* halbre am Waldrand entlang leicht aufw. Der Feldweg macht nach ca. 30 Min auf freiem Feld eine Linkskurve u. führt über eine Wiese zu einem br Forstweg.
MA Hier wieder mit *[Roter Raute]* re. Durch ein kurzes, dunkles Tannenstück, auf befestigtem Weg ger. Gabel ger, nächste Gabel li bis zum *Kreuzstein* und wie auf dem Hinweg li zurück zum *Otto-Hoffmeister-Haus.* Vor dem *Gasthof* bietet sich li auf einem Gras- und Bohlenweg ein interessanter Abstecher in das *Torfmoor* an.

● **Landgasthof Otto-Hoffmeister-Haus** - Am Rande des Schopflocher Moores in absolut ruhiger Lage liegt diese beliebte Ausflugsgaststätte. Stilvolle Gasträume, herrlicher Biergarten. Behagliche Gästezimmer. Hervorragende Küche für gehobene Ansprüche. Feine schwäbische und internationale Gerichte, frisch und kreativ zubereitet. Mittlere Preise. - *Ru = Mo u. Di.*

Schopfloch - Bahnhöfle - Schertelshöhle - Hasental - Schopfloch

Weg und Zeit - 13 km - 3 ¼ Stdn.
Charakteristik - Höhepunkt dieser Wanderung durch Wald, Wiesen und herrliche Wacholderheide ist der Besuch einer der schönsten *Tropfsteinhöhlen* der *Alb*, der *Schertelshöhle*. Die 212 m lange Höhle ist von Karfreitag bis Ende Oktober jeden Tag geöffnet. Anfragen beim *Bürgermeisteramt Westerheim*, Tel. 07333/9666-12.
Anfahrt - A 8, Ausfahrt *Kirchheim-Ost, Bissinger Steige* über *Ochsenwang.*
Parken - Gäste-P beim *Restaurant Der Sommerberg.*
● **Der Rundweg** - Vom *„Sommerberg" Kreislerstr ohne Markierung* leicht aufw aus dem Ort hinaus. Parallel zur Stromleitung über die Felder, Querweg li. Nach dem Funkmast Querweg li. Am Ortsanfang von *Schopfloch Bulzenweg* scharf re. Bei Gabel
mit *[Roter Raute]* ger, *Ww [Bahnhöfle]*. Bei Dreifachgabel halbli. *MA*
Später am Waldrand entlang bis zur Autostr. Str bei Wander-P überqueren und parallel zur Str Ri *Bahnhöfle* auf befestigtem
Weg. Nach ca. 5 Min. *ohne Markierung* 1. Abzweigung re auf *OM*
asphaltiertem Fahrradweg. Bei kl Baumgruppe mit *Ww [Schertelshöhle, Filsursprung]* li. Kreuzung ger am Waldrand entlang. Nächste Kreuzung halbre. Im Wald nach 100 m Gabel halbre aufw. Nach kurzem Aufstieg oben auf br Weg halbli, nach 200 m
bei Dreiwegegabel mittlerer Weg mit *[Roter Gabel, W 2]*, *Ww* *MA*
[Schertelshöhle]. Nach kurzem Abstieg bei gr Waldkreuzung ein
kurzes Stück auf dem *[HW 7, Roter Strich]* re. Vor der nächsten *MW*
Gabel geht es mit *[W 3]* li über Stufen aufw zur sehenswerten *Schertelshöhle*. Ger führen Stufen zum *Steinernen Haus*, einer 55 m langen Höhle mit Funden aus der Jungsteinzeit und Bron-
zezeit. Bei der Gabelung weiter mit *[Roter Gabel]* re, *Ww* *MW*
[Donnstetten, Römerstein]. Auf Waldweg aufw bis zur Höhe

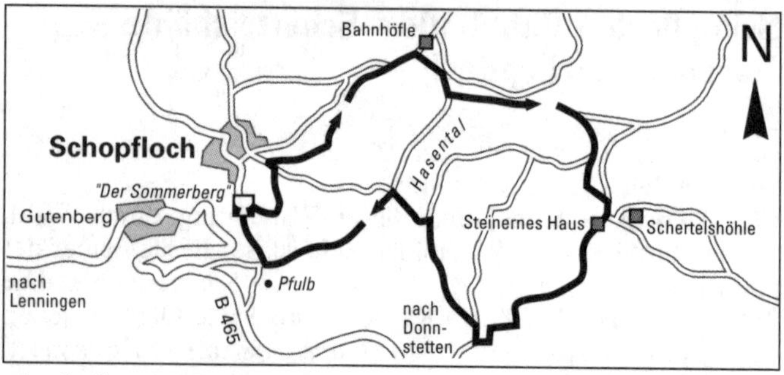

oberhalb von *Donnstetten.* Von der Str vom Sportplatz nach
MW *Donnstetten* mit *[Roter Raute]* re abzweigen und abw ins *Hasental.* Unten aus dem Wald heraus und auf geteertem Weg li.
MW Querweg mit *[Roter Gabel]* li bis zum *Pfulb-Skilift. Ohne Mar-*
OM *kierung* re auf kl befestigtem Fahrweg parallel zur Autostr, vorbei am Bergwachthaus und zurück zum

● **Restaurant-Café Der Sommerberg** - In wunderschöner Aussichtslage liegt dieses geschmackvoll eingerichtete Haus mit herrlicher Gartenterrasse. Gepflegte Atmosphäre. Die kreative Küche bietet lecker zubereitete schwäbische Spezialitäten mit saisonalen Akzenten. Große Auswahl an wunderbaren selbst gemachten Kuchen. Mittlere Preise. - *Ru = Do u. Fr.*

Gutenberg/Lenningen - Hasental - Schopfloch - Gutenberger Höhlen - Gutenberg

Weg und Zeit - 9 km - 2 ½ Stdn.
Charakteristik - Eine erdgeschichtlich interessante Wanderung durch eindrucksvolle Natur. Zunächst ein steiler Aufstieg durch den *Felsenkessel* oberhalb von *Gutenberg.* Dann geht es auf der Albhochfläche durch Wiesen und Wälder. Auf dem Abstieg können die berühmten *Gutenberger Höhlen* besichtigt werden. Führungen anmelden unter Tel. 07026/7822. Anstiege 310 Höhenmeter.
Anfahrt - A 8, Ausfahrt *Kirchheim-Ost*, B 465 über *Oberlenningen.*
Parken - Gäste-🅿 beim *Gasthof „Altes Pfarrhaus“* in *Gutenberg.*

● **Der Rundweg** - Vom *„Alten Pfarrhaus“ ohne Markierung* Hauptstr Ri Albaufstieg. In fast rechtwinkliger Linkskurve *Obe-*
MA *re Mühlstr* re bis zum Sägewerk. Hier kurz re, dann mit *[Roter Gabel]* vorbei an mehreren ehemaligen Mühlen bis zu den Quellen der *Weißen Lauter.* Danach zunächst durch Wiesen, später in Serpentinen durch Wald steil aufw. B 465 schräg nach li überqueren, vor der Kurve auf schmalem Pfad halbre weiter aufw. In steilen Serpentinen durch den Felsenkessel der *Pfulb-*

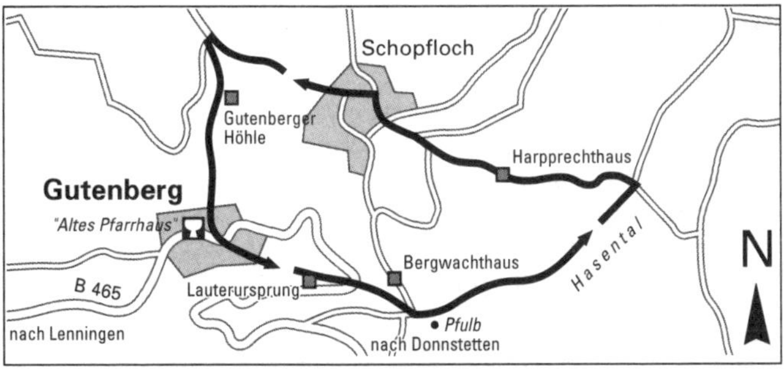

schlucht. Oben Autostr überqueren und vorbei am *Pfulb-Skilift* auf asphaltiertem Weg in das *Hasental,* ein urzeitliches Trockental, dessen Gewässer früher in die *Urlone* mündeten. Nach ca. 20 Min mit *[Roter Raute]*, *Ww [Schopfloch]*, li leicht aufw in den *MW*
Wald. Vorbei am Wanderheim Harpprechthaus bis in die Ortschaft *Schopfloch. Obere Bergstr* abw, *Hintere Bergstr* re, *Ochsenwanger Str* re. Nächste Str li Ri *Krebsstein.* An der wenig befahrenen Str bis zum Wander-P. Hier nicht mehr der Str folgen, sondern mit *Ww [Gutenberger Höhlen]* abw durch dichten Tannenwald. In der *Gutenberger Höhle*, Länge 180 m, wurden Scherben aus der Jungsteinzeit, der Hallstatt- und Keltenzeit sowie eiszeitliche Relikte von Höhlentieren gefunden. Die ebenfalls beleuchtete und geführte *Gußmannshöhle* ist eine typische Spaltenhöhle mit sehr schönen Tropfsteinbildungen. Der Rückweg nach *Gutenberg* ist nicht zu übersehen. Im Ort Hauptstr kurz re und zurück zum

● **Gasthof „Altes Pfarrhaus“** - Im liebevoll restaurierten ehemaligen Pfarrhaus, der Wirkungsstätte des Höhlenentdeckers Pfarrer Gußmann, befindet sich dieses gemütliche Restaurant. Die vorzügliche Küche bietet leckere schwäbische, französische und ungarische Spezialitäten und ideenreich zubereitete vegetarische Gerichte. Untere bis mittlere Preise. - *Ru = Do.*

Beuren - der Kurort - die Wanderwege

Anfahrt - A 8, Ausfahrt *Kirchheim/Teck-Ost* - B 465 *Owen* - L 1210. - Von *Nürtingen.* - Von *Neuffen.* - Siehe auch S. 30.
Parken - Gr P bei der *Panorama-Therme*, Zufahrt über *Balzholzer Str.* In Ortsmitte u. a. bei der *Kelter.* - Siehe auch S. 22 u. 30.
● **Lage** - Am Fuß der *Schwäbischen Alb*, überragt von der mächtigen *Burgruine Hohenneuffen,* inmitten eines großen Naturparks. Gesunde Mittelgebirgslage zwischen 400 und 700 m. Klimabegünstigte fruchtbare Landschaft mit Obst- und Weinbau, mit Weideflächen und bewaldeten Hängen.
● **Geschichte** - Erste urkundliche Erwähnung Anfang 14. Jh., 1304 zu *Württemberg.* Blütezeit im 15./16. Jh. Notzeit im 17./19. Jh. Drei Männer im Kampf gegen die Not (um 1850): Pfarrer *J. Chr. Knecht,* Einführung der Jacquardweberei. Schultheiß *J. Klaß*, Zuteilung von Geißen an Arme, Einrichtung einer Viehleihkasse. Bauer *K. Buck,* der *Karle von Beuren*, Pietist wie *Klaß* und überzeugender Glaubenslehrer. - 1938 Eingemeindung von *Balzholz.*
● **Gegenwart** - 1970 beschlossen die Gemeindeväter, im *Vulkangraben der Schwäbischen Alb*, auf dem das Dorf gebettet ist, auf Schatzsuche zu gehen. - 1970/71 hatten sie den Schatz gefunden: Heißes Thermal-Mineralwasser aus den Tiefen des Karstgesteins, die Hinterlassenschaft längst erloschener Vulkanberge. Aus 700 m Tiefe schütten die *Wilhelms-* und *Friedrichsquelle* täglich über 700 000 Liter heißes Heilwasser aus. 1976/77 Bau eines *Thermal-Mineral-Bewegungsbades* mit vier Thermalwasserbecken (630 qm), Innen- und Außenbecken. 1985 Bau eines Kaltwasseraußenbeckens mit normalem Wasser. So entstand ein *„staatlich anerkannter Erholungsort mit Heilquellen-Kurbetrieb*“. Motto: *„Baden - Kuren - Saunieren - Entspannen*“.
● **Sehenswürdigkeiten** - Historischer Ortskern mit schönen Fachwerkbauten. - *Rathaus 1553/56.* - *„Storchennest*“ 1558, heute *Restaurant* (S. 30). - *Hist. Kelter,* in der Nähe *Gasthof „Löwen“* (S. 30) und *„Beurener Hof“* (S. 22). - *Ev. Nikolauskirche* 1410-30, Veränderungen 1904/05, Innenrenovierung 1990, Wandmalereien Ende 15. Jh., schöner holzgeschnitzter *Palmesel* um 1470/80 (*Ulmer Schule*), *Gruol-Orgel* 1839, außen am Turm ein *Ölberg* um 1520.
● **Wanderwege** - Das attraktive *Wanderwegenetz* um *Beuren* weist 55 km markierte Wanderwege auf. In einer Publikation der *Kurverwaltung* sind 3 Halbtags- und 2 Tageswanderungen beschrieben, außerdem 4 Spaziergänge. Zudem ist ein Ortsplan 1:7500 mit den Wanderwegen der näheren Umgebung erhältlich. - Auf den nächsten Buchseiten wird der Wanderer zum *Hohenneuffen* geführt, zur *Baßgeige* und zum *Beurener Fels.*

Beuren – Freilichtmuseum – Tiefenbachtal – B.

Weg und Zeit – 11 km – 2 ¾ Stdn.
Charakteristik – Eine beschauliche Rundwanderung, die mit einem Besuch des *Freilichtmuseums* verbunden werden kann.
Anfahrt – Von *Reutlingen* über *Metzingen.* – Von *Nürtingen.*
Parken – P vor dem *Hotel Beurener Hof* in *Beuren.*

● **Der Rundweg** – Vom *Beurener Hof ohne Markierung Hohen-*
MA *neuffenstr* ortseinwärts, Hauptstr li und mit *[Blauem Dreieck]*
Brühlstr re aus dem Ort hinaus. Vor dem *Freilichtmuseum Beu-*
ren (siehe S. 23) li, nach 150 m in Rechtskurve Gabel halbre
leicht abw. Nach 15 Min ger in den Wald. Nach ca. 50 m Gabel
OM halbli. Jetzt immer ger abw. Im *Tiefenbachtal ohne Markierung* li
MA am Bach entlang, ab Schranke wieder mit *[Blauem Dreieck].*
Querstr kurz li, nach 50 m re (!) über schmale Holzstufen abw. Nach einiger Zeit aus dem Wald heraus. Auf der Fahrstr re, nächster Feldweg li. Nach 50 m bei Wegweiser mit *[Blauem Dreieck]* u. *[Blauer Raute]* li über die Wiese. Auf schmalem Pfad halbli in den Wald, kl Bachbrücke überqueren. Auf br Forstweg *ohne Markierung* li aufw. Oben mit *[Blauem Dreieck]* li. Beim Austritt aus dem Wald li am Waldrand entlang, nach 100 m mit *Ww [Beuren]* halbli wieder in den Wald hinein. Achtung: nach 5 Min im Wald mit *[Blauem Dreieck, 5, 6]* re. Wieder aus dem Wald heraus und ger durch Streuobstwiesen. Querweg ger überqueren und weiter auf Feldweg. Auf der br Fahrstr re in ca. 20 Min zurück nach *Beuren.*

● **Hotel-Restaurant Beurener Hof** – Ein stilvolles Haus mit wohltuend gepflegter Atmosphäre. Behagliche Komfortzimmer. Feine schwäbische und internationale Küche für anspruchsvolle Gaumen. Je nach Saisonangebot reicht die Auswahl von kreativen Feinschmeckermenüs über leichte Fischvariationen bis zu herzhaftem Vesper. Mittlere bis leicht gehobene Preise. – *Kein Ru (Di u. Mi ab 18 Uhr geöffnet).*

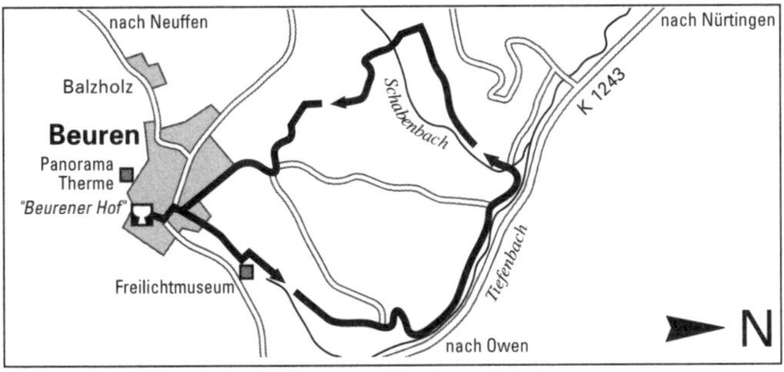

Freilichtmuseum Beuren

Anfahrt - siehe S. 22.
Öffnungszeiten - April bis Okt. tägl. außer Mo von 9–18 Uhr.
● **Charakteristik** - Am Fuße der *Schwäbischen Alb*, in Sichtweite der *Burgruinen Teck* und *Hohenneuffen* liegt inmitten von Streuobstwiesen das *Freilichtmuseum Beuren.* Für dieses Museum wurden die wichtigsten Haustypen aus dem *Neckarland* und der *Schwäbischen Alb* zusammengetragen. Diese einzigartigen Zeitdokumente waren an den ursprünglichen Standorten vom Abriss bedroht und konnten nur durch Versetzung gerettet werden. Der Bogen der wieder errichteten Gebäude spannt sich vom großbäuerlichen *Wohn- und Wirtschaftsgebäude* über *Backhaus* und *Scheune* bis hin zum *Schweinestall.* Gezeigt werden immer Momentaufnahmen, d. h. Gebäude und Hausumfeld werden in einem festgelegten Zeitabschnitt präsentiert. Die Zeitreise beginnt 1496 und endet in unserem Jahrhundert. In der Rückschau erlebt der Betrachter eine wissenschaftlich fundierte Darstellung des früheren Lebens. Träger des Museums ist der *Landkreis Esslingen.* Die Konzeption des Museums sieht es vor, den Besucherinnen und Besuchern Geschichte begreifbar zu machen. Der Veranstaltungskalender sowie Informationen über Aktionstage und Gruppenführungen können über das *Info-Telefon* des Landratsamtes Esslingen, Tel. 0711/3902-2307 angefordert werden. In dem vom *Förderverein des Museums* liebevoll eingerichteten *„Tante-Helene-Laden“* aus der Zeit um 1920 kann sich der Besucher mit allerlei Nützlichem eindecken. Für das leibliche Wohl der Besucher sorgt der Museumswirt. Sitzecken am Dorfteich und vor der Scheune laden zum Verweilen ein.
● **Rundgang - 1)** Das 1726 erbaute *Wohn- und Wirtschaftsgebäude* aus *Tamm, Kreis Ludwigsburg,* dient heute als Eingangsgebäude mit Museumsgaststätte. Das stattliche zweigeschossige Gebäude ist voll unterkellert. Beachtenswert die Steinmetzarbeiten am Haus. **2)** Die *Scheuer* von 1496 aus *Gärtringen, Kreis*

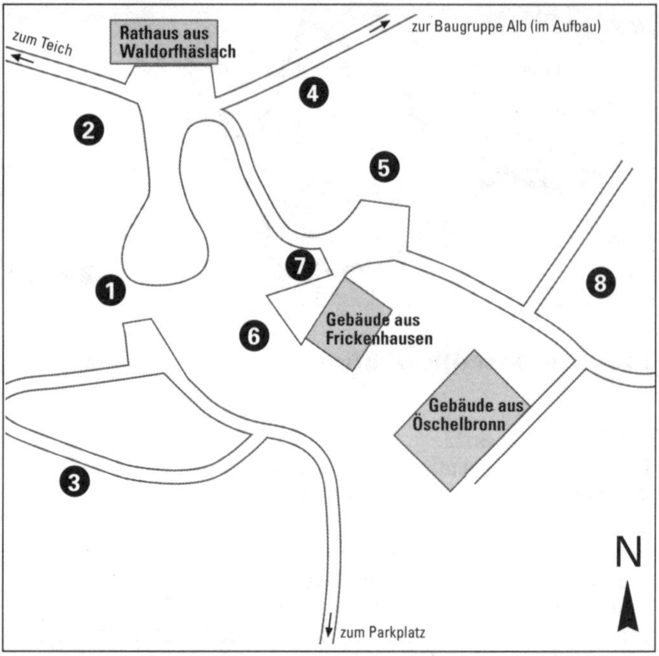

Ludwigsburg. Das Gebäude wurde in *Unterfirstständerbauweise* errichtet, einer typischen Konstruktionsform des 15. Jh. Heute dient es für Vortragsveranstaltungen und wechselnde Ausstellungen. **3)** Das *Back- und Waschhaus* von 1813 aus *Sielmingen, Kreis Esslingen,* war ein typisches privates Backhaus, wie es auf dem Lande vorherrschend war, bevor sich in der Mitte des 19. Jh. die Gemeindebackhäuser durchsetzten. **4)** Das *Backhaus* aus *Esslingen-Sulzgries*, erbaut 1887, wurde ehemals von der *Backhaus Gesellschaft Sulzgries* genossenschaftlich genutzt. **5)** Ein *Wohn-Stall-Haus mit Scheuer* aus *Beuren*, erbaut im 16. Jh., gibt dem Besucher einen detaillierten Einblick in das ländliche Leben in der Zeit um 1800. **6)** Die freistehende Scheuer in *Firstständerkonstruktion*, erbaut im 15. Jh., wird im Erbauungszustand präsentiert und dient heute als Ausstellungshalle. **7)** Schweinestall aus dem 19. Jh. **8)** Das *Wohnhaus und Werkstatt der Schreinerfamilie Walz aus Ohmenhausen, Kreis Reutlingen,* erbaut 1763, wird im Zeitschnitt der 1920er Jahre präsentiert, als nach Aufgabe der Landwirtschaft eine Schreinerwerkstatt eingerichtet und das Haus erstmals an das öffentliche Strom- und Wassernetz angeschlossen wurde. Außerdem kann ein *Tagelöhnerhaus* aus *Weidenstetten, Alb-Donau-Kreis,* besichtigt werden. Ein *Kalkofen* wurde rekonstruiert und eine *Feldscheuer* bietet Raum für Aktionen.

Wandern...
...und Einkehren auf der Schwäbischen Alb

oben: *Blick auf Beuren und die Panorama Therme*
unten: *Eingangsgebäude mit Museumsgaststätte im Freilichtmuseum des Landkreises Esslingen in Beuren*

Weg am Uracher Wasserfall

oben: *Panorama von Bad Urach vom Michelskappel aus*
unten: *Traditionelles Backhaus auf der Schwäbischen Alb*

Die Schreinerwerkstatt

Beuren - Hohenneuffen - Wilhelmsfels - Marienfels - Erkenbrechtsweiler - Heidengraben - Baßgeige - Beurener Fels - B.

Weg und Zeit - 12 km - 3 ¼ Stdn. - Höhendifferenz ca. 300 m.
Charakteristik - Ein idyllisches Städtchen am Fuße der *Alb,* ein ca. 30-minütiger Aufstieg auf die *Albhochfläche,* die Begegnung mit der Geschichte bei der gewaltigen *Burgruine Hohenneuffen* und beim *Heidengraben* sowie die atemberaubenden Ausblicke vom Albrand - abwechslungsreicher kann eine Albwanderung nicht sein!
Anfahrt - A 8 *Stuttgart-München,* Ausfahrt *Kirchheim/Teck-Ost,* B 465 bis *Owen,* re nach *Beuren.* - K 1243/L1210 von *Nürtingen.* - L 1210 von *Metzingen-Kohlberg-Neuffen.*
Parken - *Beuren* Ortsmitte: vor dem *Gasthaus „Löwen"*, beim *Restaurant Im StorchenNest.*

● **Café-Restaurant Im StorchenNest** - In einem alten Fachwerkhaus befindet sich dieses urgemütliche Café mit Weinstube. Wohltuend gepflegte Atmosphäre. Die Küche erreicht gehobenes Niveau. Feine Fischvariationen, zarte Steaks und hausgemachte schwäbische Spezialitäten, alles kreativ und frisch zubereitet. Mittlere Preise. - *Ru = Mi ganz, Do ab 18 Uhr.*

● **Der Rundweg** - Vom *„Löwen"* bzw. vom *„StorchenNest"*
MA *Hauptstr* Ri *Owen, Hohenneuffenstr* mit *[Blauem Dreieck]* re, *Ww*
[Hohenneuffen]. Mit dieser Markierung geht es auf gut ausgeschildertem Weg aus dem Ort hinaus und stramm aufwärts bis zum *Sattel.* Von dort weiter re bis zu *Festungsruine Hohenneuffen* (743 m). Die Burg stammt aus dem 11. Jh., nachdem die *Kelten* schon ein Jahrtausend vorher den Berg besiedelt hatten. Sie wurde im Laufe der Jahrhunderte zur Festung ausgebaut und erst 1801/02 auf Befehl der *Franzosen* zerstört. Seither ist sie die größte Burgruine der *Schwäbischen Alb.* Nach der Besichtigung der Ruine wieder zurück zum *Sattel* und ger auf geschottertem
MW Weg zum Wander-P. Hier mit *[Rotem Dreieck/ HW1]* li auf den
Albtraufweg abbiegen. Vorbei am *Wilhelmsfels,* dem *Klingenteichfels* und dem *Marienfels.* Ca. 100 m vor einem Hochsitz re in die Ortschaft *Erkenbrechtsweiler.* Im Ort Querstr li, *Burgweg* li. Aus dem Ort hinaus. Autostr ger überqueren zum Wander-P. Quer hinter dem P verläuft der *Heidengraben,* ein Teil der Befestigungsanlagen einer großen *Keltensiedlung* (100 vor Chr.). Vor
OM dem *Heidengraben* auf asphaltiertem Weg *ohne Markierung* re
MA bis zum bewaldeten Albrand. Jetzt scharf li mit *[Rotem Dreieck/*
HW1], immer am *Albtrauf* entlang bis zum *Brucker Fels.* Danach
MW weiter auf dem *Traufweg* entlang der *Baßgeige* mit *[Blauem Dreieck]* zum *Beurener Fels.* Von beiden Felsvorsprüngen großartige Aussicht auf das *Albvorland* mit seinen zahlreichen Kleinvulka-

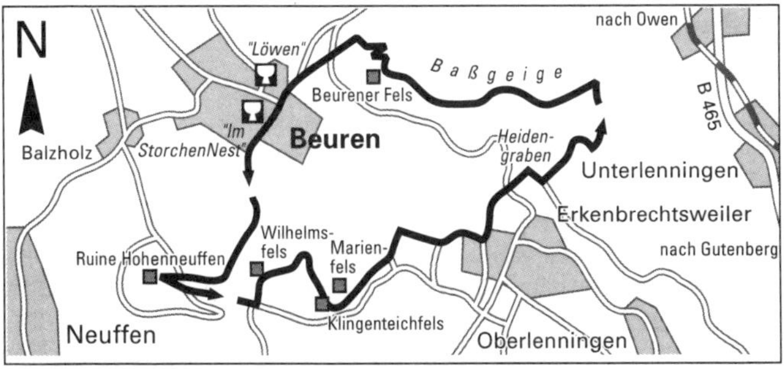

nen. Der Abstieg vom *Beurener Fels* mit *Ww [Beuren]* führt in Serpentinen zunächst durch Wald, später über eine Weide. Str nach *Erkenbrechtsweiler* überqueren und über die *Owener Str* zurück nach *Beuren.*

● **Landgasthof „Löwen“** - Ein sympathischer Landgasthof, seit über 200 Jahren in Familienbesitz, im rustikalen Stil mit gemütlichen Räumlichkeiten und überdachter Gartenterrasse. Die bekannt gute Küche verwöhnt den Gast mit exzellent zubereiteten gutbürgerlichen Gerichten sowie herzhaften schwäbischen Spezialitäten. Behagliche Gästezimmer mit Dusche. Untere bis mittlere Preise. - *Ru = Di.*

Hohenneuffen - Zwei Rundwege

Weg und Zeit - Weg 1: 4 km - 1 Std. - Weg 2: 5 km - 1 ¼ Stdn. - Vom P zur Festung: 1 km - ¼ Std.

Charakteristik - Wenn man schon die Fahrt hierher gemacht hat, sollte man sich vielleicht nicht nur darauf beschränken, die prächtige Festung zu besichtigen und den grandiosen Ausblick von dort aus zu genießen, sondern man könnte auch wandermäßig etwas unternehmen, nichts Strapaziöses zwar, aber höchst Anregendes: Sozusagen als Aperitif vor der Einkehr in der Burggaststätte den Rundweg 1 und als Digestif Rundweg 2 - oder umgekehrt.

Anfahrt - A 8, Ausf. *Wendlingen - Nürtingen - Neuffen - Erkenbrechtsweiler.* - Oder: A 8, Ausf. *Kirchheim (Teck) - Owen - Erkenbrechtsweiler. - Bad Urach - Hülben - Erkenbrechtsweiler* - südl. davon Abzweig Ri P.

Parken - Gr P vor der Schranke.

● **Hohenneuffen** (743 m) - Die mächtige Anlage, eine der größten im Lande, wurde östl. von *Neuffen* auf einer Felsenkuppe erbaut, die mit der Albhochfläche durch einen schmalen Rücken verbunden ist. Gegr. um 1100 als Hochadelssitz, erste urkundl. Erwähnung 1198 als Besitz der *Edelfreien v. Neuffen.* Burgerneuerung im 14. Jh. unter den *Grafen von Württemberg.* Der Ausbau zu einer imposanten und respekteinflößenden Landesfestung erfolgte ab dem 16. Jh. durch die *Herzöge v. Württemberg.* Im 18. Jh. diente sie auch als Landesgefängnis, der bekannteste Einsitzer war *Jud Süß Oppenheimer.* Ende des 18. Jh. verfiel die nie im Kampf besiegte Festung, 1801 wurde sie aufgehoben und z. T. auf Abbruch verkauft. Nach dem 2. Weltkrieg Sicherungs- und Renovierungsmaßnahmen durch das Land, Einrichtung einer Burggaststätte, Anbau einer „guten Stube des Landes" für anspruchsvolle Veranstaltungen.

● **Vom P zur Festung** - Ebener Weg, dann aufw und durch die *Friedrichsbastion* zur Aussichtsplatte des *Schwarzen Turms* mit atemberaubenden Ausblicken, ebenfalls von der *Bastei,* dem *oberen Wall* und dem kl Aussichtsturm: *Alb* und *Albvorland, Stuttgarter Raum, Odenwald* und *Schwarzwald* - überwältigend!

● **Burggaststätte** - Engagierte Gastlichkeit in stilvollem Rahmen. Gemütliche u. festliche Räume: Ritterstüble, Nürtinger Zimmer, Neuffener Stube. Gartenrestaurant. Romantischer Burghof. Die exzellente Küche bietet ein breites Spektrum, von schwäbischen Gerichten bis zum Galadiner oder zur zünftigen „Mittelalterlichen Tafeley". Kultursommer mit Jazz, Rock, Theater, Kabarett. Mittl. u. leicht gehobene Preise.

● **Rundweg 1** - Vom Burghügel zurück zur Wegespinne. Halbre
MA abw, *[Blaues Dreieck], Ww [Neuffen Bhf.],* br Weg, Rechtskehre,

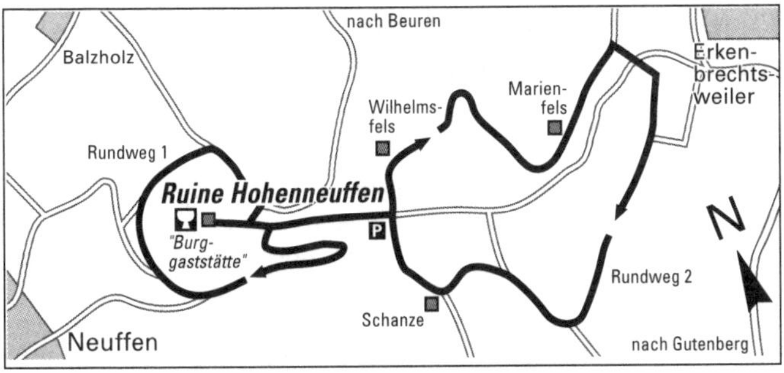

ger, weiter Rechtsbogen, li unten *Neuffen* und Rebhänge - Großlage *Hohenneuffen,* Einzellage *Schloßsteige,* köstlicher Tropfen! Ca. 20 Min ab Wegespinne Ausweichstelle, br Weg halbre aufw (!), *LM [Greifvogel],* nach 50 m *[Blaues Dreieck],* nach 6 Min Abzweig halbre aufw, konstant ansteigend, Blick auf *Beuren, Baßgeige, Beurener Fels.* Über br Weg, halbli aufw, nach 25 m Wegespinne, scharf (!) re, Linkskehre, oben Rechtsabzweig zur *Wandertafel* und aufw zur wohltuenden Einkehr.

● **Rundweg 2** - Vom P längs des Waldrandes, *[Rotes Dreieck],* *MA*
Ww, Traufweg zum *Wilhelmsfels* (730 m), herrlicher Blick auf *Hohenneuffen.* Weiter zur *Drachenflieger-Startrampe ob Beuren.* Waldrand, Waldecke, halbli, später Linksbogen, prächtige Felsgestalten, Türme und Abbrüche. *Marienfels* (724 m) mit Steinkreuz. Noch ein kurzes Stück am Waldrand, dann br Weg, re,
ohne Markierung, hinüber zum P an der K 1244. Li ab bis Ende *OM*
P. Re, über K 1244, befest. Wirtschaftsweg ger, an dessen Linksbogen ger (!) über die Wiese (!) zu befest. Querweg. Re, vorbei
am Steinbruch zu Wegedreieck. Befest. Weg re, später *[Rote* *MA*
Raute], Waldrand, Gabel li, Linksbogen, *Schanze auf dem Kohlhau,* 1740. Waldrand, *Schutzhütte.* Re auf *[HW 1], Schw. Alb-* *MW*
Nordrandweg, [Rotes Dreieck] zurück zum P mit Infotafel *Heidengraben.*

Dettingen/Erms - Schillingskreuz - Hörnle - Sattelbogen - Dettingen

Weg und Zeit - 9 km - gut 2 ½ Stdn.

Charakteristik - Vom *Dettinger* Ortskern mit seinen malerischen Fachwerkhäusern geht es durch Streuobstwiesen, Gartengebiete und Wald. Vom *Schillingskreuz* zum *Sattelbogen* verläuft die einzige richtige Gratwanderung der *Schwäbischen Alb.* Wegen der herrlichen Aussicht sind Abstecher zur *Karlslinde* und zum *Jusi* empfehlenswert. 310 Höhenmeter Anstieg.

Anfahrt - Von Reutlingen B 28 über *Metzingen.*

Parken - P beim *Gasthof Löwen* in *Dettingen.*

● **Der Rundweg** - Vom *Löwen ohne Markierung Metzinger Str,* nach der *Kirche Uracher Str* halbli, *Schneckenhofengasse* mit
MA *[Blauem Dreieck], Ww [Sportanlage, Freibad]* li. *Hülbener Str* kurz re, dann *Kühsteiggasse* li, *Ww [Karlslinde, Schillingskreuz, Hörnle].* Am oberen Rand des Neubaugebietes entlang, dann auf dem Fußweg neben der Autostr. Beim Wander-P halbli, *Ww [Schillingskreuz, Neuffen].* Nach kurzem Aufstieg oben am *Schillingskreuz* Abstecher re zur *Karlslinde* mit herrlicher Aussicht möglich. Am *Schillingskreuz* scharf li auf dem *Ströhmfeldweg, Ww [Hörnle, Jusi].* Der *Ströhmfeldweg* mit interessanten geologischen Lehrtafeln folgt dem Kamm über das *Hörnle* bis zum *Sattelbogen* (ger Abstecher zum *Jusi* in 15 Min möglich, wunderschöne Aussicht). Am *Sattelbogen* li abw mit *[Blauem Dreieck], Ww [Dettingen].* Nach ca. 200 m immer auf asphaltierter Fahrstr
OM abw, im Ort der *Neuffenstraße* folgen, nach der *Ermsbrücke ohne Markierung Kelterplatz* ger, *Kreuzgasse* ger zurück zum *Gasthof Löwen.*

● **Gasthof Löwen** - Zentral gelegenes, rustikales Haus mit behaglichen Gästezimmern und sehr gemütlichen Gasträumen. Gutbürgerliche Küche und erlesene Feinschmecker-Menüs. Feine Fischgerichte, Wild aus eigener Jagd, saisonbedingte

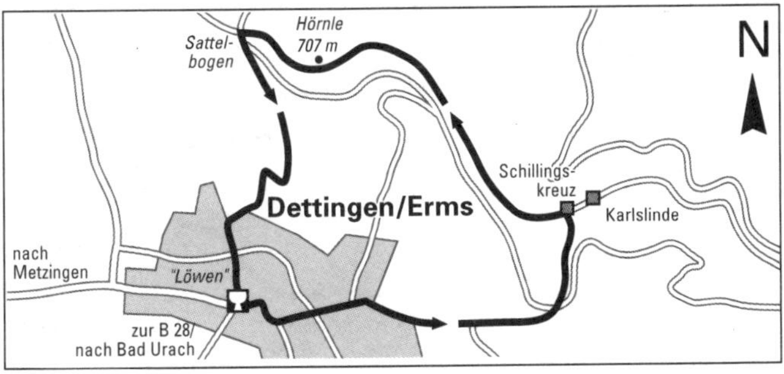

Leckereien wie Spargel, Pilze, Muscheln und Krustentiere. Mittlere bis leicht gehobene Preise. – *Ru = Mi.*

Kohlberg – Jusi-Rundweg

Weg und Zeit – 8 km – gut 2 Stdn.
Charakteristik – Der bequeme Aufstieg auf den unbewaldeten *Jusi* vermittelt auch dem ungeübten Wanderer fast alpine Atmosphäre mit einer großartigen Sicht vom *Albrand* über weite Teile des *Mittleren Neckarraumes* bis zu den Höhen des *Schwarzwaldes.* Ein Augenschmaus für den Naturfreund.
Anfahrt – Von *Reutlingen* über *Metzingen.* – Von *Nürtingen.*
Parken – P beim *Gasthof Krone* in *Kohlberg.*
● **Der Rundweg** – Von der *Krone ohne Markierung Metzinger Str*
ortsauswärts. Beim Wander-P beginnt mit *[Blauem Dreieck]* der *MA*
ca. 20-minütige Aufstieg auf den *Jusi.* Der Berg wird auch als
schwäbischer Vulkan bezeichnet. Er gehört zu der einmaligen,
weltberühmten vulkanischen Erscheinung von 335 Vulkan-
schloten im Umkreis von 20 km rund um *Urach,* die vor 15 Mil-
lionen Jahren in der Tertiärzeit entstanden sind. Der Aufstieg
über den unbewaldeten Bergrücken ist wegen seiner herrlichen
Aussicht sehr beliebt. Oben mit *[Rotem Dreieck], Ww [Hörnle,* *MW*

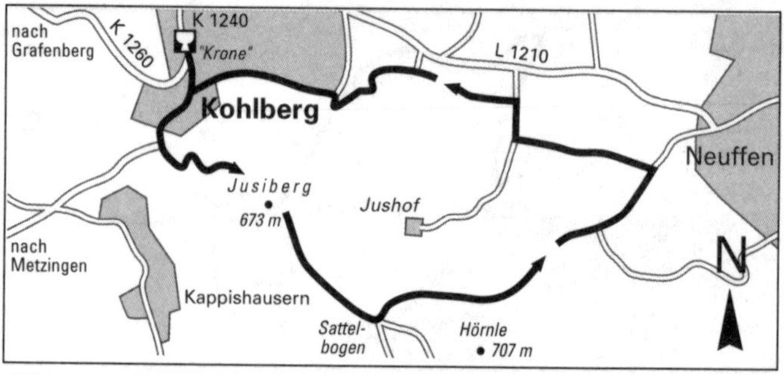

Hohenneuffen] halbre in den Wald hinein. Jetzt geht es in ständigem Auf und Ab ein Stück auf dem Gratweg entlang. Nach ca. 20 Min am Sattelbogen vor Ruhebank mit *[Blauem Dreieck]* auf schmalem Pfad li abw, *Ww [Neuffen]*. Nach kurzem Abstieg auf br Forstweg re. Aus dem Wald heraus und weiter durch Streuobstwiesen mit herrlichem Blick auf die gewaltige Burgruine *Hohenneuffen*. Kurz vor dem Ort *Neuffen* auf asphaltiertem Weg *[Schild Durchfahrt verboten, landwirtschaftlicher*
OM *Verkehr frei] ohne Markierung* li. Querweg re, kurz vor der Str wieder li. Nach Brücke bei Grillstelle halbli aufw. 100 m nach Linkskurve re aufw nach Kohlberg. Am Ortsrand aufw, 1. Möglichkeit re, nach 100 m *Teckstr* li. Immer auf der *Teckstr* bleiben bis zur *Metzinger Str*. Hier re zurück zur Einkehr im

● **Gasthof-Metzgerei Zur Krone** – Ein beliebter Familiengasthof mit großer Tradition und familiärer Gastlichkeit. Gutbürgerliche Küche. Schmackhafte Braten, Schnitzel und Steaks aus der eigenen Metzgerei. Leckere Spezialitäten vom Lamm und Wild. Große Vesperkarte. Untere bis mittlere Preise. – *Ru = Mo.*

Grafenberg – Rundweg Floriansberg

Weg und Zeit – 7 km – 2 Stdn.

Charakteristik – Eine geruhsame Wanderung durch Wald und die fürs „Ländle" typischen Streuobstwiesen. Die phantastische Rundumsicht vom *Floriansberg* gehört mit zu den schönsten Naturerlebnissen der Region.

Anfahrt – Von *Reutlingen* über *Metzingen*. – Von *Nürtingen*.

Parken – P vor dem *Gasthaus Krone* in *Grafenberg*.

● **Der Rundweg** – Von der *Krone ohne Markierung Bergstr* abw, *Nürtinger Str* li, *Ziegelwasenstr* re Ri *Kohlberg, Neuffen. Kohlber-*
MA *ger Str* mit *[Blauer Raute]* li. Nach der Schule bei Gabel am Waldrand halbre, *Ww [Waldspielplatz, Florian, Jusi]*. Auf asphaltierter Fahrstr leicht aufw durch den Wald. Nach einiger Zeit kommt man am *Arboretum* vorbei, einem Waldgehege, in dem

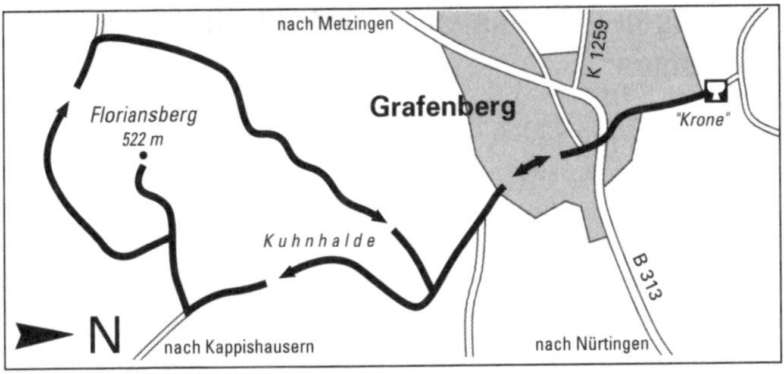

seit 1912 über 148 verschiedene, z. T. exotische Bäume wie z. B. der Mammutbaum, angepflanzt wurden (lohnender 15-minütiger Rundgang). Weiter leicht aufw durch den Wald.
Ca. 50 m nach einer Schranke mit *[Blauem Dreieck]* auf *Ströhm-* *MA*
feldweg re. Nach 5 Min vor Linkskurve mit *[Blauer Pfeilspitze]* *MW*
Gabel halbre aufw, *Ww [Florian].* Nächste Kreuzung li, aus dem Wald heraus und über Wiesen aufw zum Aussichtspunkt auf dem *Floriansberg.* Der *Florian* ist wie der *Jusi* vulkanischen Ursprungs. Den Wanderer erwartet eine wirklich atemberaubende Rundumsicht. Auf gleichem Weg wieder abw. Vor dem
Waldrand *ohne Markierung* auf Wiesenweg re. Unten kurz in *OM*
den Wald hinein und mit *[Blauem Dreieck], Ww [Metzingen]* *MW*
halbre abw. Nach 50 m Gabel halbli. Jetzt geht es auf asphal-
tiertem Weg durch sonnige Wiesen. Unten vor Bachbrücke *ohne* *OM*
Markierung re. Nach einiger Zeit bei Dreiwegegabel am Waldrand weiter auf dem linken Weg, *Ww [Fahrradweg Grafenberg].* Nächste Gabel ger, nach einiger Zeit breiter Querweg li und wie auf dem Hinweg zurück zum

● **Gasthaus Krone** – Ein sehr gepflegtes Restaurant mit behaglichem Ambiente. Die Küche (Küchenmeister Vock) leistet Beachtliches. Die Auswahl der immer frisch zubereiteten, köstlichen Speisen mit regionalem Schwerpunkt richtet sich nach Saison und Marktangebot. Eigene Hausschlachtung. Einfallsreiche vegetarische Gerichte. Mittlere Preise. – *Ru = Mo.*

Metzingen - Neuhausen - RW Floriansberg - Metzingen

Weg und Zeit - 11 km - knapp 3 Stdn.
Charakteristik - Eine beschauliche Wanderung durch die typischen Landschaftsformen am Fuße der *Schwäbischen Alb*: Weinberge, Streuobstwiesen und Gartenanlagen in hügeligem Gelände. Die Aussicht vom *Florian* ist überwältigend.
Anfahrt - Von *Reutlingen* B 28. - *Bahnstation.*
Parken - Vor dem *Hotel „Schwanen"* oder dem *Gasthof Rebstöckle.*
● **Hotel-Restaurant Schwanen** - Ein stilvolles Haus der gehobenen Kategorie. In gemütlichen Gasträumen und dem schönen Biergarten herrscht angenehme, gepflegte Atmosphäre. Feine Küche mit herrlichen schwäbischen und internationalen Spezialitäten, die auch den Gourmet zufriedenstellen. Großzügige Komfortzimmer. Mittl. bis leicht gehobene Preise. - *Kein Ru.*

OM ● **Der Rundweg** - Vom *Schwanen ohne Markierung Ulmer Str* Ri *Bad Urach.* Nach der Eisenbahnbrücke *Noyon-Allee* li Ri *Öschhalle. Heerstr* re, *Ww [Fahrradweg Dettingen].* Am Ortsende *ohne Markierung* ger entlang der Bahnlinie. Bei der Kelter in *Neuhausen* stoßen die Wanderer vom *Rebstöckle* hinzu. Vor der Kelter li Ri Weinberge, nach 300 m li Ri *Schützenhaus, Ww [Radweg Metzingen].* Über kl Bachbrücke, Querweg re leicht aufw. Bei Wendeplatte und Mehrfachgabel *ohne Markierung* ger. Nächste Gabel halbli aufw. Vor dem Weinberg auf *Weinlehrpfad* re, herrliche Aussicht. Querweg vor dem Schild *[„Die Verwirrmethode"]* in Ri des Weinlehrpfades li. Bei Wander-P mit *Ww [Naturfreundehaus]* re. Nach 10 Min Gabel halbre, nach 200 m li aufw. Nächste Abzweigung re bis zum *Naturfreundehaus Falkenberg.* Autostr überqueren und auf breitem Forstweg mit *Ww [Floriansberg, Grafenberg]* in den Wald. Jetzt immer ger leicht aufw bis zu asphaltierter Fahrstr neben Sportplatz. Li in den Wald
MA hinein. Vor Hütte mit *[Blauem Dreieck]* auf *Ströhmfeldweg* li.
MW Nach 5 Min vor Linkskurve mit *[Blauer Pfeilspitze]* Gabel halbre aufw, *Ww [Florian].* Nächste Kreuzung li, aus dem Wald heraus und über Wiesen aufw zum Aussichtspunkt auf dem *Floriansberg* (siehe S. 36). Auf gleichem Weg wieder abw. Vor dem Waldrand *ohne Markierung* auf Wiesenweg re. Kurz in den Wald
MW hinein und mit *[Blauem Dreieck], Ww [Metzingen]* halbre abw. Nach 50 m Gabel halbli abw durch sonnige Obstwiesen. Unten ger über Bachbrücke und in Linkskurve aufw. Vorbei an der geologischen Reliefkarte der Alb mit Informationen über die Entstehung der Schichten des *schwäbischen Jura.* Bei spitzer Gabelung trennen sich die Wanderer. Mit der Markierung halbre abw geht es nach *Metzingen* und über den *Stauferweg, Nürtinger Str* li, *Noyon-Allee* ger, *Ulmer Str* re zurück zum *Schwanen.*

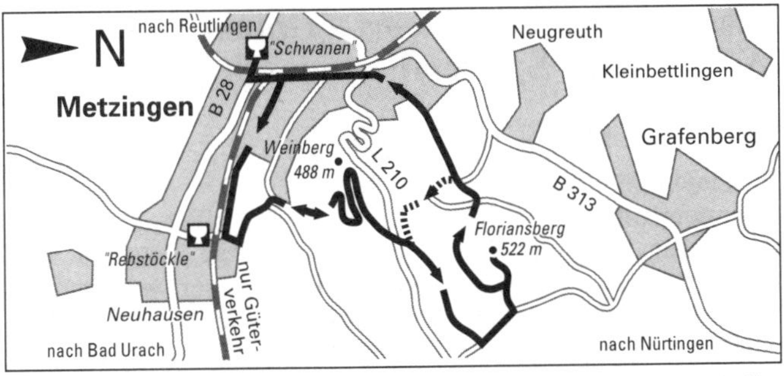

Die Wanderer aus *Neuhausen* gehen an der spitzen Gabel halbli, nach 50 m bei kl Hütte mit *Ww [Naturfreundehaus]* li aufw. Gabel li, bei Wander-Ⓟ re zur Str. Vom gegenüberliegenden *Naturfreundehaus* wie auf dem Hinweg in ca. 1 Std. zurück ins

● **Gasthof-Restaurant Rebstöckle** - Herrliche, traditionsreiche Gastwirtschaft mit gemütlichen Gasträumen und Biergarten. Ungezwungene Atmosphäre. Gutbürgerliche Küche mit lecker zubereiteten schwäbischen Spezialitäten. Daneben bekannte Gerichte wie schmackhafte Braten, Schnitzel und Steaks. Umfangreiche Vesperkarte. Untere bis mittl. Preise. - *Ru = Mo.*

Glemser Stausee - Glems - Grüner Fels - Wolfsfelsen - Speicherbecken - Stausee

Weg und Zeit - 10 km - knapp 3 Stdn.

Charakteristik - Ein idyllischer Stausee, Obstwiesen, Wacholderheiden und immer wieder die herrliche Aussicht vom Albrand machen den besonderen Reiz dieser wunderbaren Rundwanderung aus. 360 Höhenmeter Anstieg.

Anfahrt - Von *Stuttgart B 27* über *Metzingen,* in *Neuhausen* re abbiegen nach *Glems.*

Parken - Vor dem *Stausee-Hotel* oder dem *Gasthof zum Waldhorn* in *Glems.*

● **Stausee Hotel-Restaurant** - Dieses stilvolle Haus liegt direkt am *Glemser Stausee* in einer Oase der Ruhe. Moderne Gästezimmer und zahlreiche Tagungsräume. Die kreative Küche erfüllt alle Wünsche von leckeren schwäbischen Gerichten über feine internationale Spezialitäten bis zum prachtvoll arrangierten Bankett. Mittlere Preise. - *Ru = So ab 18 Uhr u. Mo.*

● **Der Rundweg** - Vom *Stausee-Hotel ohne Markierung* ein Stück
MA an der Str nach *Glems,* nach 200 m mit *[Blauem Dreieck]* auf
asphaltiertem Weg re durch die Obstwiesen. Querweg li, nach
30 m gleich wieder re. Schöner Blick auf den Albtrauf mit seinen
markanten Felsen. In *Glems Uhlandstr/Eberbergstr* halbli
OM abw. *Neuhauser Str ohne Markierung* ger. Nach 200 m stoßen die
Wanderer des *Gasthofs zum Waldhorn* hinzu. *St. Johanner Weg*
re aufw aus dem Ort hinaus. Der Linkskurve folgen und nur
mäßig aufw immer ger durch die von Schafen bestimmte Heidelandschaft.
Herrliche Aussicht. Beim Eintritt in den Wald mit
MA *[Blauem Dreieck], Ww [Roßfeld, St. Johann],* scharf re auf
schmalem Pfad in Serpentinen steil aufw. Zweimal Str ger überqueren.
Dort, wo der Weg zum dritten Mal auf die Str trifft, re
auf der wenig befahrenen Fahrstr weiter aufw. In Linkskehre
mit *Ww [Grüner Fels]* ger weiter auf Waldweg aufw. Oben erwartet
den Wanderer eine beeindruckende Felsenlandschaft beim
Grünen Fels. Auf der Höhe ger weiter. Querweg nach 5 Min mit
MW *[Roter Gabel]* re. Nach 200 m mit *[Blauer Gabel]* re, *Ww [Speicherbecken].*
Nach einiger Zeit ist mit *[Blauer Pfeilspitze]* und *[3]*
nach re ein wegen der großartigen Aussicht lohnender Abstecher
zum *Wolfsfelsen* möglich (ca. 10 Min hin und zurück). Wei-
MW ter ger mit *[Blauer Gabel],* nächste Gabelung halbre. Querweg
re, *Ww [Gutenberg, Eningen].* Vorbei am *Wanderheim Eninger
Weide.* An der Str re aufw. Oben gleich am Anfang des imposanten
Speicherbeckens auf schmalem Pfad in den Wald. Nach
MW 20 m mit *[Blauem Dreieck, 3],* li. Jetzt am Albrand entlang bis
zum *Grasberg,* 778 m. Von hier aus geht es in steilen Serpentinen
abw. Auf halber Höhe br Forstweg schräg überqueren.

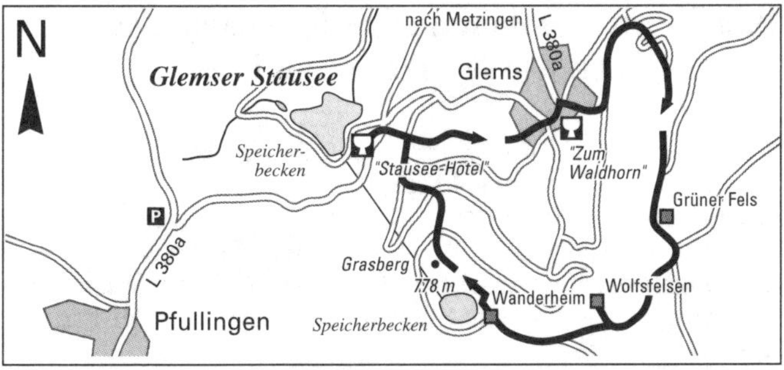

Auch beim Abstieg immer wieder traumhaft schöne Aussicht auf den *Glemser Stausee* und die *Achalm*. Unten aus dem Wald heraus, *Ww [Metzingen]* und zurück zum *Stausee-Hotel*. Die Wanderer vom *Waldhorn* gehen wie oben beschrieben auf dem Fußweg nach *Glems* zurück.

● **Gasthof zum Waldhorn** - Ein traditionsreiches Haus mit gemütlichen Gasträumen und gepflegter Atmosphäre. Komfortable Gästezimmer. Feine schwäbische und internationale Küche mit vielen phantasievollen und saisonal abgestimmten Köstlichkeiten, die auch den Feinschmecker überzeugen. Mittlere Preise. - *Ru = Di.*

Bad Urach - Hohenurach - Rutschenfelsen - Gütersteiner Wasserfälle - Bad Urach

Weg und Zeit - 14 ½ km - 4 Stdn.

Charakteristik - Ein Rundweg mit allen Superlativen einer herrlichen Wanderung: Gute Wege, Pfade und Steige, viele Punkte mit phantastischer Aussicht, Wald, romantische Wasserfälle, prächtige Felsen und eine Burgruine in dominierender Lage.

Anfahrt - s. Seite 44.

Parken - P 1 beim *Kurzentrum.*

● **Hotel Graf Eberhard** - Ein Haus erlesener Gastlichkeit in ruhiger Lage bei den Thermen. Großzügige Komfortzimmer. Stilvolle, gemütliche Gasträume. Gepflegtes Kurcafé. Zünftiges „Kurbeizle". Herrliche Terrasse im Rosengarten. Exzellente Küche mit großer Spannweite: klassische Gerichte, ausgesuchte Spezialitäten, Gourmetmenüs, Regionales „Vom Hof zum Gast", leichte Speisen, Feines aus der Naturecke. Alles frisch nach Markt und Saison. Preiswertes Mittags-Menü. Sonderarrangements. Erlebnistage. Aktivitäten. Mittl. u. leicht gehobene Preise. - *Kein Ru.*

● **Bad Urach - Hohenurach** - 1 Std - Vom *Hotel Graf Eberhard*
durch die Passage beim *Haus des Gastes. Grüner Ww [Unter-*
führung zum Wandergebiet Maisental/Galgenberg]. Weiter Links-
bogen durch den *Kurpark,* am *Musikpavillon* li, dann re, *Ww,*
Unterführung B 28. Neben dem *Brühlbach,* vor der Bahn Pfad
MA li, *LM [23, 24],* Graspfad bis zur *Station Uracher Wasserfall.*
MW Bahnübergang re, *[Blaues Dreieck],* Str *Hochsträß,* Gabel nach
OM dem 2. P halbli aufw (!), *ohne Markierung, Ww [Hohenurach].*
Weg beibehalten zu br Querweg, 20 m li, dann Rechtskehre, *LM*
MW *[21, 22], Dettinger Steigle* zu Wegespinne *Kreuz* (571 m). Scharf li
MW aufw, *[Rote Pfeilspitze], LM [20],* kräftig hoch zur *Burgruine*
Hohenurach.

● **Hohenurach** (692 m) - Gegr. im 12. Jh., ab 1534 von *Herzog Ulrich* festungsartig ausgebaut, im 16. Jh. Staatsgefängnis, 1767 unter *Herzog Karl Eugen* z. T. abgebrochen. Die erhaltenen Reste zeugen von der Mächtigkeit der Anlage. - Herrliche Ausblicke nach allen Seiten.

● **Hohenurach - Hochwiese - (Uracher Wasserfall oben) - Rut-**
schenfelsen - 1 ¼ Stdn - Zurück zum *Kreuz.* - (Rückkehrmög-
MW lichkeit: *Blaue Raute, Wasserfälle unten, Urach.*) - Ger, *[Rotes*
Dreieck], auch *LM [22]. Kreuz-Hütte,* Gabel re, hanglängs mit Aussicht. Am Talkesselende Rechtsbogen zur *Hochwiese,* einer bachdurchflossenen (von der Karstquelle des *Brühlbachs* her) Kalk-Sinterterrasse, von der das Wasser fast 40 m im freien Fall hinunterstürzt. Weitere ca. 60 m springt es über Stufen zu Tal. 2 Min nach dem Kiosk Gabel li aufw, *Ww.* (Gabel re = Abkür-

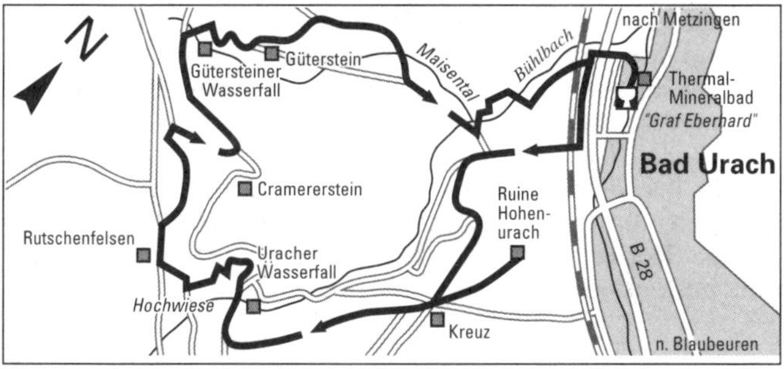

zung). Pfad in Serpentinen und Stufen hoch, prächtige Felsszenerie, Blick zum *Rutschenfelsen.* An der Albtraufkante sofort scharf re, *[HW 1], Ww,* zum *Ernst-Camerer-Gedenkstein* MW (1890–1913 Vors. d. *Schw. Albvereins*). Traumhaft schöne Ausblicke.

● **Rutschenfelsen - Gütersteiner Wasserfälle - Bad Urach -** 1 ¾ Stdn - Nach einigen Min Kreuzung re, *Ww [Fohlenhof],* br Weg zu br Querweg. Diesen scharf re, *Ww, [Rote Gabel],* leicht MW abw. *Schutzhütte,* Linkskehre. In der folgenden Rechtskehre li (!) ab, *Ww,* auch *LM [24],* nach 3 Min Gabel re abw (ger ehem. MW Kloster). *Gütersteiner Wasserfälle,* überaus malerisch in ein

Felsbecken stürzend oder über bemooste Kalk-Sinterterrassen gleitend und springend. Am Wasserbecken vorbei, Gabel re (!)
MW abw, *[Blaues Dreieck], Ww.* Wildromantischer Pfad (Feuersalamander!) an Felsen und Fällen vorbei ins Wiesental. Li, *Gütersteiner Hof, Schutzhütte Viehstelle* re, Bachbrücke, br Querweg li, *Ww. Brühlbachbrücke,* li, 150 m, Brücke li, vor der *Reitanlage* re, Brücke re, danach mit *Ww* am *Brühlbach* entlang zurück. Hochverdiente Einkehr im *Restaurant Graf Eberhard* oder im *Kurbeizle.*

Bad Urach - Stadtrundgänge

Anfahrt - *Stuttgart* bzw. A 8, Ausf. *Stuttgart-Degerloch* - B 27/ B 312 *Metzingen* - B 28. - *Stuttgart* bzw. A 8, Ausf. *Stuttgart-Flughafen* - B 312 *Metzingen* - B 28. - A 8, Ausf. *Wendlingen* - B 313 *Metzingen* - B 28. - A 8, Ausf. *Merklingen* - L 1230/ L 230 - B 28. - *Bahnstation Metzingen*, *Bus* nach *Bad Urach.*

Parken - Gut ausgeschilderte P. Günstig liegen u. a. P *Innenstadt,* P 7 *Graf-Eberhard-Pl.*, P 9 *Busbahnhof,* P 13 *Greuth*, P 15 *Festhalle*, P 16 *Elsachstr*, P 17 *Pfähler Str.*

● **Bad Urach** - *Luftkurort* und *Heilbad*, geschichtsträchtige Residenzstadt, erlebnisfroher Fremdenverkehrsort, Herz der *Schwäbischen Alb* und einer vielfältigen Ferienlandschaft. Dem Besucher begegnet ein spätmittelalterliches Stadtbild voll starker Impressionen. Dicht gedrängt, reiht sich eine kunst- und kulturhistorische Kostbarkeit an die andere. Dabei nimmt der „Gang durch die Jahrhunderte“ nur eine Zeit von 1 - 1 ½ Stunden in Anspruch.

● **Aus der Geschichte** - Bis Mitte 13. Jh. war *Urach* Sitz der *Grafen v. Urach*, danach ging es an die *Württemberger Grafen* über. Später wurde es Residenzstadt des *Grafen* und späteren *Herzogs Eberhard im Barte.*

● **Aus der Gegenwart** - *Staatl. anerkanntes Heilbad. Staatl. anerkannter Luftkurort* (464–736 m). *Thermal-Mineralbad* 32–37°, mit Innen- und Außenbecken (700 qm Wasserfläche). *Kurmittelhaus. Kurzentrum* mit *„Haus des Gastes“*, *Aquadrom. Beheiztes Höhenfreibad.* - Großes *Wanderwegenetz*: 50 markierte Rundwege, 250 km bezeichnete Wanderwege. Karte 1:25 000 der *Kurverwaltung.*

● **Die Rundgänge** - In komprimierter Form. Beschreibung und Nummerierung gem. *„Bad Urach tips Nr. 2“* der *Kurverwaltung.*

● **Rundgang A - der „Herrschaftliche“** - Beginn am **Marktplatz,**

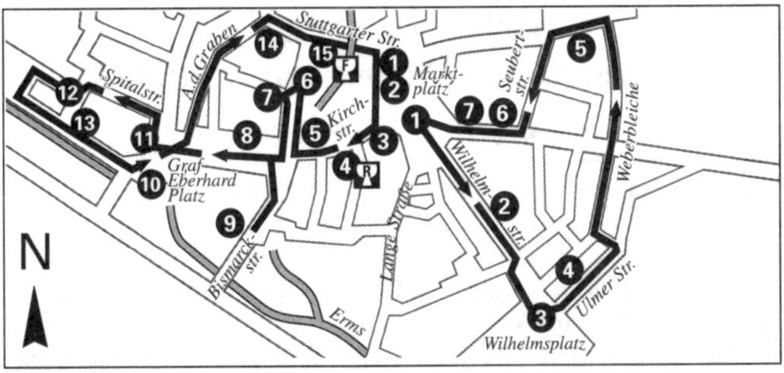

zahlreiche Giebelhäuser, 15./16. Jh. - **1) Rathaus-Apotheke,** 2 Fachwerkhäuser 15./16. Jh. - **2) Marktbrunnen** um 1500 (Kopie 1905). - **3) Haus am Röhrenbrunnen** 16. Jh. - **4) Manufaktur** der Leinwandhandlungs-Companie 1661–1792, Rokokofassade 1746. - **R) Hotel-Restaurant Ratstube** - Prächtiger Fachwerkbau 1571. Stuckdecke 1681. Umbau 1963 u. 1984. Behagliche Komfortzimmer. Stilvolle Gasträume. Schöne Freiterrasse in der Fußgängerzone. Die württembergische Traditionsküche mit breit gefächertem Angebot kreiert nicht nur Schwäbisches, sondern auch erlesene Spezialitäten für den Genießer. Wochenendpauschalen. Gesundheitswochen. Mittl. Preise. - *Ru = Mo.* - Siehe auch S. 49. - **5) Sprandel'sches Haus** um 1445, Tagungsort der Stände. - **6) Stadtmauern, Klostermühle** mit Mühlenrad. Schauhaus der Uracher Stadtgeschichte von 1482–1842. - **7) Mönchshof** 1477, seit 1980 *Stift Urach*. - **8) Stiftskirche St. Amandus/ Ev. Stadtkirche**, 1479–99 als spätgotische Basilika erb., sehenswerte Innenausstattung, u. a. Kanzel, Taufstein, Epitaphe, Betstuhl Graf Eberhards (1472). - **9) Residenzschloss** 1443, Veränderungen 1474 und 1609. Sehenswertes Inneres. **Museum des Schw. Albvereins. Hist. Museum.** - **10) Schlossmühle** 15. Jh. mit Fruchtkasten. - **11) Beginenhaus** 15. Jh. - **12) Spitalbezirk** 1480, das *Spital* bestand z. T. bis 1948. - **13) Spitalkapelle,** spätgotischer Chor 1515. - **14) Haus am Gorisbrunnen** 1476–79. - **15) Altes Rathaus,** auch Waaghaus u. Schulhaus, heute mit **F) Hotel-Restaurant Frank „Vier Jahreszeiten“** - Renommiertes *Flair-Hotel* mit historischem Ambiente in der Fußgängerzone. Individuell gestaltete Komfortzimmer. Stilvolle, einladende Gasträume. Idyllische Gartenterrasse im „Höfle“. Anspruchsvolle, mehrfach prämierte Küche im neuen leichten Trend auf internationalem Niveau. Außerdem gibt es kräftige und auch verfeinerte schwäbische Gerichte. Mittl. bis leicht gehobene Preise. - *Kein Ru.* - Siehe auch S. 47.

● **Rundweg B - der „Bürgerliche“** - **1) Rathaus** um 1440, verändert 1562, 1804, 1907/ 08. - **2) Gasthof Faß** 1725. - **3) Wilhelmsplatz.** - **4) Weberbleiche** um 1600, Webersiedlung. **Dicker Turm** (Vorstadtbefestigung). - **5) Zeughausturm** (Stadtbefestigung). - **6) Gütersteiner Hof** um 1481. - **7) Altes Oberamt** 15. Jh.

Bad Urach - Uracher Wasserfall - Eppenzillfelsen - Upfingen - Hanner Felsen - Bad U.

Weg und Zeit - 17 km - 4 ½ Stdn - Höhendifferenz 250 m.
Charakteristik - Eine schöne Wanderung mit mehreren Glanzpunkten: *Uracher Wasserfall*, *AP Eppenzillfelsen* und *Hanner Felsen* sowie der beeindruckende Weg über die weite *Albhochfläche.*
Anfahrt und Parken - Wie Seite 44.

● **Bad Urach - Graf-Eberhard-Weg - Wasserfall - AP Eppenzillfelsen - Upfingen** - 3 Stdn - Vom *Hotel Frank Bismarckstr*, *Erms-*
MA *brücke*, Unterführung, Str re, später *[Rotes Dreieck]*, *Ww [Wasserfall].* Pfadabzweig halbre (!), später nochmals, *Ww,* abw (!), befest. Querweg re. Vor *Jugendherberge* Linksbogen aufw, mit
MW *[Blauem Dreieck]* scharf re, *Graf-Eberhard-Weg* zum P *Wasserfall.* Br Weg li, *Ww. NSG.* Abzweig halbre, *Ww.* Am lebhaften *Brühlbach* entlang. Herrlich! Rückblick auf *Hohenurach.* Nach dem Steg Vorblick! Stufen aufw, bis auf wenige Meter an den Fuß des *Uracher Wasserfalls* heran. Der *Brühlbach* stürzt 37 m in freiem Fall über eine Tuffwand und verästelt sich dann in zahllose Rinnsale, die noch einmal 50 m über eine bemooste Steilwand zu Tale fließen. Ein großartiges Schauspiel! Eine scharfe Linkskehre führt zur *Hochwiese.* Geländegesicherter *AP* mit Blick auf den Fall. Mit *[Roter Raute]*, *Ww [Eppenzillfelsen]* hinterm Kiosk aufw, vorm *Brühlbachursprung* li, Stufenweg
MW hanglängs aufw. Abstecher scharf li, *[Rote Gabel]*, *Ww*, zum *Eppenzillfelsen*, ca. ½ km aussichtsreicher Traufweg, bei Ruhebank prächtiger Blick auf den Wasserfall. Zurück und li ab,
OM *[OM],* vor der K 6708 100 m li, dann befest. Landwirtschaftsweg
MA re, das *[Gelbe Dreieck]* erscheint später. Hochfläche, Linksbogen abw, Waldrand, freie, weite Hochfläche, hinein in den *Ferienort*

● **St. Johann-Upfingen** (708 m) - Got. *Marienkirche* 1448, sog. *Pestbild* 1480 (Schule *Martin Schongauer*), *Taufstein* um 1530.

● **Landgasthof-Metzgerei-Pension Krone** - Hauseigener P. Behagliche Zimmer mit Du/WC. Gemütliche Gasträume. Familiäre Atmosphäre. Gutbürgerliche schwäbische Küche. Frische Produkte aus der eigenen Landmetzgerei. Reichhaltige Speisekarte. Vortreffliche Hausmannskost. Tageskarte. Herzhafte Vesper. Hausm. Dosenwurst zum Mitnehmen. Untere bis mittl. Preise. - *Ru = Mi.*

● **Upfingen - Hanner Felsen - Bad Urach** - 1 ½ Stdn - Von der *„Krone"* letztes Wegstück zurück: *Uracher Str*, *Vordere Wacht*, *Auf dem Bühl*, *Albhochfläche.* Beim Rastpl. mit 3 Ruhebänken
OM befest. Weg re ab, *ohne Markierung.* Nach 150 m vor Buschgruppe (Wegedreieck) li, unbefest. Weg. Vorbei an erhöhter Baumgruppe (li), Rechtsbogen zum Wald. Kreuzung am Waldrand, Forstweg ger abw, Geologisches Fenster (li). Wegedreieck li (ger
MA = *Upfinger Steig - Urach*). *Eugen-Künkele-Weg, [Gelbes Dreieck],*

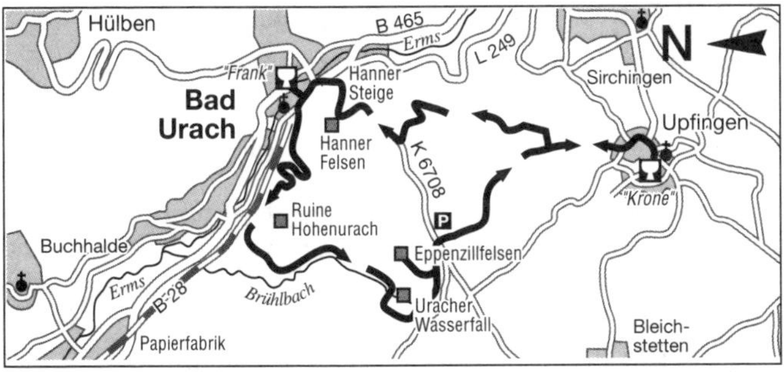

Ww [Hanner Felsen, Urach]. Später S-Bogen aufw (!). Bogen um eine felsige Klinge. Vor der K 6708 re zum *AP Hanner Felsen.* Atemberaubender Tiefblick ins *Ermstal* mit seiner Bergumrahmung. Pfad (!) weiter, K 6708 queren, Pfadfortsetzung, parallel zur Fahrstr *Hanner Steige* abw. P mit Holzhütte. Jetzt mit *[Roter Gabel]* abw. Sendemast Südwestfunk. *AP Vorderer Hannerfels* (669 m). Sensationeller Blick auf *Bad Urach* und seinen Tälerstern. Li ab, Serpentinen mit Stufen am Fuß der Felsen abw. Ausblick! Br Weg re, vor der K 6708 scharf li, abw zur Unterführung, wie Herweg zurück zum *MW*

- **Hotel Frank/ Vier Jahreszeiten** – Vorstellung auf S. 45.

Bad Urach - Ermstal - Hohenwittlingen - Wittlingen - Kunstmühlefels - Bad Urach

Weg und Zeit - 17 km - 4 ½ Stdn.

Charakteristik - Der beschauliche *Grüne Weg* im *Ermstal,* die *Burgruine Hohenwittlingen,* die geheimnisvolle *Schillerhöhle* und die grandiosen Ausblicke von *Ruine* und *Kunstmühlefels,* das sind die Ingredienzen dieses lohnenden Rundwanderweges.

Anfahrt und Parken - S. Seite 44.

● **Bad Urach - Grüner Weg - Georgenau - Hohenwittlingen** - 1 ½ Stdn - *„Ratstube", Marktpl., Wilhelmstr, Wilhelmsplatz, Str Beim Tiergarten* 50 m, vor der *Erms* li, 1. Steg re, li versetzt über
MA die Schienen, *[Rote Gabel].* Pfadstück aufw zum *Grünen Weg.* Li
MW ab, *[Gelbe Gabel],* ger, über L 249, ger, befest. Forststr ger, Wasserwerk. Weg ger, auch *LM [15].* Anlage *Gänsbuche.* Hoch drüben der prächtige *Kunstmühlefels* (Rückweg!). 1/4 Std nach *Gänsbuche* nicht **(!)** dem *Ww [Wittlingen]* nach li folgen, son-
MW dern weiter ger **(!)**. Beim Trafo-Turm li ab, *Ww. [Gelbe Raute], Ermsbrücke, Hof Georgenau,* B 465 li, bei der Haltestelle Pfädchen scharf re. Serpentinen aufw, Weg queren, Pfad weiter zu br Querweg, 30 m re aufw, dann wieder Pfad **(!)** scharf **(!)** li, Serpentinen zum Halsgraben, *Schutzhütte,* li.

● **Hohenwittlingen** (688 m) - Die einst mächtige Burg wurde um 1090 erb. und von den *Württembergern* vergrößert. Brand 1576, Wiederaufbau, Verfall im 17. Jh. - Vom Turm großartige Aussicht ins *Ermstal* und über die *Albhöhen.*

● **Hohenwittlingen - (Schillerhöhle) - Wittlingen** - ¾ Std - Zurück zur *Schutzhütte.* Ger, *[Gelbe Raute].* - (*Gelbe Gabel:* Abzweig halbli abw zur *Schiller- (Schillings-) höhle,* ca. 250 m lang, schmal, Zufluchtshöhle der *Wittlinger,* der hintere Teil versperrt. - ¼ Std mehr.) - Später Str nach *Wittlingen.* Hauptstr ger,
OM *Schulstr* re, *OM, Ww [Café], Turnhalle, Talweg* aufw, Linksbogen aufw, *Sonnenweg* li, *Ww* zur zünftigen Rast im

● **Café Stefanie** - Ruhige Ortsrandlage. Behagliche Fremdenzimmer u. Ferienwohnungen. Gemütliche Gasträume. Schöne Gartenterrasse. Wohltuende Atmosphäre. Kleine Gerichte u. herzhafte schwäb. Spezialitäten wie Maultaschen oder Vesperplatte. Eigene Schlachtung. Eigene Kuchen u. Torten. Eigener Most. Großes Teesortiment. Günstige Preise. - *Kein Ru.*

● **Wittlingen - Kunstmühlefels - Michelskäppele - Bad Urach** -
MA 2 ¼ Stdn - *Fischburgstr* abw, *Uracher Str* ger, *[Gelbes Dreieck], Ww.* Gabel re aufw, Treibweg ger, *Ww [Schanz].* Ortsende, Str am Waldrand, nach ca. 250 m halbli **(!)** abw in den Wald. Querstr li **(!)** abw, vor der K 6706 Pfad halbre aufw, *Ww.* Rechtsbogen, 2. Abzweig halbli, aufw zur Hochfläche *Hochgesträß.*
MW Br Weg li, auch *LM [60],* nach Rechtsbogen durch Senke Pfad-

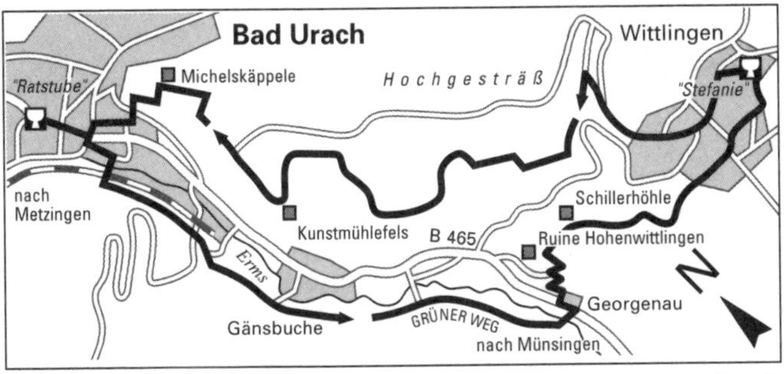

abzweig (!) halbli (!), entlang der Grenzsteine, nahe der Traufkante, die *LM [60]* ist sehr hilfreich, später Einmündung in br Weg, etwas weiter kommt die *LM [14]* von li. *Kunstmühlefels*, mit toller Aussicht. Traufkante, *Schutzhütte*, Kante weiter, auch *LM [14]* bis *Urach*! Rechtsknick (!), Linksknick, Serpentinen, *AP Michelskäppele*, herrlicher Blick! *Gut markiert* abw, *Bad Urach, Str Am Hochberg, Ulmer Str* li, *Wilhelmspl.*, wie Herweg zur angenehmen Einkehr im

● **Hotel-Restaurant Ratstube** - Vorstellung S. 45.

Lonsingen/St. Johann - Gächingen - Degental - Lonsinger Tal - Lonsingen

Weg und Zeit - 12 km - 3 Stdn.

Charakteristik - Ein geruhsamer Weg, der die typische Atmosphäre der *Albhochfläche* mit den weiten Wiesen und Feldern, den Wacholderheiden, kleinen Waldstücken und breiten Tälern vermittelt. Immer wieder eröffnen sich schöne Aussichten über die hügelige Umgebung. Nur leichte Anstiege auf überwiegend befestigten Wegen.

Anfahrt - Von *Bad Urach* über *Sirchingen, Upfingen.* - Von *Reutlingen* über *Eningen, Würtingen* oder über *Unterhausen, Holzelfingen, Ohnastetten.*

Parken - Vor dem *Gasthof Grüner Baum* bzw. in *Lonsingen* Ortsmitte.

● **Der Rundweg** - In *Lonsingen Kirchbergstr* aufw. Vor dem
OM Schild *[Ende 30 km/h] ohne Markierung* li auf geschottertem
Weg aus dem Ort hinaus. An dieser Stelle kann der Wanderer
die großartige Ausssicht auf das vor ihm liegende Upfingen und
Sirchingen genießen. Nach einer langgezogenen Rechtskurve
MA Gabel halbli. Nach kurzer Zeit Querweg mit *[Gelbem Dreieck]*,
Ww [Gächingen] re. Jetzt auf Feldweg immer der Markierung
folgen bis in die Ortschaft *Gächingen.* Im Ort auf der ersten
Querstr kurz re, nach ca. 10 m *Hauffstr* li abw. Auf schmalem
Weg re an der Kirche (roman. Anbauteile) vorbei. Gleich nach
der Kirche li abw zur Str nach *Sirchingen.* Hier kurz re, nach
30 m an der Str nach *Münsingen* li. Nach der Rechtskurve Gabel
halbre auf Holzweg aus dem Ort hinaus. Nach kl Anstieg vorbei
an Wander-P und oberhalb der *Gächinger Lauter* immer am
Waldrand entlang. Nach ca. ¾ Std rechtwinklig re abw zur Str
Gomadingen-Gächingen. Str bei Kläranlage überqueren und
OM halbre am Waldrand entlang. Bei der nächsten Kreuzung *ohne*
Markierung ger weiter. In langgezogener Rechtskurve durch das

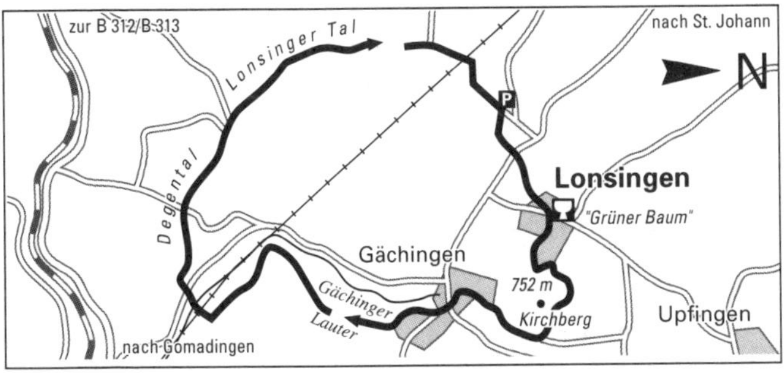

breite *Lonsinger Tal*, das an beiden Seiten von Wald eingesäumt ist. Nach ¾ Std aus dem Tal heraus und ger weiter auf betoniertem Weg. Kurz vor dem Wander P an der Str nach *Ohnastetten* re auf befestigtem Feldweg parallel zur Str. Nächste Feldwegkreuzung nach 200 m li, Str überqueren und in 5 Minuten zurück zum Ausgangsort *Lonsingen.*

● **Gasthof Grüner Baum** - Ein zentral gelegenes Albhotel mit großzügigen Komfortzimmern und liebevoll eingerichteten Gasträumen. Sehr gemütliche, familiäre Atmosphäre. Solide, gutbürgerliche Küche mit wohlschmeckenden klassischen Gerichten. Der Schwerpunkt liegt auf hervorragend zubereiteten schwäbischen Spezialitäten. Mittlere Preise. - *Ru = Mo.*

Gächingen/St. Johann - Rundwanderweg Heckenhau - Auental - Gächingen

Weg und Zeit - 8 km - 2 Stdn.

Charakteristik - Ein schöner Rundweg ohne nennenswerte Anstrengung, so recht geeignet, den Appetit anzuregen, oder auch zur Digestion nach einem opulenten Mahl im weithin bekannten *Landgasthof-Metzgerei Hirsch.*

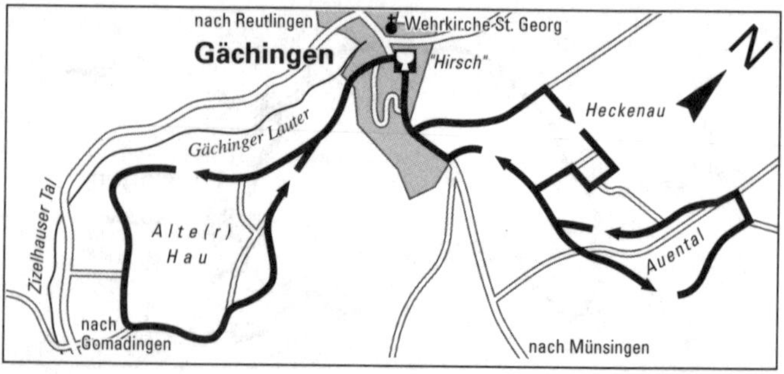

Anfahrt - Von *Bad Urach* über *Sirchingen*/K 6700. - Von *Münsingen* über *Dottingen*/K 6701. - Von *Gomadingen* durchs *Zizelhauser Tal*/L 249. - Von *Lichtenstein* über *Ohnastetten*/ K 6711/K 6734 und *Lonsingen*/L 380. - Von *Reutlingen*/L 380.

Parken - Gr P vor dem *Landgasthof-Metzgerei Hirsch.*

● **St. Johann-Gächingen** (690 m) - Markt- und Albdorf. Mit Ursprung der *Kleinen (Gächinger) Lauter.* - Spätgotische *Wehrkirche St. Georg,* z. T. noch romanisches Mauerwerk, achteckiger Helm. - *AP Birkenhof* mit Alpenblick. - Sehr gut markierte örtliche Rundwanderwege.

● **Landgasthof-Metzgerei Hirsch** - Angenehmes, stattliches Haus in der Ortsmitte. Behagliche Komfortzimmer. Stilvoll-rustikale Gasträume. Familiäre Atmosphäre. Die exzellente Küche erhält durch die Erzeugnisse der eigenen, international hochdekorierten Metzgerei ihre besondere Note. Die vorzüglichen Wurstwaren - auch zum Mitnehmen - sind natürlich die Garantie für herzhafte Vesper! Mittl. Preise. - *Ru = Mi.*

● **Der Rundweg** - Kombination der örtl. *Rundwege 1/Auental* und *2/Heckenhau* - Vom *„Hirsch“* die *Alte Steige* aufw, *Lokal-*
MA *markierung [1, 2].* Oben li, Fußsteig neben der K 6701, nach dem *Wbh* befestigter Weg li, *LM [2].* Prächtiger Panoramaweg, weite Rundsicht, später Blick auf *St. Johann-Upfingen.* Waldrand *Heckenhau* (auch *Hegenhau*), Rechtsbogen aufw, li Nadel-, re Laubwald. Weite Wiesenhochfläche, Kreuzung bei Betonmast re, unbefestigter Weg. Rechtsbogen (Ri *Heckenhau*), Linksbogen, befestigter Querweg. (Hier re = *Rundweg [2]* zurück). Li **(!)**
MW ab, *LM [1],* abw Ri *Auental,* ger (von li kommt der Rückweg), Linksbogen, Gabel re **(!)**. Linker Hand die gr Waldwiese im *Auental.* Wildfütterungshütte, Rechtsbogen, Wegedreieck - gut 5 Min. ab Hütte - li abw. Auf der Talsohle scharf li, Gabel re, Querweg li, im Wald re der gr Wiese dahin. Schließlich aufw zu befestigtem Querweg. Re aufw (wie Herweg), von re Einmündung von *Rundweg [2].* Gemeinsam ger, mit herrlichen Ausblicken abw, Linksbogen zur K 6701, re *Wbh,* Haltestelle *Eichberg, Alte Steige* abw zur wohltuenden Einkehr im *Gasthof Hirsch.*

● **Weiterer Weg** - Örtl. *Rundweg 4/Alte(r) Hau* (s. Skizze) - 6 km.

Bichishausen/Münsingen - Ruine Hohengundelfingen - Wander-P Heiligental - Wittsteig - Gundelfingen - Bichishausen

Weg und Zeit - 7 ½ km - 2 Stdn.

Charakteristik - Eine anspruchsvolle kleine Rundwanderung mit einem strammen Aufstieg auf die *Albhochfläche* und einem sehr steilen Abstieg ins *Lautertal.* Gutes Schuhwerk unbedingt erforderlich. Absoluter Höhepunkt ist die wunderschöne Aussicht von der *Ruine Hohengundelfingen* (s. auch S. 172).

Anfahrt - Von *Münsingen* über *Buttenhausen,* durchs *Lautertal.*

Parken - Großer Gäste-P vor dem *Gasthaus „Hirsch".*

● **Der Rundweg** - Neben dem *„Hirsch"* mit *[Gelber Raute] Stet-* MA
tener Halde aufw. Oben in Rechtsbogen an Wander-P vorbei
und weiter zum gegenüberliegenden Waldrand. Ger aufw durch
den Wald. An der Str nach *Dürrenstetten* li. Bei Kruzifix am
Waldrand mit *[Gelbem Dreieck]* scharf re. Nach dem Wander-P MW
ger bis zur *Burgruine Hohengundelfingen.* Diese einst mächtige
Burg wurde im 11. Jh. aus riesigen Steinquadern erbaut und gilt
als eines der bedeutendsten und am besten erhaltenen Baudenkmäler aus dieser Zeit. Einmaliger Blick über das *Lautertal,*
auf *Niedergundelfingen* und *Wittsteig.* Vor der Ruine mit *[Gelber Gabel], Ww [Heiligental],* auf schmalem Hangweg aufw und mit
herrlicher Aussicht weiter auf dem Randweg oberhalb des *Lautertals.* Nach 15 Min Querweg re, *Ww [Heiligental].* Jetzt folgt
ein Abstieg durch den Wald. Achtung: nach Rechtsbogen auf
schmalem Waldpfad sehr steil li abw. Aus dem Wald heraus und
über herrliche Wacholderheide zum Wander-P *Heiligental.*
Beim Wander-P *Str ohne Markierung* überqueren, über hölzerne OM
Lauterbrücke zum Waldrand und dort re bis nach *Wittsteig.* Auf
dem *Häldelesweg* mit *[Rotem Strich/HW5]* am Ortsrand von MA
Wittsteig entlang. Nach dem Ort mit *[Gelber Gabel], Ww [Bichis-* MW
hausen] ger auf dem Talweg bleiben. In gr Bogen um *Ruine Nie-*

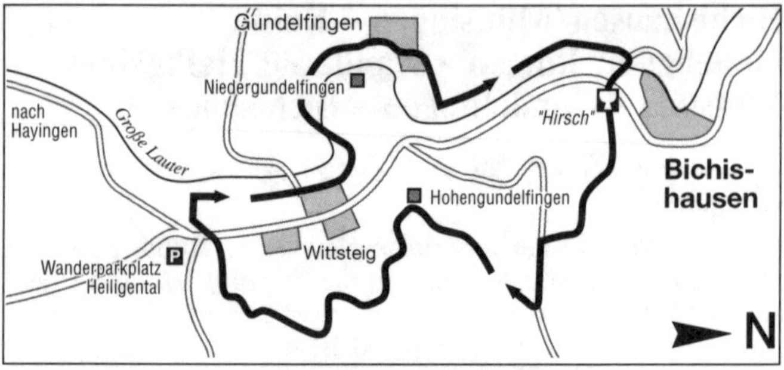

dergundelfingen herum. Auf *Matthias Erzberger Str* nach *Gundelfingen* hinein. Achtung: Nach Haus Nr. 18 bei Strommast Abzweigung li. Lauter überqueren und re am Fluss entlang
MW durch den idyllischen kl Ort. Nächste Querstr mit *[Rotem Strich]* li und weiter auf dem Talweg bis *Bichishausen*. Im Ort vor der Kirche re zum

● **Gasthaus Hirsch** - Ansprechendes, ländliches Gasthaus mit gemütlichen Gasträumen und Biergarten. Familiäre, ungezwungene Atmosphäre. Gutbürgerliche, abwechslungsreiche Küche mit schwäbischen Akzenten. Leckere Steaks, Schnitzel, Fisch, Wild u.v.a. Fleisch und Wurstwaren aus eigener Schlachtung. Auch feine vegetarische Gerichte. Mittlere Preise. - *Ru = Mi.*

Marbach - Sternberg - Gomadingen - vor Steingebronn - Marbach

Weg und Zeit - 10 km - 2 ¾ Stdn.
Charakteristik - Die großartige Rundumsicht vom *AT Sternberg* zählt mit zu den schönsten Erlebnissen auf der *Schwäbischen Alb.* Ein begeisternder Rundweg!
Anfahrt - Von *Münsingen.* - Von *Bad Urach.* - Von *Reutlingen* B 312, *Honauer Steige, Gomadingen.* - Durchs *Gr. Lautertal.*
Parken - Beim *Gestütsgasthof Marbach.*

● **Haupt- und Landgestüt Marbach** - Seit über 400 Jahren gibt es in Marbach Pferdezucht. Erstmals erwähnt 1554, seit 1573 Hofgestüt. Ursprünglich standen Andalusier und Neapolitaner, später Arbeitspferde, heute stehen Reitpferde für Sport und Freizeit im Mittelpunkt der züchterischen Bemühungen. Daneben ist die berühmte Vollblutaraberzucht ein Anziehungspunkt für Besucher aus aller Welt. Ein großes Fest ist die alle 2 Jahre stattfindende Hengstparade. Die Gestütshöfe können ganzjährig besichtigt werden.

● **Der Rundweg** - Auf der Str nach *Ödenwaldstetten* leicht aufw. Nach 5 Min auf br Forstweg *ohne Markierung* re, Schild *[Durch-*

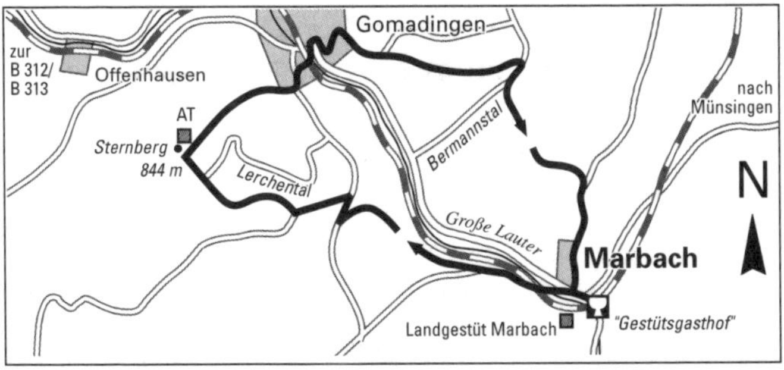

fahrt verboten], nach 5 Min mit *[Rotem Balken/HW5], [Burgen-* *MA*
weg]. Nach 20 Min an der Fahrstr nach Gomadingen re. Nächste
Abzweigung scharf li, *Ww [Sternberg]*. Nach 10 Min re am Wald-
rand aufw. Nach weiteren 10 Min im Wald auf schmalem Pfad li
aufw. Über herrliche Wacholderheide geht es weiter aufw zum
Wanderheim und dem *AT* auf dem *Sternberg* (844 m). Herrliches
Rundumpanorama. Mit *[Gelber Raute]*, *Ww [Gomadingen]* am *MW*
AT vorbei abw. 20 m nach 2. Waldkreuzung halbre auf schma-
lem Pfad über Heide abw nach *Gomadingen*. In der Ortsmitte
über Bahn und *Lauter*. Str nach *Marbach* überqueren und mit
Ww [Steingebronn] Schömbergstr aufw. Oben *ohne Markierung* *OM*
Querstr li durch Neubaugebiet aufw. *Sonnenhalde* re, nach 50 m
bei Mehrwegegabel mit *[3]* ger. Kurz nach Ortsende Gabel *MA*
halbre durch Ferienhausgebiet. Danach in kl Senke befestigter
Querweg scharf re. Nach 150 m Gabel halbli aufw in den Wald.
Nach 15 Min auf freiem Feld ger an gr Scheune vorbei. Querstr
mit *[Gelber Gabel]* in ca. 15 Min abw zurück zum *Gestüt Mar-* *MW*
bach.

● **Gestütsgasthof Marbach** - Eine gemütliche und gepflegte Landgaststätte mit behaglicher Atmosphäre. Gutbürgerliche Küche. Köstliche schwäbische Gerichte. Die selbstgemachten Maultaschen sind besonders zu empfehlen. Auch leckere Wild- und Lammgerichte. Frische Gemüse nach Markt und Saison. Selbstgebackene Kuchen. Gästezimmer. Mittl. Preise. - *Ru = Mo.*

Gomadingen - vor Marbach - Dapfen - Sternberg - Planetenweg - Gomadingen

Weg und Zeit - 15 km - 3 ¾ Stdn.

Charakteristik - Die bequeme Wanderung durch die herrliche *Alblandschaft* rund um den *Sternberg* orientiert sich zum großen Teil am *Planetenweg*, einem astronomischen Lehrpfad, der im Maßstab 1:1 Milliarde unser Sonnensystem nachbildet. Ausgangspunkt ist das 1,4 m große Sonnenmodell am Fuße des *Sternbergs*. Ausführliche Schautafeln informieren leicht verständlich über die kosmische Umgebung unseres Heimatplaneten. *Tourist-Information* 0 73 85/96 96 33.

Anfahrt - Von *Reutlingen* über *B 312* auf die *Alb*, vor *Engstingen* Abzweigung li Ri *Münsingen*. - Von *Urach*.

Parken - Gäste-P beim *Gasthof zum Lamm* in *Gomadingen*.

● **Der Rundweg** - In *Gomadingen* (675 m, erstmals erwähnt um 1100, sehenswerte *Martinskirche* von 1760) vom *„Lamm" Brunnenstr* Ri *Ödenwaldstetten, Stuttgarter Weg* ger aus dem Ort hin-
MA aus. Nach 20 Min vor Waldrand mit *[Rotem Strich]* scharf li.
Oberhalb der Erddeponie re über freies Feld. Im gegenüberliegenden Wald nach ca. 300 m Abzweigung re. Nach Linksbogen Querweg li. An der Str nach *Marbach* (siehe S. 54) kurz li, dann wieder re aufw durch den Wald. Oberhalb der malerischen *Lauter* bei Waldende mit *Ww [Wasserstetten]* Fahrstr re in den kl
OM Weiler **Dapfen**. Vor Kinderspielplatz *ohne Markierung* re, Gabel
nach 30 m halbli aus dem Ort hinaus. Jetzt ger auf Teerweg leicht aufw über Wiesen. Vor Ruhebank Querweg li. In kl Seitental Fahrstr re. Ger über kl Kuppe, nach 200 m Mehrfachgabel, mit *[2]* Teerweg ger leicht abw. Durch Wildgatter in den Wald. Fahrstr ger überqueren und nach 200 m Gabel li. Nach Wildzaun bei gelbem Wegekreuz re, *Ww [Bernloch]*. Bei Wan-
MA derhütte Gabel halbre mit *[Gelbem Dreieck], Ww [Sternberg].*
MW Nach Rechtsbogen Querstr ger überqueren und mit *[Rotem*

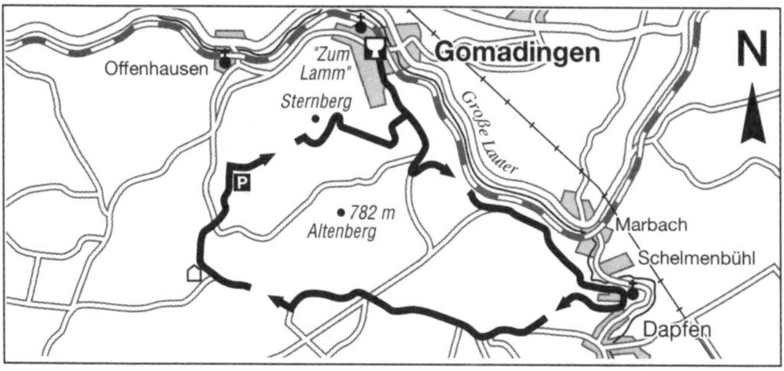

Strich/HW5] zum Wander-P unterhalb des *Sternbergs*. Hier re aufw durch wunderschöne Heidelandschaft. Am Waldrand br Forstweg re, *Ww [Planetenweg]* (ger in 5 Min Abstecher zum **AT Sternberg**). Jetzt abw und vorbei am Modell der *Sonne* und den Planeten *Merkur, Venus, Erde* und *Mars* zurück nach *Gomadingen*.

● **Gasthof zum Lamm** - Ein schöner Landgasthof mit gemütlichen Gasträumen und Biergarten. Behagliche, familiäre Atmosphäre. Gutbürgerliche Küche mit regionalen Akzenten. Leckere Wild-, Lamm- und Fischvariationen, dazu saisonale Delikatessen. Feine vegetarische Speisen. Herzhafte Vespergerichte. Untere bis mittlere Preise. - *Ru = Do.*

Offenhausen - Rundweg Sternberg

Weg und Zeit - 11 km - 3 Stdn.

Charakteristik - Über diesen Teil der *Schwäbischen Alb* mit ihrer zauberhaften Flora, den Wacholderheiden, ihren Feldern, Wäldern und Bächen zu wandern, ist ein besonderes Erlebnis. Die Aussicht vom *Sternberg* ist einmalig.

Anfahrt - Von *Bad Urach*. - Von *Münsingen* (L 230). - B 312 von

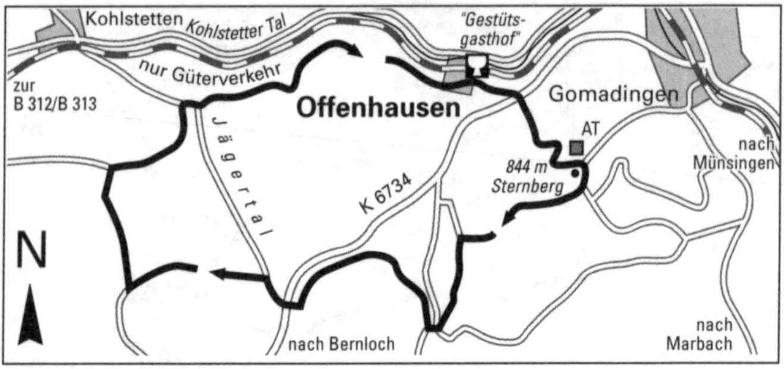

Reutlingen über *Honauer Steige,* vor *Engstingen* Abzweig Ri *Münsingen* (L 230). - Durchs *Gr. Lautertal.*

Parken – Vor dem *Gestütsgasthof Offenhausen.*

● **Gestütshof Offenhausen** - Das *Gestüt* (seit dem 16. Jh.) mit dem sehenswerten *Museum* ist zu Besichtigungen geöffnet. Das heutige Gut geht auf ein *Dominikanerinnenkloster* zurück, das im 12. Jh. am *Lautertopf* gegründet wurde. Die frühgotische *Kirche,* die Ringmauer und einige Ökonomiegebäude stammen noch aus der Klosterzeit.

● **Der Rundweg** - Neben dem *Gasthof* an der Str nach *Gomadingen* mit *[Burgenweg], [Gelbem Dreieck]* u. *Ww [Sternberg]* aufw. Nach 5 Min Str ger überqueren und in ca. 20 Min steil aufw zum *Wanderheim* und *AT* auf dem *Sternberg* (844). Nach der herrlichen Aussicht beginnt der Abstieg gegenüber dem
MW Eingang des *Wanderheims.* Auf schmalem Waldweg mit *[Rotem Balken/HW5]* abw. Nach kurzer Zeit auf der Wacholderheide mit *Ww [Kleinengstingen]* halbre halten. Abw durch den Wald bis zu gr Wander-P. Hier li abzweigen. Am Ende einer gr Waldlichtung halbre durch Wald aufw. Fahrstr bei gr Kreuzung ger überqueren. Nach 30 m re in den Wald hinein. Nach 5 Min Gabel halbre. Nach einer Rechtskurve, ca. 30 m vor Waldende, scharf li, Schild *[Durchfahrt verboten].* Nach gut 10 Min Querweg re abw. Str *Gomadingen–Bernloch* überqueren und weiter auf der wenig befahrenen Str Ri *Kohlstetten.* Vor Linkskurve nach ca. 250 m li abbiegen auf br Forstweg in den Wald. Bei Dreiwegegabel auf mittlerem Weg ger. Nach 20 Min vor Holzhütte re abbiegen. Nach 5 Min Abzweigung halbre aus dem Wald her-
MW aus. In einer Senke Fahrstr mit *[Gelbem Dreieck], [Burgenweg]* re. Vor Strommast scharf re abw, nächste Abzweigung am Waldrand li aufw. Auf gut ausgeschildertem Weg erreicht der Wanderer nun in ca. 40 Min den Ausgangsort *Offenhausen.*

● **Gestütsgasthof Offenhausen** - Eine bekannte Ausflugsgaststätte mit stilvoller Atmosphäre, gemütlichen Gasträumen und Gartenterrasse. Anspruchsvolle, bodenständige Meisterküche mit exzellent zubereiteten schwäbischen Spezialitäten, klassischen Gerichten, Gourmet-Menüs. Moderne Komfortzimmer im sehr ruhig gelegenen Gästehaus. Mittlere Preise. - *Ru = Mi.*

Stahlecker Hof/Lichtenstein - Greifenstein - Holzelfingen - Heutal - Stahlecker Hof

Weg und Zeit - 10 km - 2 ½ Stdn.
Charakteristik - Zunächst geht es in ständigem Auf und Ab mit herrlichen Ausblicken auf das *Echaztal* am Albrand entlang. Der Rückweg über die ruhige, freie Albhochfläche ist beschaulich und sehr bequem.
Anfahrt - Von *Reutlingen* B 312, in *Unterhausen* li Albaufstieg nach *Holzelfingen*. Von der Str Ri *Ohnastetten* Abzweigung li.
Parken - Gr Gäste-P vor der *Gaststätte Stahlecker Hof.*

● **Der Rundweg** - Mit *[Roter Gabel], Ww [Ruine Greifenstein],* *MA*
durch das Gehöft li neben dem *Stahlecker Hof.* Nach den Gebäuden über Wiesenweg bis zum bewaldeten Albrand. Jetzt
mit *[Rotem Dreieck/HW1]* halbli am Waldrand entlang. Nach *MW*
der 2. kl Holztreppe im Wald br Weg überqueren und weiter halbre aufw. Nach 5 Min oberhalb Steintreppe auf br Forstweg halbre. Bei spitzer Gabel nach 100 m halbli. Jetzt immer ger! 200 m nach Linkskurve halbre br Weg überqueren. Nach kurzer Zeit kommt der Wanderer zum *Eckfelsen* (748 m) mit überragender Aussicht. Weiter li am Rand des *Traifelberges* entlang mit Blick auf *Schloss Lichtenstein.* Bei der *Ruine Greifenstein* (753 m) bietet sich eine erholsame Rast an. Weiter am steil abfallenden Albrand entlang. Nach einiger Zeit erreicht der Wanderer den Rand der Ortschaft *Holzelfingen (Ev. Blasiuskirche,* Chor 1494, Wandmalereien 1508). Auf asphaltiertem Weg
kurz re abw. Gleich nach dem ersten Haus mit *[Roter Gabel, 5]* *MW*
li aus dem Ort hinaus. 100 m außerhalb des Ortes Gabel halbre, nächste Gabel wieder re. Autostr überqueren und halbli. Jetzt
ca. 20 Min parallel zur Str über freies Feld. Vor Waldrand *ohne* *OM*
Markierung halbre leicht aufw. Nach 150 m auf Fahrstr halbre. Auf kl Anhöhe Kreuzung ger überqueren und bei spitzer Gabel nach 100 m halbli. Vorbei an der Skiliftstation in das *Heutal.*

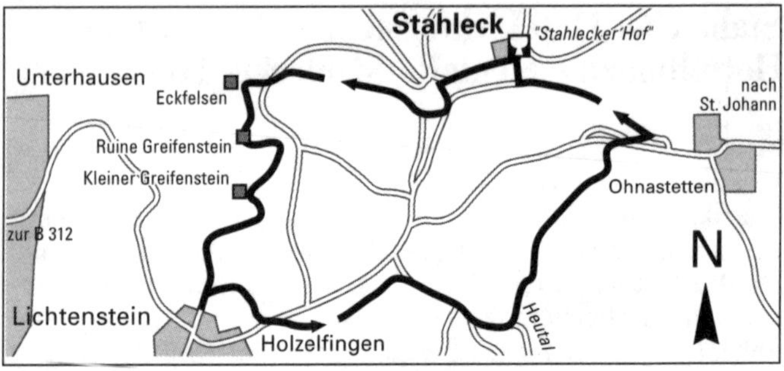

Vor langgezogener Rechtskurve Abzweigung li. Nach 5 Min spitze Gabel halbre, nach 100 m Querweg halbli. Nach weiteren 5 Min rechtwinklig re aufw und halbli an Hochsitz vorbei. Aus dem Wald heraus und vor bis zur Str nach *Ohnastetten.* Str überqueren, ein Stück re parallel zur Str. Vor dem Friedhof scharf li auf Fahrstr und in ca. 15 Min zurück zur

● **Gaststätte Stahlecker Hof** - Ein traditionsreicher und beliebter Landgasthof. Gemütliche Gasträume, schöne Gartenterrasse und moderne, behagliche Gästezimmer. Die bekannt gute Küche verwendet Produkte aus der eigenen Landwirtschaft (Hausschlachtung, selbstgebackenes Bauernbrot). Eigener Most. Untere bis mittlere Preise. - *Ru = Di.*

Lichtenstein/Übersberger Hof - Rundweg Albgut Lindenhof - Abstecher Mädlesfels

Weg und Zeit - 11 km - 2 ¾ Stdn.

Charakteristik - Ein geruhsamer und sehr entspannender Rundweg über die weiten Felder der *Eninger Weide.* Praktisch keine Steigungen. Immer wieder weite Ausblicke über die *Albhochfläche.* Großartige Sicht vom *AP Mädlesfels.*

Anfahrt - In *Pfullingen* gegenüber der Kirche *Schulstr* aufw. Auf schmaler Fahrstr 8 km bis zum *Übersberger Hof.*

Parken - Großer Gäste-P beim *Übersberger Hof.*

● **Der Rundweg** - Vom *Übersberger Hof* sollte zunächst mit *[Blauer Pfeilspitze]* ein Abstecher zum *AP Mädlesfelsen* unternommen werden (Hin- und Rückweg ½ Std). Von dort aus hat der Wanderer eine großartige Sicht auf *Eningen, Reutlingen, Achalm* und weite Teile des Albtraufs. Nach diesem herrlichen
MA Naturerlebnis wieder zurück zum *Übersberger Hof.* Mit *[Blauem Dreieck]* auf der Fahrstr am P vorbei, *Ww [Eningen].* Ca. 200 m
MW nach der Gaststätte mit *[Rotem Dreieck], Ww [St. Johann, Hohe Warte]* li. Jetzt geht es ca. 40 Min durch den Wald, immer am Albrand entlang. Vom *Gerstenbergfelsen* (kurzer Abstecher li)

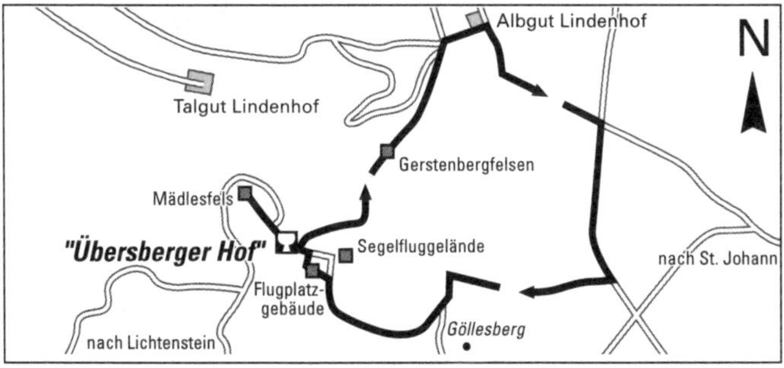

schöner Blick ins *Arbachtal* mit dem *Unteren Lindenhof.* Aus
dem Wald heraus und mit *[Roter Gabel]* auf der *Lindenallee* *MW*
zum *Albgut Oberer Lindenhof,* einer Versuchsstation der *Universität Hohenheim.* Vor dem Stallgebäude re und *ohne Markierung* *OM*
über die offene Landschaft der *Eninger Weide.* Auf br asphaltierten Querweg, *[Radweg],* re. Weiter immer ger über die herrliche
Weite der Albhochfläche. Nach ca. 20 Min mit *[Roter Gabel]* bei *MA*
Schutzhütte re. Zunächst am Waldrand entlang, später ger ein Stück durch den Wald. Danach wieder über Wiesen. Ca. 150 m nach der letzten Baumgruppe bei Graswegkreuzung (!) li zum Wander-Ⓟ *Göllesberg.* Vor der steinernen Schutzhütte li bis zum
Waldeck. Hier mit *[Rotem Dreieck/HW 1], Ww [Übersberg, Mäd-* *MW*
lesfels, Albgut Lindenhof], scharf re. Jetzt auf br Forstweg durch den Wald. Bei Waldende halbre, vor der Segelflugplatzschranke li (!). Hinter dem Flugplatzgebäude re, Querstr mit *[Blauem*
Dreieck], Ww [Mädlesfelsen], li abw und in ca. 3 Min zurück zum *MW*
● **Gasthaus Übersberger Hof** - Ein sehr beliebtes Ausflugsrestaurant in herrlicher Lage am Albtrauf. Gemütliche Gasträume und große, sonnige Gartenterrasse. Gutbürgerliche Küche mit Schwerpunkt auf köstlichen schwäbischen Spezialitäten. Feine vegetarische Gerichte. Brot, Kuchen und Torten aus eigener Herstellung. Untere bis mittl. Preise. - *Ru = Mo.*

Honau/Lichtenstein - Schloss Lichtenstein - Nebelhöhle - Gießstein - Honau

Weg und Zeit - 13 ½ km - 3 ¾ Stdn. - Höhendifferenz ca. 240 m.
Charakteristik - Von *Honau* in mittlerer Steigung zu einem der Glanzpunkte der *Schwäb. Alb*, zum romantischen *Schloss Lichtenstein.* Von dort wird ein Bogen geschlagen zu einer ihrer schönsten Schauhöhlen, der *Nebelhöhle.* Es ist der Weg, den der Sage nach auch der vertriebene *Herzog Ulrich v. Württemberg* gehen musste: tags zu seinem Versteck in der Höhle, nachts zurück zum Schloss. Packend und überzeugend dargestellt in *Wilhelm Hauffs* lebendigem historischem Roman *Lichtenstein* (1826).
Anfahrt - B 312 von *Stuttgart (Bernhausen)* über *Reutlingen.* - B 27 von *Stuttgart* - B 312. - B 312 *Riedlingen - Zwiefalten - Engstingen.* - B 32 *Sigmaringen - Gammertingen* - B 313 *Engstingen* - B 312.
Parken - Gr Gäste-P beim *Forellenhof „Rössle“.*

● **Hotel-Restaurant Forellenhof „Rössle“** - Neu gestaltetes repräsentatives Haus, verbunden mit engagierter Gastlichkeit, die hier seit 8 Generationen gepflegt wird. Berühmt durch seine Forellenzucht im klaren Quellwasser der *Echaz.* 30 verschiedene Forellengerichte machen die Wahl schwer. Daneben bietet die gehobene Küche vorzügliche internationale und schwäbische Spezialitäten. Stilvolle Gasträume. Herrliche Gartenterrasse. Behagliche Komfortzimmer. Mittl. Preise. - *Kein Ru.*

● **Honau - Schloss Lichtenstein** - ¾ Std - Vom *„Rössle“ Heerstr*
MA westl., nach 20 m *Ahornweg* halbli aufw, *[Blaues Dreieck]*, Blickrichtung *Schloss*, *Ww [Lichtenstein].* Im Wald br Weg queren, hanglängs aufw, bei *Kassenfels* Rechtskehre, am Hang unterhalb von Schloss und Felsen aufw. Schöner Blick ins *Echaztal* und auf die *Traifelbergfelsen.* Serpentinen, Querweg li,
MW *[Rotes Dreieck].* - (Abzweig re, *[Rote Gabel], Ww [Nebelhöhle]* = Weiterweg nach dem Besuch des Schlosses.)

● **Schloss Lichtenstein** (814 m) - Erbaut 1840–42 - am Platz der ehem. Burg des 14. Jh. - unter *Wilhelm v. Urach, Graf v. Württemberg*, bei Einbeziehung klassizistischer Elemente in neugotischem Stil, wobei viele Anregungen von der *Hauff'schen Dichtung* bezogen wurden. Abgesehen von seiner einmaligen Lage hoch über dem *Echaztal*, strahlt es durch die glückliche Harmonie mit der Landschaft und dank seiner feinen Proportionen einen unvergleichlichen Charme aus. Dieser Eindruck setzt sich auch bei der Führung durch das liebevoll ausgestattete Innere fort: *Waffenhalle* mit einer Madonna um 1420. *Schlosskapelle*, u. a. mit einem großen Altarflügel des *Meisters v. Lichtenstein* (um 1450). *Hirschstube,* eine stilistisch sehr gelungene Trinkstube,

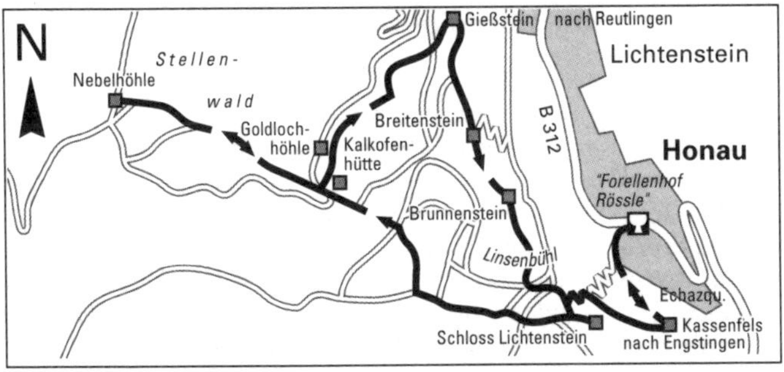

wie geschaffen für fröhliche Anlässe. *Königszimmer* mit der Ahnengalerie. *Wappenzimmer* mit Bildern des 15. Jh. *Erkerzimmer*, wieder mit prächtigen Ausblicken. *Rittersaal*, der schwäb. Ritterschaft und der fürstl. Familie gewidmet. - ÖZ: Apr. - Okt. tägl., sonst Sa, So, Fei. (Dez. u. Jan. geschl.).

● **Schloss - Nebelhöhle** - knapp 1 Std - Mit *[Roter Gabel]* u. *Ww* *MW*
[Nebelhöhle] unterhalb vom *Alten Forsthaus* abw zum Waldrand. Befest. Weg li, *Ww,* beibehalten, Rechtsbogen aufw, *Kalkofen-Hütte* (763 m). Kurz danach Weg halbli, *[Rotes Dreieck].* Str *MW*
queren, am Albtrauf leicht aufw, *Naturlehrpfad* (12 Infotafeln), am Ⓟ vorbei, abw zur großartigen

● **Nebelhöhle** (mit *Ulrichshöhle*) - Tropfsteingebilde von märchenhafter Schönheit. Ein Tagtraum! - S. auch Seite 68.

● **Nebelhöhle - Honau** - gut 2 Stdn - Wie Herweg zurück zum Sträßle, queren, Pfad aufw, am Trauf weiter (nach 200 m Pfädchen li, kurzer lohnender Abstecher zum *Goldloch*) zum *Gießstein* (789 m). Sagenhafter Rundblick ins *Echaztal* und auf den *Traifelberg.* Auch auf dem Weiterweg über den *Linsenbühl* (817 m) phantastische *AP.* Aufw Ri *Schloss*, Abzweig (!) li (!), *[Blaues Dreieck], Ww [Honau].* Nun wie Herweg zurück. Alter- *MW*
native: Beim *Kassenfels* mit *[Blauer Raute]* ger, dann in Serpentinen abw, *Fohnerquelle*, Ortsrand (re zur *Echazquelle*). Li ab, *[Blaues Dreieck],* Sportplatz, Steg, hinter der *Echaz* li zur Rückseite vom „*Rössle*".

Wanderregion Sonnenbühl

Anfahrt - B 312 *Reutlingen - Pfullingen* - L 382 - *Genkingen.* - B 312 *Reutlingen - Honauer Steige* - L 230 re ab - *Genkingen.* - *Dußlingen* (B 27) - *Gomaringen - Gönningen.* - *Ofterdingen* (B 27) - *Mössingen - Melchingen - Willmandigen.*

Charakteristik - *Sonnenbühl*, ein beliebtes Feriengebiet, ein attraktives Ausflugsziel und eine verlockende Wanderregion zugleich. Der Wanderer findet *Orchideen*, *Enzian* und *Akelei* an den Wegrändern. *Schwalbenschwanz* und *Kaisermantel* tanzen im leichten Frühlingswind. Die erträglichen Temperaturen im Sommer machen das Wandern zum unbeschwerten Vergnügen. Der Herbst beschert den Anblick von *Herbstzeitlosen* und *Silberdisteln.* Die klare, gesunde Winterluft ermöglicht ausgedehnte Spaziergänge. *Skilift u. Bobbahn Erpfingen, 3 Skilifte Genkingen* und *50 km gespurte Loipen* sorgen für winterlichen Hochgenuss.

● **Die Ortsteile - Erpfingen** (731 m), *staatl. anerkannter Luftkurort.* Urspr. frühgot. *Kirche*, 1866 erneuert, Steinfigur des Titelheiligen *Nabor. Kurgarten* mit *Kneipp-Anlage* und *Kräuterlehrgarten. Burgruine Hohenerpfingen* (S. 66). - **Genkingen** (771 m), s. Seite 68. - **Undingen** (755 m), *Ev. Kirche, Neues Rathaus* mit Fremdenverkehrsbüro. - **Willmandigen** (751 m), s. Seite 70.

● **Sehenswürdigkeiten - Attraktionen** - Die **Sonnenbühler Tropfsteinhöhlen** sind Naturwunder von seltener Schönheit. Mächtige Stalagmiten und Stalaktiten, geheimnisvolle Gänge und Hallen oder Bärenskelettfelder vermitteln unvergessliche Impressionen. - **Bärenhöhle** und **Karlshöhle,** s. Seite 66. - **Nebelhöhle,** s. Seiten 63 u. 68. - **Traumland Bärenhöhle**, s. Seite 67. - **Schloss Lichtenstein**, s. Seite 62. - **Ostereimuseum**, Deutschlands erstes Eiermuseum, in *Erpfingen.* Eierverzierkunst aus vielen Ländern der Welt mit hunderten von Exponaten, einzigartig in Farben, Form und Technik, kann man hier bestaunen.

● **Die Wanderwege** - Wandervorschläge, die u.a. zu den Hauptsehenswürdigkeiten der *Gemeinde Sonnenbühl* führen, findet man auf den Seiten 62, 63 und 66 bis 71. - Zu den nachfolgenden **örtlichen Wanderwegen der Region Sonnenbühl** sind genaue Beschreibungen bei der Gemeinde erhältlich (Anschrift S. 65). Nachfolgend Vorstellung der Wege 1 bis 10 (ohne Wegführung): **Weg 1 „Reute“** - 4 km - 1 Std. - **Weg 2 „Roßberg“** - 3 km - ¾ Std. - **Weg 3 „Gruppenloch“** - 3 km - ¾ Std. - **Weg 4 „Ruine Holstein“** - 12 km - 3 Stdn. - **Weg 5 „Häldele“** - 4 km - 1 Std. - **Weg 6 „Bärenhöhle“** - 10 km - 2 ½ Stdn. - **Weg 7 „Nebelhöhle“** - 28 km - 7 Stdn. - **Weg 8 „Elf Linden“** - 24 km - 6 Stdn. - **Weg 9 „Bolberg“** - 24 km - 6 Stdn. - **Weg 10 „Trochtelfingen“** - 18 km - 4 ½ Stdn. - Ausgangspunkt für alle Wanderungen ist der Wanderparkplatz *„Melchinger Tal“, Erpfingen.* - Weitere Wege sowie die Komplettierung der Beschilderung in Vorbereitung.

N
Melchingen
Sonnen-
bühl
Bolberg
876 m
Willmandingen
WALDLEHR-
PFAD
Feriendorf
Sonnenmatte
SOMMER-
BOBBAHN
Stetten
Auchtert
842 m
Reute
830 m
Roßberg
Weinstein
Elf
Linden
835 m
WALDLEHRPFAD
SONNENBÜHLLOIPE
(12 km)
825 m
Kirche (Wehrturm 11. Jh.)
Campingplatz
Rosen-Camping
L 382
Ruine
Holstein
Ruine
Hohen-
erpfingen
Guppenloch
830 m
Genkingen
GUPPENLOCHLOIPE
(4 km)
Undingen
Schopfloch
811 m
Bloßenberg
Burg
861 m
Hohengenkingen
Erpfingen
Freizeitpark "Traumland"
Bären- und
Karlshöhle
Neue Nebelhöhle
L 230
B 313
nach
Trochtelfingen
nach Reutlingen
Schloss
Lichtenstein

Bärenhöhle - Sonnenbühl-Erpfingen - (Ruine Hohenerpfingen) - Bärenhöhle

Weg und Zeit - 8 km - 2 Stdn. - Mit *Hohenerpfingen:* 10 km - 2 ½ Stdn.

Charakteristik - Von der prächtigen *Bärenhöhle* aus wandert man bequem nach *Sonnenbühl-Erpfingen,* holt sich vielleicht vor der Einkehr im *Gasthof Löwen* noch etwas Appetit durch einen Aufstieg zur *Ruine Hohenerpfingen* und kehrt wieder über die aussichtsreiche *Albhochfläche* zur *Höhle* oder deren *Traumland* zurück.

Anfahrt - B 312/313 *Reutlingen - Honau* - Ri *Gammertingen* bis Abzweig *Haid,* nach 3 km Abzweig *Bärenhöhle.*

Parken - Gr P bei der *Bärenhöhle.*

● **Bären- und Karlshöhle** - 1834 entdeckte der Lehrer *Fauth* den vorderen Höhlenteil der *Karlshöhle.* 1949 verfolgte der Höhlenführer *Bez* den Zug der Fledermäuse, der in eine unbekannte und unberührte Höhlenwelt führte, eine Welt mit herrlichen Stalagmiten und Stalaktiten und mit einer gr Zahl von Skeletten der eiszeitlichen Höhlenbären, teilweise übersintert. Großartige Hallen verteilen sich auf eine Länge von 270 m - ein starkes Erlebnis (*ÖZ: 1. 4.-31. 10. tgl.*).

● **Bärenhöhle - Sonnenbühl-Erpfingen** - gut 3/4 Std - Gegen-
MA über der Höhle abw, *[Rote Gabel], Ww [Erpfingen].* Nach Walden-
MW de befest. Querweg li, *[Gelbes Dreieck], Ww.* Auf breiter Talsohle mit weiter Sicht eben dahin, schließlich parallel zur K 6767. Diese überqueren, befest. Querweg li von der L 382 (auf Distanz). Später re, Str queren, Infotafel, Grasstreifen neben der L 382 nach *Erpfingen. Albstr* ger, *Marktstr* li und zur wohltuenden Rast im

● **Gasthof Löwen** - Traditionsreicher Landgasthof. Behagliche Komfortzimmer. Gemütliche Gasträume. Gartenterrasse. Angenehme, familiäre Atmosphäre. Ideenreiche Meisterküche mit herzhaften schwäbischen und feinen internationalen Gerichten. Auch Fisch, Wild, Lamm. Vollwertkost. Üppige Vesper. Günstige Tageskarte. Mittl. Preise. - *Ru = Mi.* - P.

● **Sonnenbühl-Erpfingen**, siehe Seite 64.

● **Abstecher Hohenerpfingen** - ½ Std - Vom *„Löwen"* die *Trochtelfinger Str* ger, *[Gelbes Dreieck], Hausener Str* re, am Ortsende Linksbogen aufw, Gabel re. Gleich danach Graspfad (!) re, *Ww,* wunderschöne Aussicht. Im Wald aufw, unterhalb des Sendemastes re zur Ruine. *Burg Hohenerpfingen,* Anf. 14. Jh., *Herren v. Salmendingen,* bereits 1385 als Burgstall bezeichnet, also in Abgang geraten. Gleicher Weg zurück zum *„Löwen"*.

● **Sonnenbühl-Erpfingen - Bärenhöhle** - gut 1 Std - *Steigstr* aufw, an der stattlichen *Ev. Kirche* vorbei, oben Gabel li, *[Gelbes Dreieck], Ww.* Ab Ortsende befest. Wirtschaftsweg - ein herrli-

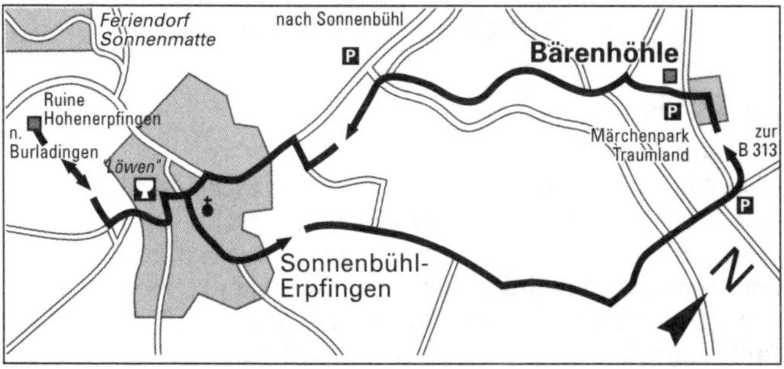

cher Panoramaweg. Vorbei an zwei mächtigen *Linden (ND).* Ca. 3 Min nach der 2. Linde Abzweig halbli (!). Befest. Kreuzung li, *Ww*, weite Rundsicht. Abw, über K 6767, ger, ein Stück neben der Str, dann Fußweg zurück zur *Bärenhöhle.*

● **Traumland** - *Freizeitpark auf der Bärenhöhle.* Märchenwald, Wassermühle, Flamingo-Teich, Dornröschenschloss, Streicheltiere, Rundfahrten mit Eisenbahn oder Oldtimern, Ponderosa-Ranch, Affenhaus, Spielplatz, Imbiss-Stand, Riesenrad (mit Blick über die *Alb* bis zu den *Alpen* und zum *Schwarzwald*), Varietéhaus, Ponyreiten, Indianerdorf und weitere Attraktionen. Der Eintrittspreis umfasst alle Fahrten und Shows.

Genkingen - Rundweg zur Nebelhöhle

Weg und Zeit - 10 km - 2 ½ Stdn.

Charakteristik - Die *Albhochfläche* bei *Sonnenbühl* ist ein sehr beliebtes Wander- und Freizeitgebiet. Ein großer Golfplatz und viele gut ausgeschilderte Wander- und Radwege in guter Luft und beschaulicher Stille sind Anziehungspunkt für zahlreiche stressgeplagte Städter. Die Wege sind bequem, die Anstiege sind maßvoll. Vor allen Dingen hat der Wanderer fast ständig die eindrucksvolle Weite der hügeligen Hochfläche vor Augen. Dieses herrliche Naturerlebnis wird noch übertroffen durch den Besuch einer der schönsten Tropfsteinhöhlen der *Alb,* der *Nebelhöhle.*

Anfahrt - Von *Reutlingen* B 312 *Honauer Steige*, vor *Engstingen* Abzweigung re nach *Genkingen.*

Parken - Beim *Gasthaus Rosengarten* in *Genkingen.*

● **Genkingen** (771 m) - Teilort der *Gemeinde Sonnenbühl.* Erstmals erwähnt 772. Der Ort war Besitztum verschiedener Klöster. 1540 kam *Genkingen* mit dem *Klosteramt Pfullingen* zu Württemberg. Sehenswert die aus romanischer Zeit stammende, 1691 veränderte Kirche mit einem seitlich stehenden, von achteckigem Dachhelm (1740) bedeckten Turm.

● **Genkingen - Nebelhöhle** - gut 1 Std - Vom *Rosengarten* mit
MA *[Rotem Dreieck] Gönninger Str* ortseinwärts. Gabel bei Ortsmitte ger Ri *Riedlingen, Nebelhöhle. Pfullinger Str* ger. *Jahnstr* mit
MW *[Blauer Gabel]*, *Ww [Ruoffseck]*, Ri Sportanlagen li. Durch Neubaugebiet aus dem Ort hinaus. Am Ortsende li. Vor den Sportplätzen auf Forstweg re in den Wald. Bei mehreren Abzweigungen und Gabeln immer der Markierung folgen. Nach ca. 20 Min
OM aus dem Wald heraus. Autostr überqueren und *ohne Markierung* mit *Ww [Nebelhöhle]* halbre über die Wiesen. Nach 5 Min auf geschottertem Querweg li bis zum Waldrand. Jetzt re aufw zur

● **Nebelhöhle** (808 m) - Eine der bekanntesten und meistbesuchten Schauhöhlen der *Schwäbischen Alb.* Ihre großartigen Tropfsteinbildungen ziehen jährlich Tausende Besucher an. Die *Alte Nebelhöhle* war schon seit 1486 als *Nebelloch* bekannt. Als *Kurfürst Friedrich I. von Württemberg* die Höhle 1803 besuchte, wurde sie mit einem bequemen Zugang versehen. Noch populärer wurde sie durch *Wilhelm Hauffs* Roman *Lichtenstein.* 1920 entdeckte man die Fortsetzung der Höhle, die *Neue Nebelhöhle.* Seit 1803 findet hier am Pfingstmontag das beliebte Nebelhöhlenfest statt. *ÖZ: 1.4–31.10. täglich 8.30 bis 17.30 Uhr.*

MA ● **Nebelhöhle - Genkingen** - knapp 1 ½ Stdn - Mit *[Rotem Dreieck/HW 1], Ww [Genkingen, Roßberg]* von der Höhle zum Wan-
OM der-P. Str ger überqueren und *ohne Markierung* weiter auf geteerter, wenig befahrener Str, *[Schild 6 to].* Vor Linkskurve

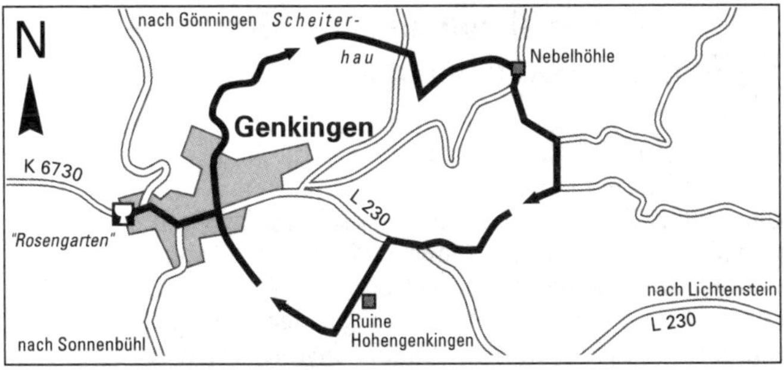

beim Austritt aus dem Wald halbre auf Waldweg abzweigen. Nach langgezogener Rechtskurve Querweg li aus dem Wald heraus und mit *[Roter Gabel]* re am Waldrand entlang. Über freies *MA* Feld mit herrlich weiter Sicht über die hügelige *Albhochfläche.* Querweg re abw zur Fahrstr. An der Str 200 m re, *Ww [Bärenhöhle].* Nächste Abzweigung li, *Ww [Ruine Hohengenkingen].* Achtung: Nach ca. 200 m in Linkskurve *ohne Markierung* ger auf *OM* Feldweg, vorbei am Hochsitz und am Waldrand entlang durch Waldschneise. Nach der Schneise wunderbarer Blick über das Wandergebiet *Sonnenbühl.* Querweg re, nach ca. 20 Min erreicht man den Ausgangsort *Genkingen.* Im Ort *Herdweg* ger, *Pfullinger Str* li und wie auf dem Herweg zurück zum

● **Gasthaus Rosengarten** - Ein sympathischer, ländlicher Gasthof mit behaglicher, familiärer Atmosphäre. Gutbürgerliche Küche mit sehr lecker zubereiteten regionalen Gerichten. Der *schwäbische Zwiebelrostbraten* ist ein Gedicht. Feine vegetarische Speisen. Eigener Most, gute Obstbrände aus eigener Brennerei. Untere bis mittl. Preise. - *Ru = Do.*

● **Wegerweiterung** - Zum *Schloss Lichtenstein* und zurück, ca. 1 ¾ Stdn, s. Seite 62.

● **Weitere Wanderziele** - Wanderungen *Roßberg* (mit Skilift). - Wandergebiet *Bolberg.*

Sonnenbühl-Willmandingen - Melchingen - Erpfingen - Willmandingen

Weg und Zeit - 13 km - 3 ¼ Stdn.

Charakteristik - Auf dieser beschaulichen Rundwanderung erhält der Naturfreund einen prägnanten Eindruck von der herrlichen Weite der Albhochfläche. Ein Weg zum Entspannen. Überwiegend befestigte Wege, nur geringe Anstiege.

Anfahrt - B 312 *Reutlingen–Honau–Steige,* danach re über *Genkingen, Undingen.* - Von *Mössingen* (nahe B 27) über *Melchingen.*

Parken - Großer Gäste-P vor dem *Landhotel Sonnenbühl* in *Willmandingen* oder vor dem *Hotel Hirsch* in *Erpfingen.*

● **Willmandingen** (750 m) - Teilort der Gemeinde *Sonnenbühl.* Erstmals erwähnt 772. Seit 1477 gehört der Ort zu *Württemberg.* Sehenswerte spätromanische Wandmalereien (1220/1230) in der Sakristei der *St.-Gallus-Kirche.*

● **Willmandingen - Erpfingen** - 1 ¾ Stdn - Vom *Hotel Sonnenbühl* nach *Willmandingen* hinein. Auf *Rathausstr* durch den Ort.
MA Nach der *Kirche* mit *[Gelber Gabel] Gottlieb-Sauer-Str* li. Aufw am *Friedhof* vorbei, Querweg re. Auf Feldweg oberhalb des Ortes am Hang des *Himmelberges* (820 m) in langgezogener Linkskurve parallel zur Str nach *Melchingen.* Unterhalb der Windkrafträder ger weiter und am Ortsrand von *Melchingen*
MW abw. Unten im Ort bei *Brunnen* mit 3 Gänsen mit *[Gelbem Dreieck] Lauchertstr* scharf li aus dem Ort hinaus. In der Linkskurve nach Wander-P re auf Waldweg leicht aufw. Nach kurzem Anstieg auf Fahrstr weiter bis zu gr Waldspielplatz mit Feuerstellen. Oben der Linkskurve in den Wald folgen, *Ww [Erpfingen].* Nach dem Wald Rechtskurve, weiter über offenes Wiesengelände. Achtung: Vor Holzhütte mit altem Baum mit dem Zeichen *[Ruinenweg]* halbre über die Wiese. Im Wald immer ger leicht abw bis zur Talstation der *Sommerbobbahn.* Ger weiter, vorbei an gr Wander-P in die Ortschaft

● **Erpfingen** (741 m) - Teilort von *Sonnenbühl,* erstmals erwähnt 775 als Besitz des *Klosters Lorsch.* Seit 1450 gehört es zu *Württemberg.* Heute ein beschaulicher Luftkurort mit beachtlichem Fremdenverkehr. Im Ort *Stettener Str* re zur wohlverdienten Einkehr im

● **Hotel-Restaurant Hirsch** - Das neu renovierte, traditionsreiche Haus genügt höchsten Ansprüchen. Sehr komfortable Zimmer, stilvoll eingerichtete Gasträume, schöne Gartenterrasse. Exzellente, vielfach ausgezeichnete Küche für Feinschmecker. Delikate Fischgerichte! Kreativ zubereitete regionale Speisen auf hohem Niveau. Mittl. bis leicht gehobene Preise. - *Ru = Di.*

● **Erpfingen - Willmandingen** - 1 ½ Stdn - Auf dem gleichen Weg wieder aus dem Ort hinaus. Nach dem Ort re Ri *Sommer-*

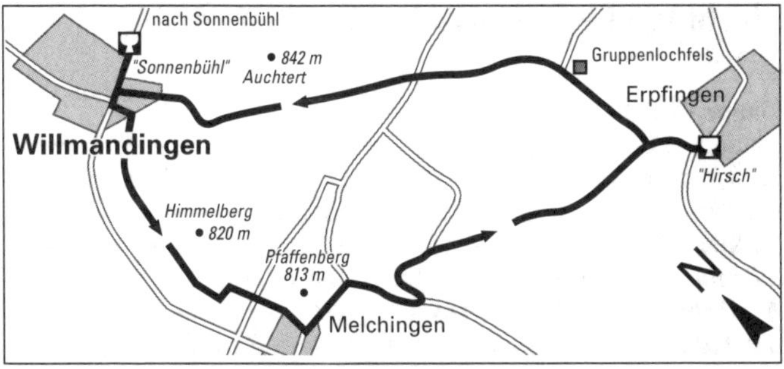

bobbahn. Vor dem Wander-Ⓟ Gabel *Hardtweg* re aufw mit *[2, 5, 6, 8, 9].* Auf wenig befahrener Fahrstr vorbei am *Camping-Platz,* später *ohne Markierung* immer ger zurück nach *Willmandingen.* *Lauchertstr* ger, vor der Kirche *Rathausstr* re aus dem Ort hinaus und zurück zum MW OM

● **Landhotel Sonnenbühl** - Ein 4-Sterne-Hotel mit attraktiven Freizeitmöglichkeiten (z. B. Tennishalle, Kegelbahnen). Behagliche Komfortzimmer, gemütliche Gasträume im Landhausstil und Gartenterrasse. Wohltuende Atmosphäre. Abwechslungsreiche Küche mit internationalen Köstlichkeiten und leckeren Spezialitäten der Region. Mittlere Preise. - *Ru (Rest.) = Mo.*

Hechingen - Historischer Stadtrundgang

Dauer - ca. 1 - 1 ½ (- 2) Stdn.
Anfahrt - B 27 *Stuttgart - Tübingen* bzw. *Rottweil - Balingen.* - A 8, Ausf. *Empfingen - Haigerloch.* - B 32 *Sigmaringen - Gammertingen - Burladingen.* - *Bahnstation.*
Parken - Mehrere ausgeschilderte P, vielfach bis 90 Min, z. B. *Obertorplatz.* Günstig: *Parkdeck,* Zufahrt von der *Neustr.*

● **Hechingen - Die Zollernstadt** - *„Die fürstliche Residenzstadt am Fuße des Hohenzollern"*. Auf engstem Raum begegnet man hier den sehenswerten Zeugnissen einer bedeutenden geschichtlichen Vergangenheit. Die *Grafen von Zollern* gründeten um 1050 am Platz des heutigen Schlosses eine *Hochburg* und machten *Hechingen* zum Verwaltungssitz ihrer Grafschaft. Unter *Graf Eitelfriedrich IV.* (1576-1605) erlebte die Stadt eine Blütezeit. 1623 wurde sie - nach Erhebung *Graf Johann Georgs* (1605-23) in den Fürstenstand - Residenzstadt. Das blieb sie bis 1849/50. Heute ist *Hechingen* eine lebhafte Mittelpunktstadt mit den Stadtteilen *Bechtoldsweiler, Beuren, Boll, Schlatt, Sickingen, Stein, Stetten* und *Weilheim.*

● **Der Rundgang** - Analog des sehr informativen *Faltblattes* mit Illustrationen und Stadtplan des *Kultur-* u. *Verkehrsamtes.* - **1) Rathaus**, erb. 1958 von *Prof. Schmitthenner*, am Platz von 5 Vorgängerbauten, darunter ein gotischer von 1510 und einer im Stil der Neorenaissance von 1886. - **2) Neues Schloss**, am Platz der um 1050 erbauten Burg, die im 14. Jh. erweitert wurde und als Stadtburg (*Bürglin* 1410) Grafensitz war. 1577-91 ließ sie *Graf Eitelfriedrich IV.* in ein prächtiges Renaissanceschloss umwandeln. Nach dessen Abbruch von *Rudolf Burnitz*, einem *Weinbrenner-Schüler*, 1818/19 in klassizistischem Stil neu errichtet. - **3) Altes Schloss** 18. Jh., ehem. *Alte Kanzlei*, zeitweise auch Prinzenbau/ Prinzessinenpalais, heute **Städtisches Museum**. Die **Hohenzollerische Landessammlung** präsentiert Skulpturen (u. a. „Christus auf dem Palmesel" um 1380, geschnitzte „Kreuzwegstationen" um 1591), Gemälde, liturgische Gegenstände, Textilien, Klosterarbeiten, vor- u. frühgeschichtliche Funde aus Hohenzollern (von der Altsteinzeit bis zur Alemannenzeit) u.v.a. Die **Bürgerwehrausstellung** zeigt Waffen u. Uniformen des 16.-19. Jh. Die **Steubenausstellung** bringt dem Besucher das Leben des berühmten Hofmarschalls und Freiheitshelden näher. Die **Städtische Sammlung** birgt Erinnerungsstücke an die letzte fürstliche Hofhaltung in *Hechingen.* - **4) Unterer Turm**, erb. 1579 durch *Graf Eitelfriedrich IV.,* das letzte erhaltene Zeugnis der ehem. Stadtmauer. - **5) Stiftskirche**, *Kath. Kirche St. Jacobus,* Mittelpunkt und Wahrzeichen der Stadt. Erbaut 1780-83 von *Pierre M. d'Ixnard* im Zopfstil, dem Übergangsstil vom Rokoko zum Klassizismus. Bauleiter war *Christian Großbayer*

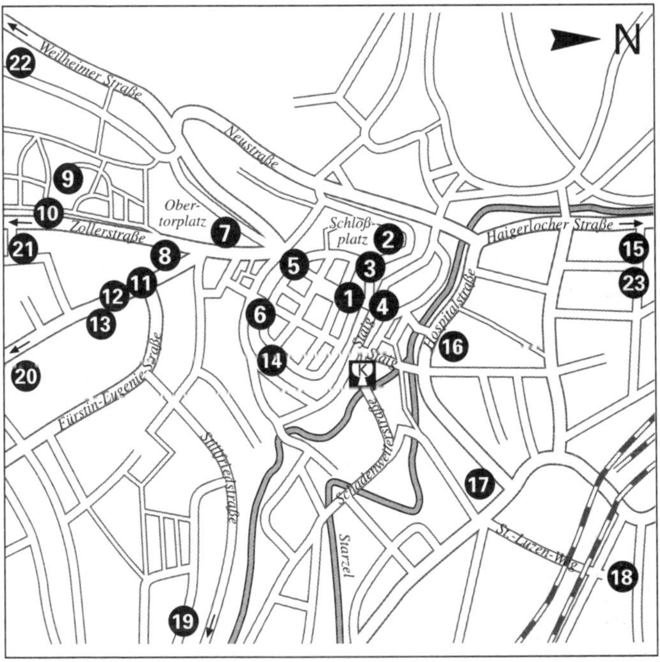

(S. 88). Die Kirche beeindruckt durch ihre klaren Linien und ihre bauliche Geschlossenheit. Schon *Goethe* meinte 1797: „Eine sehr schöne Kirche!" - **6) Kriegergedächtnisstätte**, eingeweiht 1938. Bis 1814 war hier der Friedhof. - **7) Obertorplatz**, 1880 „Lemgruben-Feuersee", früher am oberen Tor. - **8) Ev. St.-Johannes-Kirche**, erb. 1857 durch *König Friedrich Wilhelm IV. von Preußen* nach Plänen von *F. A. Stüler* in neugotischem Stil. Ausstattung 1862 durch *Königin Augusta* und 1906 durch *Kaiser Wilhelm II.* - **9) Villa Eugenia**, erb. im 18. Jh. unter *Fürst Josef Wilhelm* im sog. *Fürstengarten,* einem herrlichen Landschaftspark in englischem Stil. Seitenflügel 1833, im Nebengebäude wohnte 1844 *Franz Liszt.* - **10) Billardhäuschen**, auch *Weißes Häuschen,* in Form eines dorischen Antentempels, 1833 von *A. v. Clavel.* Heute Begegnungsstätte der *Künstlergilde.* Vorm Eingang *Gedenkstein* für *F.W. v. Steuben* (1730-1794). - **11) Kinderhaus,** 1838 gestiftet von *Fürstin Eugenie.* Erinnerungsbüste. - **12) Ruhe-Christi-Kapelle**, 1719 gestiftet von Bürgermeister *J. Greylich.* Beginn des früheren Stationenweges. - **13) Landgericht**, erb. von *W. F. Laur* in spätklassizistischem Stil. Im Krieg z.T. abgebrannt. - **14) Synagoge** 1546/1767/19. Jh., zerstört 1938, renoviert 1983/86. Heute Kulturhaus und Gedächtnisstätte. - **15) Judenfriedhof**, angelegt 1761, etwa 650 Gräber. Friedhofshalle mit Ehrentafel für die umgebrachten Juden. - **16) Spittelkirche mit Pfründehospital**, spätgotisch, 1602/03 durch *Eitelfried-*

rich IV. err. Gute Altäre, sehenswerte Kanzel. Pieta, Anfang 15. Jh. – **17) Krankenhaus- und Pflegeheim St. Elisabeth,** ehem. Schwefelbad, heute Altenheim. – **18) St. Luzen,** *ehem. Franziskaner-Klosterkirche*, 1328-1488 Pfarrkirche von *Hechingen.* Nach deren Verfall Neubau 1586-89 durch *Graf Eitelfriedrich IV.*, 1713 einige barocke Veränderungen, restaur. 1971-75. Die Kirche zählt zu den bedeutendsten Bauten aus der Übergangszeit von der Spätrenaissance zum Frühbarock in Deutschland. Auch die Ausstattung ist von europäischem Rang: Einzigartige Stuckaturen von *Wendel Nufer*, prächtige Altäre, Kanzel von *H. Amman*, Orgel (um 1715) von *Urban Reitter* u. v.a.m. Sehenswerte *Antoniuskapelle. Kalvarienberg* mit *Kreuzwegstation* (18. Jh.) von der Unterstadt herauf zu einem steinernen Rundbau. Kreuzigungsgruppe 1755 von *J. G. Weckenmann* (Kopie). – **K) Restaurant Kupferpfanne** – Sehr angenehmes Haus. Gemütliche Gasträume. Gartenterrasse. Gepflegte Atmosphäre. Ideenreiche Küche mit schwäb. und internationalen Köstlichkeiten. Grillspezialitäten. Große Fischauswahl. Wild, Lamm, veget. Speisen. Günstige Tagesgerichte. Aktionswochen. Mittl. Preise. – *Ru = Do.* – P *beim Haus.* – **19) Klosterkirche der Dominikanerinnen Stetten** („*im Gnadental*“). Das Kloster, 1267 durch *Graf Friedrich den Erlauchten* zum Hauskloster und zur Grablage erhoben, brannte Ende 15. Jh. völlig ab. Die Kirche ist ein hochgot. Bauwerk (Ende 13. Jh.) mit einer seitlich angebauten Kapelle. Eindrucksvoller Innenraum. Sakramentshaus 15. Jh. Teile der Ausstattung 18. Jh. – **20) Heiligkreuzkapelle** 1401/03, ausgebrannt 1633, Wiederaufbau 1655. – **21) Burg Hohenzollern**, s. Seite 82. – **22) Jagdschloss Lindich**, Fürstensitz und Gästehaus (u. a. *H. Berlioz, Franz Liszt*), s. auch Seite 86. – **23) Römischer Gutshof**, s. S. 76.

● **Kurzrundgang – 7 - 5 - 1 - 2 - 3 - 4 –** *Staig*, Hs. 13 Treppe li, *Unt. Mühlstr, Stadtmühle, Starzelbrücke* – **16** – *Hospitalstr* – **K** – *Staig* – **4** – *Turmstr, Kaufhausstr, Schmidtestr* – unten **14** – *Schulstr* – **5** – **6** – *Katharineng.* – *Fürststr* – **7** – *Heiligkreuzstr* – **11** – **12** – **13** – *Eveltstr, Zollerstr* – **10** – **9** – **8** – **7**.

Hechingen-Stein - Römisches Freilichtmuseum

Anfahrt - A 81, Ausfahrt *Empfingen* - B 463 - L 360 *Haigerloch* - L 410. - B 27 oder B 32 bis *Hechingen-Nord* - L 410.
Parken - Gr Ⓟ unterhalb des *Museums.*

● **Aus der Geschichte** - Die Region wurde im 1. Jh. n. Chr. von *römischen Legionären* unter *Kaiser Domitian* (81-96 n. Chr.) erobert und anschließend besiedelt. Etwa 86 n. Chr. wurde dabei mit dem Bau des ersten *römischen Gutshofs* in *Stein* begonnen. Er entwickelte sich zu einem blühenden Anwesen. Zwischen 233 und 260 n. Chr. wurde er von den Alamannen zerstört. Erst 1976 entdeckte *Gerd Schollian* Reste der Anlage.

● **Das Römische Freilichtmuseum** - Nachdem zwischen 1978 und 1981 das Haupt- und Badegebäude einer außergewöhnlich großen und gut erhaltenen römischen Gutsanlage, einer sog. *Villa rustica,* archäologisch untersucht worden war, beschloss der eigens hierfür gegründete *Förderverein zur Erhaltung der Kulturdenkmale in Stein e. V.* dieses Monument durch Konservierung zu erhalten und der Öffentlichkeit zugänglich zu machen. Um dem Besucher ein anschauliches Bild eines römischen Hauses, wie es vor rund 1800 Jahren ausgesehen haben mag, zu vermitteln, wurde ein Teil des Hauptgebäudes rekonstruiert. Hierfür benutzte man Bildvorlagen aus der Antike und eine Vielzahl technischer Informationen, die bei den Ausgrabungen zutage getreten waren. Seit 1992 finden weitere Ausgrabungen statt, bei denen bislang einer der größten Tempelbezirke Süddeutschlands und ein großes Ökonomiegebäude, das zur Verarbeitung von Getreide diente, aufgedeckt werden konnten. - *ÖZ: 1. 4. - 1. 11. tägl. (außer Montag) 10-17 Uhr.*

● **Rundgang - 1)** Im Eingangsgebäude sind der *Museumsshop* und ein *Kiosk* untergebracht. Auf der großen *Freiterrasse* lässt sich bei einer Tasse Kaffee der herrliche Ausblick auf die *Schwäbische Alb* mit der *Burg Hohenzollern* genießen. - **2)** Im nebenan gelegenen *Backhaus* können Gruppen mit einer steinernen Mühle Getreide mahlen und im Kuppelholzofen Brot backen wie in römischen Zeiten. - **3)** Für kleine und große Kinder wurden zwei Zelte aufgestellt, in denen man sich an original *römischen Brett- und Geschicklichkeitspielen* versuchen kann. - **4)** In der *Remise* finden sich neben Informationen zur Landwirtschaft und dem römischen Straßennetz ein nachgebauter *römischer Reisewagen* und landwirtschaftliche Geräte. - **5)** Das große Badegebäude der Villa bietet Einblicke in das Badewesen römischer Zeit. - **6)** Das *Hauptgebäude* der Anlage ist das Herzstück des *Römischen Freilichtmuseums.* Neben den original erhaltenen Mauern können im rekonstruierten Teil des Hauses die Originalfunde betrachtet werden. Zusätzlich wurden Wohnräume nachgebildet, die einen Eindruck des Lebens in der damaligen Zeit vermitteln. Eine Tonbildschau und zahlreiche Bild- und

Schloss Lichtenstein

oben: *Teilrekonstruiertes Hauptgebäude im Freilichtmuseum Hechingen-Stein*

unten: *Eiszeitliches Höhlenbären-Skelett in der Bärenhöhle*

oben: *Blick auf den Sonnenbühler Ortsteil Undingen mit Nikolaus-Kirche*

unten: *Schloss und Schlosskirche in Haigerloch*

Bärenhöhle bei Sonnenbühl-Erpfingen

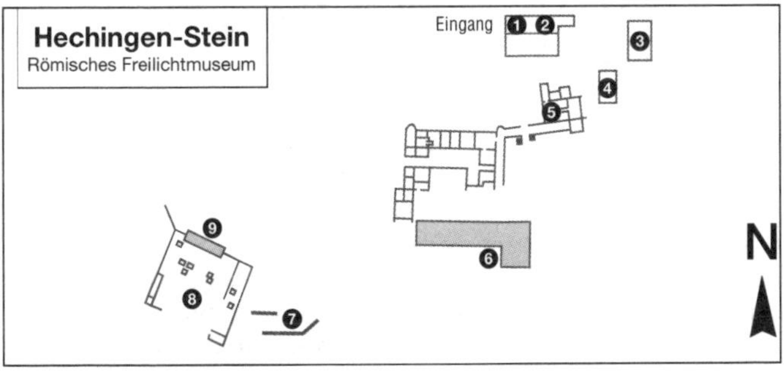

Texttafeln vervollständigen das Angebot. Im Keller ist zusätzlich noch eine Dauerausstellung mit Zinnfiguren-Dioramen untergebracht. – **7)** Besonders spannend für den Besucher ist es, den *Archäologen* bei ihrer Arbeit über die Schulter zu sehen. Momentan wird hier ein großes *Wirtschaftsgebäude* ausgegraben, wobei die Grabungen noch mehrere Jahre andauern werden. – **8)** Einen Einblick in die religiöse Vorstellungen der Römer bietet der ausgegrabene und konservierte *Tempelbezirk.* Zahlreiche Abgüsse von antiken Götterstatuen sind hier zwischen den Grundmauern von neun kleinen Kapellen aufgestellt. – **9)** Eine *Kapelle* wurde sehr instruktiv auf den originalen Grundmauern rekonstruiert

Brielhof/Hechingen - Burg Hohenzollern - Hexenlinde - Ziegelbach - Brielhof

Weg und Zeit - 9 km - 3 Stdn. - Höhendifferenz ca. 300 m.
Charakteristik - Für den recht strammen Aufstieg wird der Wanderer durch die Begegnung mit einer großartigen, überaus eindrucksvollen Burganlage und durch phantastische Ausblicke reichlich entschädigt. Ein unvergessliches Erlebnis!
Anfahrt - B 27 von *Stuttgart* bzw. *Rottweil,* Abfahrt *Brielhof, Burg Hohenzollern.* - A 81, Ausfahrt *Empfingen* - B 463 - B 27. - *Bahnstation* ist *Hechingen.*
Parken - Gr P beim *Hotel Brielhof.*

● **Hotel Brielhof** - Kultiviertes, geschichtsträchtiges Haus (350 Jahre alt) voll belebender Atmosphäre und anregender Ausstrahlung. Ein Haus, in dem Fürsten absteigen, in dem Gourmets schlemmen, in dem aber auch der Wanderer gemütlich sein Viertele trinken kann. Die Zimmer sind kostbar ausgestattet, die Gasträume bieten einen festlichen Rahmen, z. B. das „Fürstenzimmer" mit der restaurierten alten Deckenbemalung. Die kreative Küche hat hohes Niveau. Wildbret aus eigener Jagd. Ausgewogenes Preis-Leistungs-Verhältnis. - *Kein Ru.*

● **Brielhof - Burg Hohenzollern** - ca. 1 ½ Stdn - Von der Südseite des Hotels befest. Weg aufw, K 7110 aufw. Toller Burgblick.
MA Rechts-, Linksbogen. Von re her *[Roter Strich]* u. *Zollernweg.* Parallel zur Str aufw. Bei kl P li über die Str, *[Rotem Strich]* folgen. Stramm hoch, Str li, gr P, 2. Rechtsabzweig aufw. Li gr P, *Pendelbus* zur Burg vom 1.4. bis 31.10. Weiter aufw, z. T. Stufen,
OM zum Burgeingang. Spiralförmig aufw durch *5 Burgtore* in den *Burghof.* Empfehlung: Nach dem *4. Burgtor* durch das *St.-Michaels-Tor.* Die Burgumrundung über die *Basteien* bietet phantastische Panoramen!

● **Burg Hohenzollern** (855 m) - Der Bergkegel, „der schönste Berg Schwabens", bot sich schon früh für den Burgbau an: *Erste Burg* 11. Jh., zerstört 1423. - *Zweite Burg,* erb. 1454–61 (1500), allmählicher Verfall im 18. Jh. - *Heutige Burg,* „Romantischer Ausdruck eines Königlichen Traums": *König Friedrich Wilhelm IV. von Preußen* ließ sie - zusammen mit *Fürst Karl Anton v. Hohenzollern* - 1850–56 (67) in neugotischem Stil errichten. Sie ist eine der mächtigsten Burganlagen in Deutschland, deren Äußeres den romantischen Idealen der damaligen Zeit entspricht. Man unterscheidet deutlich das vieltürmige *Hochschloss* und die massigen *Wehranlagen (v. Prittwitz).* - Wertvolle und hist. bedeutende Ausstattung, vor allem durch *Prinz Louis Ferdinand von Preußen.* In der *Schatzkammer* Kostbarkeiten aus dem preußischen Königshaus. - *Kath. St. Michaelskapelle,* 1454–61 (aus der zweiten Burg), Fenster 13. Jh., Reliefplatten 12. Jh., in

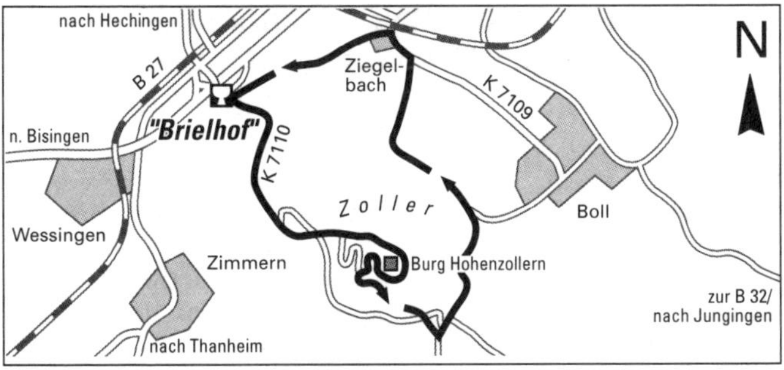

der Vorhalle (dritte Burg) *St. Georg*, Lindenholz, 15. Jh. - *Ev. Christuskapelle*, in der ursprüngl. die Särge von *König Friedrich Wilhelm I.* und seinem Sohn *König Friedrich dem Großen* standen. - Die *Burgschenke* wird gastronomisch vom *Brielhof* betreut und bietet Gelegenheit zu einer angenehmen Rast.

● **Burg - Hexenlinde - Brielhof** - 1 ½ Stdn - Mit *[Rotem Strich]* *MA*
K 7110 abw, nach der 2. Kehre li. Konsequent abw zur *Hexenlinde* im Sattel (670 m) zwischen Burgberg u. *Zeller Horn.* Li ab, *[Blauem Dreieck], Ww [Hechingen]* folgen bis zur K 7109. Fußweg daneben li. Vor der Bahnbrücke *OM* li, vorbei am Hof *OM*
Ziegelbach, und mit herrlichem Burgblick zum *Brielhof.*

Hechingen-Stetten - Boll - Wallfahrtskirche Mariazell - Zeller Horn - Backofenfelsen - Hängender Stein - Bärental - Boll - Stetten

Weg und Zeit - 16 km - 4 ¼ Stdn - (Ausgangspunkt *Boll* - 12 km - 3 ¼ Stdn).

Charakteristik - Einer der eindrucksvollsten Rundwege auf der *Zollernalb*, gespickt mit traumhaft schönen Ausblicken. Beim Anstieg sind 400 m Höhendifferenz zu überwinden.

Anfahrt - Von *Hechingen* (siehe S. 72) nach *Stetten* bzw. *Boll.*

Parken - Beim *„Bausinger", Stetten* oder beim *„Löwen", Boll.*

● **Gasthof zum Bausinger** - Ein gepflegter Treffpunkt für gastronomische Genießer. Komfortzimmer. Gemütliche Gasträume, herrlicher Biergarten unter alten Bäumen. Der Gast hat die Wahl zwischen gehobener schwäbischer Küche und köstlichen internationalen Gerichten. Empfehlenswerte Lamm- und Wildspezialitäten. Komfort-Gästezimmer. Mittlere bis leicht gehobene Preise. - *Ru = Sa.*

● **Der Rundweg** - In *Stetten* (ehemaliges Kloster, erstmals
OM erwähnt 1261) vom *„Bausinger" ohne Markierung* auf *Bachstr* vorbei an der Schule am Bach entlang. Nach der Bachbrücke *Erlenstr* aus dem Ort hinaus, Ri *Boll.* Gabel nach Bahnübergang halbli. Am Ortsrand von **Boll** *Walchenstr* ger, *Im Egert* re. Vor Kindergarten Querstr li. *Mitteldorfstr* re, bei Kirche *Dorfstr* re. Hier stoßen die Wanderer vom *„Löwen"* hinzu. Gemeinsam auf *Zollerbergstr*
MA mit *[Blauem Dreieck], Ww [Burg Hohenzollern],* aus dem Ort hinaus und leicht aufw zum Waldrand. Im Wald bei Ruhebank auf schmalem Pfad ger aufw. Nach 100 m Forstweg li. Gabel bei Pumpstation halbli, *Ww [Zeller Horn].* Bei nächster Verzweigung
MW ger, jetzt mit *[Rotem Strich].* Nach weiteren 10 Min Abstecher li zur *Wallfahrtskirche Mariazell* (1757). Oberhalb des Friedhofs auf Teerstr aufw. Nach Friedhofs-Ⓟ Querweg ger überqueren und mit *[Rotem Strich]* vorbei an *Schutzhütte* auf schmalem Pfad steil aufw durch den Wald. Es folgt ein gut ausgeschilderter, strammer Aufstieg von knapp 30 Min bis zur *Schutzhütte* auf dem **Zeller Horn** (912 m). Phantastische Aussicht, insbesondere auf *Burg Hohenzollern.* Weiter auf dem Gratweg, *Ww [Hängender Stein].* Bei Waldende li aufw zum *Backofenfels* (923 m, Aussicht). Dann am *Albtrauf* entlang, ger vorbei am *Trauffelsen* (942 m), jetzt mit *[Rotem Dreieck].* Auf kl Metallbrücke über tiefe Felsspalte zum **Hängenden Stein**. Nach 5 Min Querweg vor dem *Raichberg* li, *Ww [Himberg, Jungingen].* Vor Wander-Ⓟ Wiesenweg li, nach knapp 5 Min mit
MW *[Blauem Dreieck], Ww [Bärentäle],* li abw. Im Wald dem *Ww [Emmafelsen, Boll]* folgen. Kurz nach dem *Emmafelsen* scharf li. Jetzt abw durch das *Bärental*, vorbei an der *Schumacherhütte* mit Rastplatz. Unten mit herrlichem Blick auf das majestätische

Hohenzollern durch das *Weiherbachtal.* Am Ortsrand *von Boll* 1. Gabel halbli, *Junginger Str.* Hier gehen die *Stettener* Wanderer ger und über die *Walchenstr* wie auf dem Hinweg zurück nach *Stetten.* Die Wanderer aus *Boll* gelangen über die *Eichstr* re, *Mitteldorfstr* li und *Dorfstr* re zum

● **Gasthof Löwen –** Ein gemütlicher Landgasthof mit wohltuend familiärer Atmosphäre. Behagliche Komfortzimmer. Bekannt gute Küche. Einheimische Spezialitäten, Köstlichkeiten aus eigener Jagd, feine vegetarische Gerichte oder deftige schwäbische Vesper – alles sehr wohlschmeckend und kreativ zubereitet. Eigene Schlachtung. Untere bis mittlere Preise. – *Ru = Di.*

Hechingen-Stein - Schloss Lindich - Rangendingen - Bechtoldsweiler - Stein

Weg und Zeit - 17 km - 4 ½ Stdn.

Charakteristik - Es gibt wenige Wanderwege, auf denen man das gesamte Panorama der westlichen *Schwäbischen Alb* mit der majestätischen Silhouette der *Burg Hohenzollern* so eindrucksvoll vor Augen hat. Mehrere steile Anstiege.

Anfahrt - B 27 bis *Hechingen.* Hier Ri *Rangendingen* bis *Stein.*

Parken - Vor dem *Gasthof Lamm* in *Stein.*

● **Stein - Schloss Lindich - Rangendingen** - 2 ¼ Stdn - Vom *Lamm Römerstr* ortseinwärts. Am Dorfbrunnen re. *Starzel-*
MA *brücke* überqueren und mit *[Rotem Strich/HW 3]* ein Stück ger. *Kirchstr, Im Gaiern* re. Nach dem Bahnübergang *Wildäckerstr* re aus dem Ort hinaus. Nach 5 Min im Wald auf schmalem Weg halbli, nach 10 m über Holzstufen li steil aufw. Oben re am Waldrand entlang. In langgezogener Linkskurve immer am Waldrand orientieren. Herrliche Aussicht. Unterhalb der
MW Stromleitung mit *[Blauem Kreuz], Ww [Lindich]* auf Fahrstr re. Das von hohen Buchshecken eingesäumte *Schloss Lindich*, erb. 1738–43 als Jagd- und Lustschloss mit sechs Kavaliershäusern, liegt direkt am Weg. Am Ende der Schlossanlagen li abw durch dichten Wald. Unten auf asphaltierter Str re. Vor dem *Stauffenburger Hof* scharf li. Nach der Bachbrücke bei Mehrwegegabel auf schmalem Pfad ger steil aufw durch den Wald. Oben hinter der Schutzhütte li *[Zollernweg].* Br Forstweg schräg nach re überqueren. Nächste Gabel ger, *Ww [Rangendingen].* Auf dem *Weilheimer-Halde-Weg* immer ger bis nach *Rangendingen* (sehenswert die Kirche des ehem. *Dominikanerinnenklosters,* Rokoko, 1752–54). Am Ortseingang kurz hinter Strommast scharf re abw Ri Ortsmitte. *Hechinger Str* li. Bei Sparkasse *Hirrlinger Str* re zum

● **Gasthaus „Hohenzoller“** - Ein traditionsreiches Restaurant mit rustikalen Gasträumen und kleinem Biergarten. Angenehm gepflegte Atmosphäre. Die gutbürgerliche Küche bietet schmackhaft zubereitete schwäbische und überregionale Gerichte. Neben ausgezeichneten Fleisch- und Fischspezialitäten gibt es auch feine veget. Speisen. Untere bis mittl. Preise. - *Ru = Di.*

● **Rangendingen - Bechtoldsweiler - Stein** - 2 ¼ Stdn - Weiter mit *[Blauem Kreuz],* Durchgangsstr überqueren, *Starzelstr* re.
MW Nach der *Starzelbrücke* mit *[Blauem Strich], Ww [Bechtoldsweiler]* re. Nach ¼ Std im Wald auf Forstweg steil aufw. Oben bei gr Gabel *Hochburgweg* re (Abstecher Aussichtspunkt Hochburg li). Bei Gabel mit Schild *[Rauhhaldeweg]* halbli. Achtung: Nach 5 Min bei spitzer Gabel halbre durch enge Tannen aufw (Markierung erst nach 20 m sichtbar!). Oben Querweg li. Aus dem Wald

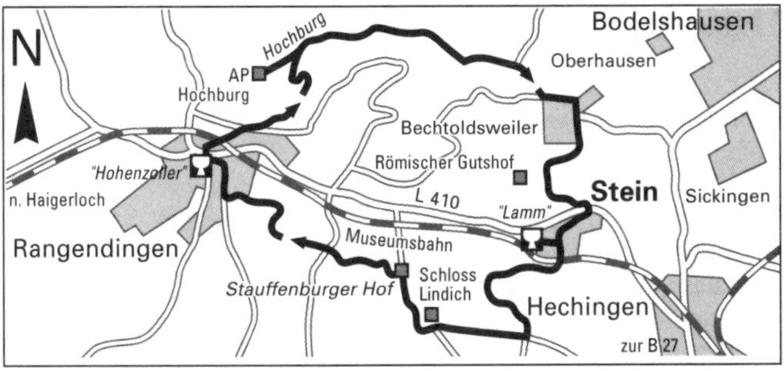

heraus, am Waldrand kurz li und mit *[Rotem Strich]* wieder re nach *Bechtoldsweiler.* Im *Oberdorf* ger, *Rathausstr* re, *Zu den Linden* ger aus dem Ort hinaus. Nach dem Friedhof Gabel li abw. Unten unter Autostr hindurch, danach Gabel re. Nach 100 m Abzweig li, *Staigstr* re abw. Unten *Römerstr* re zurück zum *MW*

● **Hotel-Gasthof Lamm** - Ruhig gelegenes, familiär geführtes Haus mit großzügigen Gästezimmern, stilvollen Gasträumen und einer herrlichen Terrasse. Die Küche verwöhnt den Gast mit lecker zubereiteten regionalen und internationalen Gerichten und saisonalen Spezialitäten. Besonders beliebt ist das köstliche Historische Römermenü. Mittlere Preise. - *Ru = Sa.*

Haigerloch - Historischer Stadtrundgang

Dauer - 1 - 1 ½ Stdn.
Anfahrt –A81, Ausfahrt *Empfingen.* - B 27, Abfahrt *Hechingen-Nord* bzw. Abfahrt zwischen *Balingen* und *Hechingen* - B 463.
Parken - P Anfang *Hohenbergstr* (bei Feuerwehr). Mehrere P u. P, meist bis 90 Min. - Gäste-P *Brauereigaststätte Schlössle.*
● **Haigerloch** - Die *„Perle des Eyachtals"* liegt überaus romantisch an der Doppelschleife der *Eyach* und strebt sehr malerisch aus engem Tal zur Höhe. - Die Doppelstadt entstand aus zwei Burgsiedlungen des 11. Jh. Erste urkundliche Erwähnung 1095 („In castro Haigerloch"). Stadtrechte im 13. Jh. „Stadtbüchle" 1457. Vereinigung von Ober- und Unterstadt. Nach mehrfachem Besitzerwechsel seit 1381 fiel Haigerloch 1497 an die *Hohenzollern.* Seit 1975 ist *Haigerloch* Kernstadt mit weiteren 8 Stadtteilen.
● **Der Rundgang** - Analog der sehr ausführlichen und illustrierten Schrift des Kultur- und Verkehrsamtes i. - **1) Wallfahrtskirche St. Anna**, erb. 1753-57 von Christian Großbayer, prächtiger Barock-/Rokokostil, bedeutende Ausstattung von *J. G. Weckenmann, J. M. Feichtmayr, M. v. Au. - Oberstadtstr* abw, *„Krone"* (S. 90), phantastischer Ausblick. - **2) Römerturm**, erb. um 1150 als Bergfried der *Burg* aus dem 11. Jh., heutige Gestalt 1744-46 durch *Chr. Großbayer.* - Abw zur **3) Ev. Kirche**, kl Saalkirche, erb. 1860-63, beachtenswerte Nachschöpfung von *Leonardo da Vincis* „Abendmahl" in Originalgröße von *Fr. Schütz* (1953). - *Ww [Jüdischer Friedhof], Im Haag* scharf re. - **4) Ehem. Synagoge.** - Gegenüber **5) Haag-Schlössle**, zeitweise Fürstensitz, heutiger Bau von 1770. - Weiter abw zum **6) Jüdischen Friedhof,** angelegt 1802/03. - Letztes Wegstück zurück, *Pfleghofstr* abw, *Oberstadtstr* abw zum **7) Rathaus**, erb. 1870, mit **Verkehrsamt** i. - Weiter abw, *Hechinger Str* re zum **8) Schlössle**, 1668/69 nach Brand neu erbaut, heute *Brauerei* mit **Brauereigaststätte Schlössle** - Stilvoll-rustikale Gasträume. Gepflegte Atmosphäre. Lobenswerte Küche, durchgehend warm. Umfassende Karte. Saftige Steaks u. Rostbraten, Fisch, Pute, Wildspezialitäten. Käsespätzle, hausgem. Maultaschen. Üppige Vesper. Monatlich wechselnde Aktionen nach Markt u. Saison. Untere bis mittl. Preise. - *Ru = Mo.* - Stadteinwärts, *Noyaler Brücke, Pfluggasse* re zum **9) Atomkeller-Museum**, ehem. Bierkeller in einem Felsentunnel, 1944 letzter Atomversuch von *Prof. W. Heisenberg.* - **10) Marktplatz**. *St.-Nepomuk-Brunnen* 1774 von *Chr. Großbayer,* Figur von *G. Weckenmann* (Kopie). - **11) Gasthaus „Zum Schwanen"**, stattlicher Bau 17./18. Jh. - *Unterstadt* ortsauswärts zum **12) Großbayerhaus** 18. Jh., Wohnhaus des Baumeisters *Chr. Großbayer. - Unterstadt* zurück, *Spitalgasse* re zur **13) Unterstadtkirche St. Nikolaus**, urspr. 12. Jh., Neu- bzw. Umbau um 1476

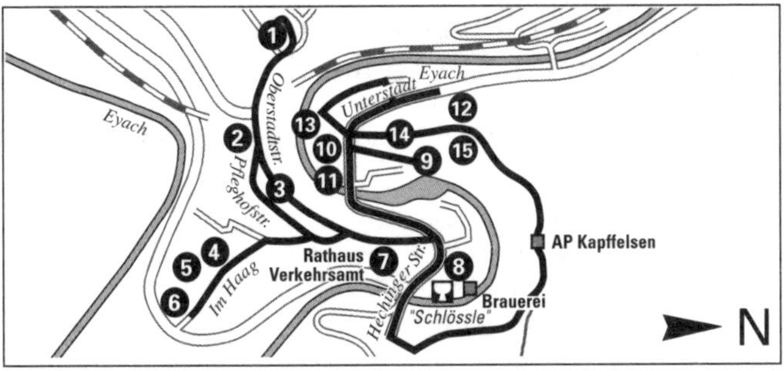

und 1742 durch *Chr. Großbayer*, Ausstattung überwiegend neugot. - Hinüber zur *Schlosstreppe*, aufw zur **14) Schlosskirche**, erb. 1584-1609, barockisiert 1748. Sehenswertes Inneres: Stuckaturen, Fresken, Altäre, u.v.a. - Weiter aufw zum **15) Schloss**, erb. 1580-88 als Renaissanceschloss unter teilweiser Einbeziehung der um 1200 gegr. Burg. So entstanden u. a. Fruchtkasten, Hofkaplanei und Obervogtei mit Marstall. Seit 1975 Privatbesitz, Zentrum für Kongresse u. Kommunikation. - Vorschlag: Durch das rechte Tor zum **AP Kapffels,** ger weiter, 1. Gabel halbre, Pfad oberhalb der *Schlossbrauerei* abw, unten re zum **Schlössle (8).**

Haigerloch - Trillfingen - Bad Imnau - Eyach - Steinbruch - Weildorf - Haigerloch

Weg und Zeit - 16 km - 4 Stdn.
Charakteristik - Der klassische und zugleich faszinierende Rundweg für *Haigerloch* und *Bad Imnau.* Er vermittelt die Begegnung mit zahlreichen historischen Sehenswürdigkeiten und ist von großer landschaftlicher Schönheit.
Anfahrt - Wie Seite 88.
Parken - Vorm *Hotel-Restaurant Krone* o. öffentl. P, s. S. 88.

● **Haigerloch - Kapf - Trillfingen - Sitz der Weisheit - Bad Imnau**
MA - 2 Stdn - Von der „*Krone*" die *Oberstadtstr* abw, *[Roter Strich].*
Herrlicher Blick über die Stadt. Gegenüber vom *Rathaus Steigle*
li abw. *Noyaler Brücke* über die *Eyach*, *Marktplatz*, *Unterstadt.*
Schloss-Steige aufw, vorbei an der *Kath. Schlosskirche* zum
Schloss. Ger durch den Schlosshof, Tor, Fahrweg aufw, 1.
Abzweig li, romantisches Pfädchen ger, *[Roter Strich].* Kurz nach
Waldaustritt beim Betonmast Grasweg **(!)** halbli **(!)** aufw und
über die Felder der Hochfläche nach *Trillfingen. Vorstadt* abw,
Bruckstr, K 7166 aufw, *kath. Kirche*, *Obertorstr* ger. Am Ortsende
MW befest. Weg li, *[H6], Ww [Friedhof].* 50 m vorm Friedhof re,
befest. Weg beibehalten. Am Waldrand abw ins *Engental, [2]*
von li, am Waldrand und übers Feld aufw zur *Madonna, Sitz der*
OM *Weisheit* (Rückblick!). Re **(!)** am Grillplatz *ohne Markierung* vor-
bei, ger durch den Wald. Drüben Feldweg ger **(!)** - er ist nur
MA anfangs etwas zerfahren - zur K 7116. Diese li abw mit *[Rotem*
Kreuz] zum

● **Gasthof-Pension Eyachperle** - Schönes Haus in ruhiger Waldrandlage. Behagliche Komfortzimmer. Stilvolle Gasträume. Liegewiese. Familiäre Atmosphäre. Die ideenreiche und vielseitige Küche wird vom Hausherrn als Küchenmeister selbst geführt und bietet erlesene Gaumenfreuden. Schwäb. u. überregionale Gerichte. Eigene Schlachtung. Mittl. Preise. - *Ru = Mo.* - P.

● **Bad Imnau** - Kleiner Badeort, Stadtteil von *Haigerloch*, mit *Fürstenbau* (1733/1872), *Kursaal* (1868) u. *Kurpark.* Berühmte *Mineralheilquellen*, Trink- u. Badekuren.

● **Bad Imnau - Haigerloch** - 2 Stdn - Von der „*Eyachperle*" mit
[Rotem Kreuz] Kurstr abw, Rechtsbogen, *Quellenstr* ger, *Eyach-*
MW *brücke.* Dahinter *Mühlenstr* li, *[Blauer Strich]*, *Ww.* Mühlkanal-
brücke, dann längs der Bahn. Staustufe. Beim Tennispl. über
die Gleise, Waldeintritt, aufw und hanglängs weiter. *Wbh.* Weg
konsequent beibehalten. Nach einigen Bogen br Gabel li, leicht
abw. Später Blick auf *Trillfingen.* Kurz danach Gabel re aufw **(!)**,
Ww. Direttissima zum Strommast. Vor dem riesigen, imposan-
OM ten Steinbruch re, br Weg ger **(!)**, und *ohne Markierung* Ri *Weil-*
dorf. (Der frühere Weg li am Zaun entlang ist durch die Erwei-

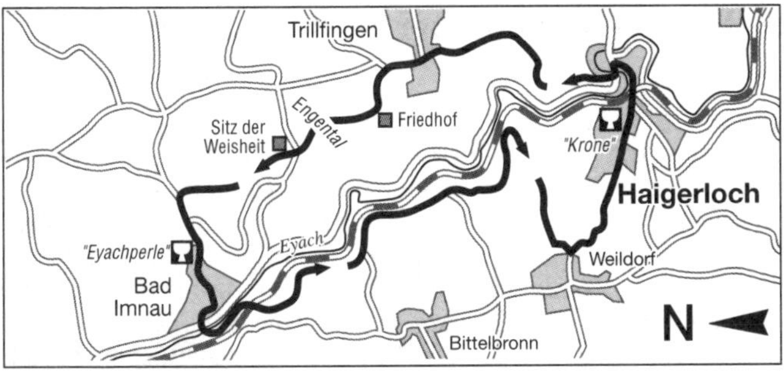

terung des Steinbruchs nicht ratsam!). Eingangs *Weildorf Im Steig* li, *Edelmannstr* li. Bei Bushaltestelle über die K 7118, Wiese, vor Supermarkt li, re am Kruzifix vorbei, *[Roter Strich], MA Hohenbergstr* ger, *Gruoler Str* li, *Oberstadtstr* re zum

● **Hotel-Restaurant Krone** – Schöne Aussichtslage. Behagliche Komfortzimmer. Gemütliche Gasträume. Angenehme Atmosphäre. Anspruchsvolle Küche mit regionalen, saisonalen und internationalen Akzenten: Steaks, Filet, Rostbraten, Käsespätzle, Krautnudeln, aber auch Flugente, Hase, Rentier und Strauß. Veget. Gerichte. Toasts. Mittl. Preise. – *Ru = Do.*

Balingen - Historischer Stadtrundgang

Dauer - 1 - 1 ½ (- 2) Stdn.
Anfahrt - B 27 von *Stuttgart - Tübingen* bzw. von *Rottweil - Schömberg.* - B 463 von *Sigmaringen - Albstadt.* - A 81, Ausf. *Empfingen* - B 463 oder Ausf. *Oberndorf* - L 415. - *Bahnstation.*
Parken - Viele P, P u. P, z. T. limitiert, alle kostenfrei. Günstig: P *Wilhelmstr/Am Spitaltörl* oder *Wilhelmstr/Filserstr.*

● **Balingen** - *Große Kreisstadt* mit insgesamt 12 Stadtteilen. *„Stadt der Waagen".* Kultureller und wirtschaftlicher Mittelpunkt des *Zollernalbkreises.* - *Aus der Geschichte:* Vorchristl. Besiedlung. Alamannische Siedlungen, 3.-8. Jh. Erste Erwähnung als *„Balginga"* 863. Stadtgründung 1255 durch *Graf Friedrich von Zollern.* 1403 Verkauf an *Württemberg,* bei dem es dann mit wenigen Ausnahmen auch blieb. Fünf verheerende Brände suchten die Stadt heim. Nach dem letzten (1809), der fast 90 % der Häuser zerstörte, Wiederaufbau in Karreeform um ein zentrales Straßenkreuz.

● **Der Rundgang** - Gemäß des vom *Bürgerverein Balingen* erstellten *„Historischen Stadtrundgangs",* den ein illustriertes Faltblatt in ausführlicher Form präsentiert. Die 23 Stationen sind fortlaufend nummeriert und beschildert. - **1) Evangelische Stadtkirche**, eine der schönsten Hallenkirchen des Landes. Chor und Turm begonnen 1443, spätgotisch, Langhaus 1512-16, oberstes Turmgeschoss 1541, Gesamthöhe 61,3 m, Sonnenuhr von Mechanikerpfarrer *Ph. M. Hahn* (*Onstmettingen*). Spätgot. Steinkanzel 1512. Im Chor prächtiges Epitaph vom *Balinger Meister Simon Schweizer.* Voluminöses, wohlklingendes Läutwerk. - **2) Marktbrunnen** mit *Ritter Ulrich* in Bronze. Das Orginal von 1540/50 in der *Zehntscheuer.* - **3) Rathaus**, stattlicher klassizistischer Bau von 1811 (nach Brand 1809). Glockenspiel mit Westminsterschlag. - **4) u. 5) Friedrichstraße**, Häuser mit z. T. ungewöhnlichem Fassadenschmuck und sog. Hauszeichen. - *Schwanenstr* re zum **6) Farrenstall**, Fachwerkhaus 1812/13. - Vorm *Farrenstall* Str *Am Rappenturm* li, Stadtmauerreste, früher Platz des *Rappenturms.* Re, dann sofort li, *Sichelweg* über den *Steinachsteg* zum **7) Viehmarktplatz** mit der **„Sonne"**, mächtiges Fachwerkhaus 1792. - *Ebertstr* re zum **8) Spital und Amtsgericht**. *„Dr Spittel"* stand bis 1809 hinter der *Stadtkirche.* Nach dem Brand wurde es hier neu aufgebaut, Uhr und Glocken 1860. *Amtsgericht* 1824/25. - *Spitalstr* li und li in die **9) Wilhelm-Kraut-Str**, Hs. Nr. 10 von 1788 mit Hauszeichen, Nr. 5 von 1822/23 mit prächtigem Schmuck. - **L) Gasthof Lang** - Ein Haus mit langer Tradition (seit 1780). Nach Teilbrand Wiederaufbau 1997/98. Großzügige Komfortzimmer. Lift. Gemütliche Gasträume. Terrasse. Angenehme Atmosphäre. Gutbürgerliche Küche mit regionalen und saisonalen Akzenten, immer am Markt orien-

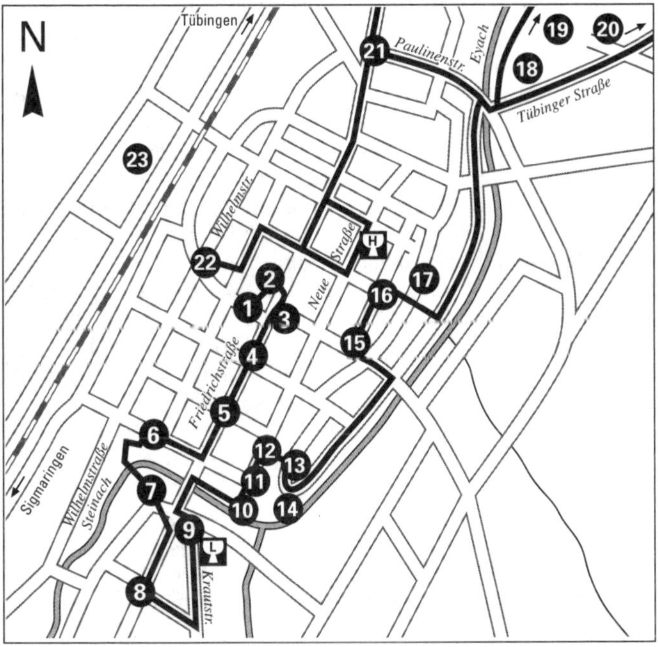

tiert. Internationale und schwäbische Spezialitäten. Günstige Tagesessen. Veget. Gerichte. Vesper. Täglich wechselnde Karte. Mittl. Preise. - *Ru = Sa.* - *Garagen.* - Li vom *Gasthof* lohnender kurzer Abstecher an die *Eyach* mit schönem Blick aufs *Zollernschloss.* - *Friedrichstr,* nach der Brücke re **10) Wasserturm,** einziger erhaltener Eckturm der ehem. Stadtbefestigung. **Zollernschloss**, ehem. Burg, Schloss ab 1403, Residenz adliger Obervögte, Abbruch 1935, Wiederaufbau bis 1937 unter Verwendung historischer Substanz. **Museum für Waagen und Gewichte.** - Neben dem Schloss das **11) Reiterhaus**, ehem. Gesindehaus, schönes Fachwerk, hölzerne Stützsäulen. Heute *Jugendherberge.* - **12) Zehntscheuer,** Jahreszahlen 1617, 1675. Heute **Heimatmuseum** u. **Friedrich-Eckenfelder-Galerie**. Auch das einzigartige *Waagenmuseum* soll vom *Zollernschloss* hierher verlegt werden. - Li vom *Museum* Gasse und Holzbrücke zum **13) Ehem. Gerberviertel**, gen. *Klein-Venedig,* das z. Zt. total abgebrochen und saniert wird. - Am *Mühlkanal* re zum **14) Eyachwehr** 1895, vorher ein Holzwehr. - Längs der *Eyach* bis zur Brücke. *Färberstr* li zu **15) „Adam und Eva"**, Nachbildung der histor. Holzskulptur. - **16) Ölbergstraße**. Reste der um 1500 erbauten *Ölbergkapelle* im *Kameralamt,* jetzt *Landwirtschaftsamt,* integriert. - Dahinter Gasse re in den **17) Zwinger** mit Resten der *Ringmauer.* - In Verlängerung der Gasse erreicht man wieder die *Eyach.* Li ab, Str *Vor dem Gerbertor,* am Hs. Nr. 28 die Hochwassermarken (Höchststand 1895). Am Ufer der *Eyach* durch den kl Stadtgarten und über die 2. Brücke zur **18) Friedhofskirche**, Turmunterbau bis zu den Schallöffnungen 11. Jh., Langhaus und Chor 13./14. Jh., mit schönen Maßwerkfenstern, got. Wandmalereien, Taufstein mit Resten got. Malerei, Epitaphe von *Simon Schweizer*, um 1600. - Von hier führt ein Abstecher längs der *Eyach* zur **19) Stadtmühle**, genannt 1318, heute *Wanderheim der „Naturfreunde"*. - Der 2. Abstecher durch die *Tübinger Str* zur **20) Siechenkapelle** 14. Jh., erstmals 1440 urkundl. genannt. - Der Weiterweg: Von der *Friedhofskirche* über die Brücke, *Paulinenstr* zur **21) Heilig-Geist-Kirche** 1898/99, Kopie der *„Balinger Madonna"*, beachtenswerte Betonglasfenster. - *Friedrichstr* li, *Freihofstr* li zum **H) Hotel Hamann mit Restaurant Gute Stube** - Gepflegtes Drei-Sterne-Hotel. Behagliche Komfortzimmer. Stilvolle, rustikale Gasträume. Lauschiges Gartenrestaurant. Café. Angenehme Atmosphäre. Ideenreiche Küche. Schwäb. Gerichte, z. B. „Hamann's Maultaschenschmaus". Steakvariationen. Internationale und Chef-Spezialitäten. Vesper. Günstige Tagesessen. Mittl. bis leicht gehobene Preise. - *Kein Ru. - Garagen. - Neue Str* stadteinwärts, *Kameralamtstr* re, *Schmidstr* ger, *Unt. Kirchstr* li zu den Freiflächen, auf denen früher die **22) Spitaltor- und Krottengrabenschule** standen. - Hinter der Bahnlinie die **23) Sichelschule** 1921-23, mit reicher Jugendstilfassade.

Balingen - Wanderwege

● **Wanderwege Balinger Berge** - *Balingen* ist durch seine prächtige Lage am Fuße der *Schwäb. Alb* ein idealer Ausgangspunkt für herrliche Wanderungen in den *Balinger Bergen*, die z. T. bis in Höhen von über 1000 m aufsteigen. Direkt ab *Rathaus* führen markierte Wege zu *Plettenberg, Schafberg, Lochen* und *Hörnle*, nach *Burgfelden* oder zum *Hundsrücken.*

● **Wandervorschlag 1 - Weilstetten,** P Friedenstr - ortsauswärts - vor L 440 li, Waldrand re - *[Blaues Dreieck]* - *Sattel Lochen/Schafberg* - *[Rotes Dreieck]* li - *[Rote Gabel]* - **Lochenstein** - Lochengründle - *[Rotes Dreieck]* li - L 440 queren - **AP Lochenhörnle** - abw, *[Blaues Dreieck]* - dann *[Blaue Raute]* - **Felsenmeer** - **Weilstetten** - *12 km - 3 ¼ Stdn.*

● **Wandervorschlag 2 - Engstlatt, Wander-P Kornen** - *[Blaues Dreieck]* - im Wald aufw, wechselnde Wege - **Geißberg** - 2 Möglichkeiten: Markierung bis Gipfel **Hundsrücken** oder mit *Ww [Hundsrücken]* Stufen aufw, exponierter Gratpfad über den Doppelbuckel des *Hundsrückens,* herrlich luftig! - vom Gipfel Trauf weiter, *Ww [Irrenberg]*, nach 7 Min *[Blaue Raute]* li - später *[Blaues Dreieck]*, dann *[Blaue Raute]* - P - 10 ½ km - 3 Stdn.

● **Weitere Wandervorschläge** des *Schwäb. Albvereins Balingen* sowie Wanderkarten beim *Schul- u. Kulturamt, Neue Str. 33.*

Grosselfingen - vor Engstlatt - Eyachtal - Gießmühle - Weilerkirche - Grosselfingen

Weg und Zeit - 12 km - 3 Stdn.

Charakteristik - Ein beschaulicher, aber abwechslungsreicher Rundweg über freies Feld, durch kleine Waldstücke und durch die Wacholderheiden oberhalb des *Eyachtals.* Immer wieder großartige weite Aussicht.

Anfahrt - B 27 *Stuttgart-Balingen,* Ausf. *Bisingen/Grosself.*

Parken - Hinter dem *Landgasthof Ochsen* in *Grosselfingen.*

MA ● **Der Rundweg** - Vom *„Ochsen"* mit *[Blauem Punkt] Bruder-*
OM *schaftsstr* Ri *Bisingen.* Kurz vor Ortsende auf *Balinger Str ohne*
Markierung, Ww [Feuerwehr], re aus dem Ort hinaus. Bei Gabel
MA auf freiem Feld wieder mit *[Blauem Punkt], Ww [Engstlatt]* li.
Vor den Häusern Gabel halbre in den Wald hinein. Bei Wegweiser auf freiem Feld Gabel li. Vor Strommast auf Feldweg scharf re. Unter der Stromleitung hindurch und am Weidegatter entlang. Vor Hochsitz re, nach 50 m scharf li abw zur bereits sichtbaren Str nach *Owingen.* Str überqueren und vor der Kläranlage über Bachbrücke aufw durch dichten Fichtenwald. Beim Hochsitz br Forstweg weiter aufw. Oben am Waldrand scharf re wieder in den Wald hinein. 200 m nach Austritt aus dem Wald rechtwinklig li vorbei am EVS-Umspannwerk durch ein zu Engstlatt gehörendes Gewerbegebiet. Querstr re, *Ww [Gießmühle, Weilerkirche]* und abw ins *Eyachtal.* Entlang der L 360 kurz li, vorbei an der *Gießmühle.* Gleich nach den Gebäuden vor der *Eyachbrücke* re in den Wald. Gut ausgeschildert geht es jetzt ein Stück durch den Wald, später mit Blick auf das Eyachtal immer am Waldrand entlang. Vor *Owingen* erreicht der Wanderer die *Alte Weilerkirche*, einen sehenswerten romani-
MW schen Kapellenbau um 1200. Oberhalb der Kirche mit *[Blauem Kreuz], Ww [Grosselfingen]* in mehreren Kurven aufw, auf br Fahrweg durch Wacholderheide und später Wald. Schöne Sicht

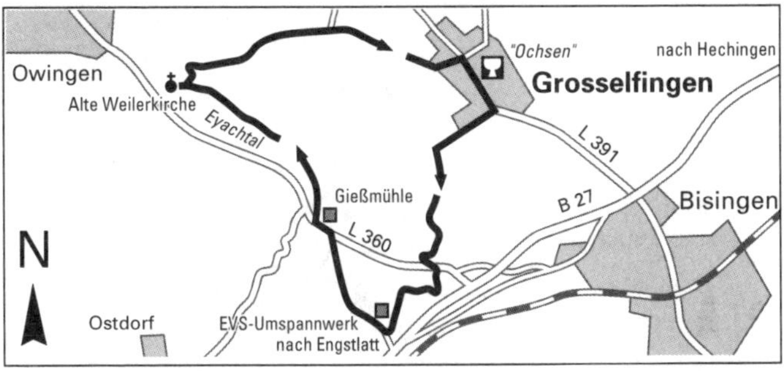

auf *Owingen*. Mit der Markierung kann der Wanderer einige Kurven des Fahrweges auf schmalen Pfaden abkürzen. Oben aus dem Wald heraus und mit herrlicher Aussicht auf den Westrand der Alb mit der *Burg Hohenzollern* zurück nach *Grosselfingen*. Im Ort *Hainburgstr, Bruderschaftsstr* re zum

● **Landgasthof Ochsen** - Eine gemütliche, ländliche Gaststätte mit familiärer Atmosphäre. Das Angebot der gutbürgerlichen Küche richtet sich nach der Saison. Der Schwerpunkt liegt auf leckeren Schnitzelvariationen und saftigen Steaks, köstlichem Wild und Geflügel sowie deftigen Vespern. Spezialität: Der Ochsenspieß. Mittlere Preise. - *Kein Ru.*

Laufen-Brunnental - Gräbelesberg - Tierberg - Lautlingen - Brunnental

Weg und Zeit - 17 km - 4 ½ Stdn.
Charakteristik - Beeindruckender Rundweg durch die großartige Felsenlandschaft der *Südwestalb*. Immer wieder überwältigende Aussicht. Höhendifferenz ca. 400 m.
Anfahrt - *B 463 Laufen* Ri *Albstadt*, Ortsende *Steinstr* re, unter

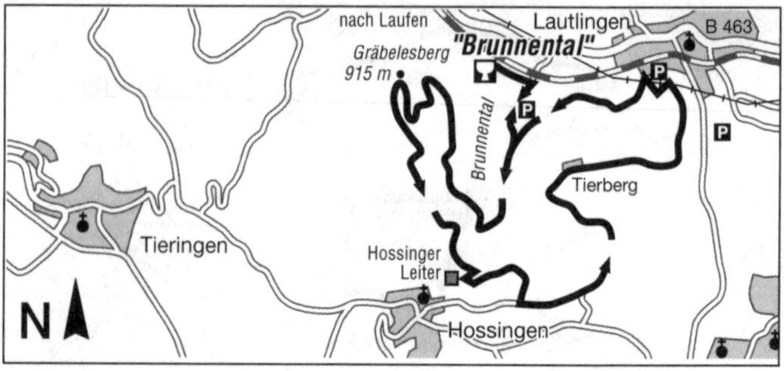

der Bahnlinie hindurch und li zum *Restaurant Brunnental.*
Parken - Großer Gäste-P beim *Restaurant Brunnental.*

MA ● **Der Rundweg** - Vom *Brunnental* mit *[Roter Raute], Ww [Hos-*
singen] entlang der Bahnlinie. Vor Strommast re aufw. Nach
Wander-P weiter auf br Forstweg in das felsenumrahmte *Brun-*
nental. Gabel nach 10 Min halbre. Kurz darauf nicht der Mar-
MW kierung Ri *Hossinger Leiter* halbli folgen, sondern mit *[3]* weiter
ger auf Forstweg bleiben. In langem Rechtsbogen auf die ande-
MW re Talseite. Nach ca. 1/2 Std mit *[Roter Raute]* scharf li aufw.
MW Gabel nach 15 Min re steil aufw. Oben auf dem Sattel mit *[Roter*
Pfeilspitze] re zum **AP Gräbelesberg** (915 m). Der mächtige
Bergsporn wurde vermutlich bereits in vorchristlicher Zeit
durch Befestigungsanlagen gesichert und zählt zu den ein-
drucksvollsten archäologischen Denkmälern der *Südwestalb.*
Großartige Aussicht. Nach dem *AP* li am Rand des Bergsporns
MW zurück zum Sattel. Hier bei Mehrfachgabel mit *[Roter Raute],*
Ww [Hossinger Leiter], halbli am Albrand entlang. Nach schö-
nem *AP* re in den Wald, nach 5 Min im Wald Abzweigung li.
Gabel vor Berg ger aufw und über den *Heimberg* weiter am
Albrand entlang. Bei Hochsitz li **(!)**. Steiler Abstieg durch Felsen
zur Schutzhütte oberhalb der *Hossinger Leiter.* Hier kurz re,
nach 50 m mit *Ww [Tierberg]* steil aufw durch den Wald. Oben li
am Waldrand entlang, *Ww [Meßstetten].* Li an Holzhütte vorbei.
Achtung: 150 m nach dem Fichtenwald re über freies Feld. Im
gegenüberliegenden Wald re. Nach Waldende Querstr li. In
Rechtskurve ger auf Wiesenweg. Jetzt immer am Albrand ent-
lang und mit herrlicher Aussicht vorbei am **Gut Tierberg** abw.
Bei Wander-P oberhalb *Lautlingen* vor Stromleitung mit *Ww*
OM *[Hossingen]* li. Nach 200 m *ohne Markierung* re über Wiesenweg
zum Ortsrand. Auf Teerweg li zum Wander-P und dort scharf re
zurück zum

● **Restaurant-Café Brunnental** - Herrlich gelegenes, familienfreundliches Ausflugslokal mit sehr schöner Gartenterrasse und Kinderspielplatz. Gutbürgerliche Küche, köstliche Steaks, zarte Rostbraten, leckere Schnitzelvariationen und bekannte italienische und österreichische Spezialitäten. Auch feine vegetarische Speisen. Untere bis mittlere Preise. - *Ru = Mo.*

Burgfelden - Felsenmeer - Laufen - Hörnle - Dürrwangen - Ruine Schalksburg - Burgf.

Weg und Zeit - 17 km - 4 ¾ Stdn.
Charakteristik - Anspruchsvoller Weg für geübte, trittfeste Wanderer. Großartige Panoramaaussicht vom *Hörnle* und vom *AT Schalksburg.* Festes Schuhwerk! Höhendifferenz ca. 600 m.
Anfahrt - *B 27* bis *Bisingen,* dann Ri *Onstmettingen, Südabzweig Pfeffingen.* - Von *Balingen* über *Dürrwangen, Stockenhausen.*
Parken - Beim *Landhaus Post* in *Burgfelden.*

● **Der Rundweg** - Die *ev. Kirche* von *Burgfelden* ist mit dem
Turm aus dem 11. Jh. und bedeutenden romanischen Wandma-
lereien ein kunsthistorisches Kleinod. Von der Ortsmitte *Burg-*
weg mit *[Rotem Dreieck]* re. *Heersbergweg* mit *[Roter Raute]* li MA
aus dem Ort. Mit herrlicher Sicht am *Albtrauf* entlang. Abzwei-
gung re, *Ww [Felsenmeer, Laufen].* Nach 15 Min im Wald Abste-
cher li zum imposanten **Felsenmeer**. Weiter abw gut ausgeschil-
dert bis **Laufen**. *Kaiserstuhlweg, Am Heersberg* li. Vor Haus Nr.
43 schmaler Weg re. *Steinbergstr* li und über die *Eyachbrücke.*
Balinger Str (B 463) mit *[Rotem Dreieck], Ww [Hörnle]* re. *Tierin-* MW
ger Str li über die Bahngleise. Aufw aus dem Ort hinaus und auf
Fußweg bis zum Sportplatz. Weiter auf Teerweg aufw. Der Auf-
stieg ist mit *[Roter Raute], Ww [Hörnle]* gut ausgeschildert. In MW
einigen Passagen sollte der Wanderer trittsicher und schwindel-
frei sein. Oben am *Albtrauf* entlang. Überwältigende Sicht vom
AP Hörnle (956 m). Auf gleichem Weg ein Stück zurück. In kl
Waldstück mit *[Blauem Dreieck],* Gabel halbli. Jetzt gut ausge- MW
schildert in mehreren Kehren abw, Ri *Bahnhof Frommern.* Im
Tal vor der *B 463* Teerweg *ohne Markierung* re. Li unter *B 463* OM
und Bahnlinie hindurch nach *Dürrwangen.* Im Ort li an der Kir-
che vorbei, *Stockenhauser Str* mit *[Blauem Dreieck]* re. Kurz vor MA
Ortsende mit *[Blauer Gabel], Ww [Schalksburg]* re. *Bronnäcker-* MW
str li, *Kühwasenstr* ger. Am Ende der Str li aus dem Ort hinaus.

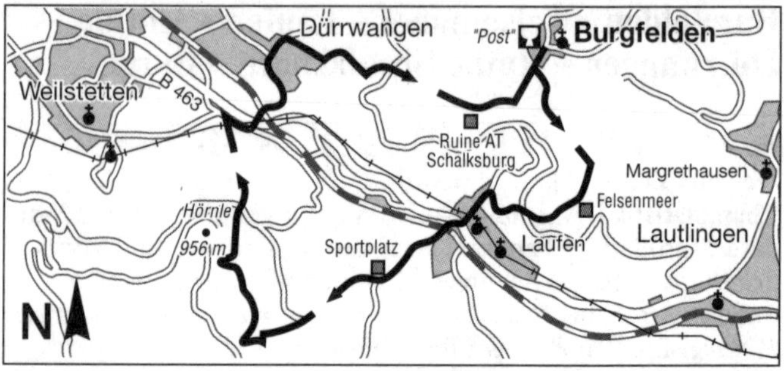

Im Wald in der Rechtskurve Abzweigung li. Jetzt gut ausgeschildert (!) aufw bis zum Grat unterhalb der **Ruine Schalksburg**, ehemalige *Zollernburg*, 1266. Hier scharf re zum *AT* mit lohnen-
MW der Aussicht. Zurück auf dem Gratweg und mit *[Rotem Dreieck]* ger aufw nach *Burgfelden*.

● **Restaurant-Pension Landhaus Post** - Ein gepflegtes, stilvolles Haus in ruhiger Lage mit wunderschöner Gartenterrasse. Großzügige Komfortzimmer. Ausgezeichnete Küche für gehobene Ansprüche. Leckere schwäbische Schmankerln, kreativ zubereitete internationale Gerichte, feine Fischvariationen und Wildspezialitäten. Mittlere Preise. - *Ru = Mo.*

Pfeffingen - Eyachquelle - Irrenberg - Hundsrücken - Wünschtalweg - Pfeffingen

Weg und Zeit - 13 km - 3 ¼ Stdn.
Charakteristik - Ein sehr schöner Rundweg durch die Bilderbuchlandschaft der *Zollern-Alb.* Die herrliche Aussicht vom *Hundsrücken* zählt mit zu den beeindruckendsten Naturerlebnissen dieser Region.
Anfahrt - B 27, Ausfahrt *Bisingen* über *Thanheim.*
Parken - Vor dem *Restaurant „Waldeck"* in *Pfeffingen.*

● **Der Rundweg** - *Pfeffingen,* heute Stadtteil von *Albstadt,* wurde erstmals 793 erwähnt und kam 1403 zu *Württemberg.* Zwi-
OM schen der Str nach *Tailfingen* und dem *„Waldeck" ohne Markierung* aufw. Gabel li, *Naupenkapfweg.* Oberhalb des Ortes am Waldrand entlang. Im Wald Gabel li abw. Unten *Buchtalweg* scharf li. Im *Eyachtal* asphaltierter Querweg re. Ger in den
MA Wald und mit *[Roter Raute]* vorbei an der *Eyachquelle.* Oben aus dem Wald heraus und vor der Str mit *[Roter Raute], Ww [Hundsrücken, Irrenberg]*, li über freies Feld. Str überqueren
MW und vor Bauernhof mit *[Blauem Dreieck], Ww [Hundsrücken]* re. Vor Aussiedlerhof re, nächste Abzweigung li und immer ger

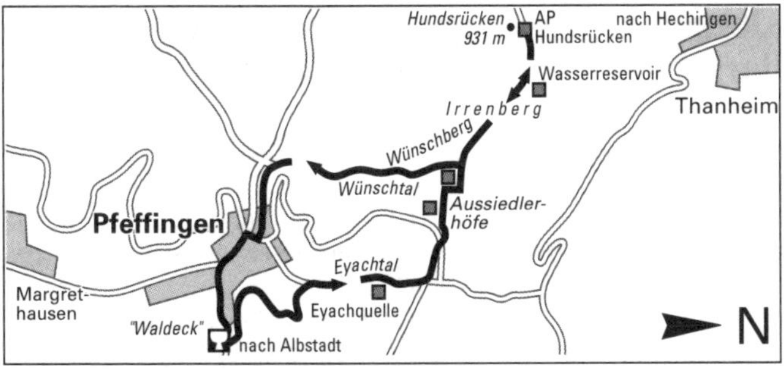

über freies Feld. In der Kurve vor dem Wasserreservoir auf dem *Irrenberg* halbli abw durch schönes Naturschutzgebiet, *Ww [Hundsrücken 1 km]*. Nach 10 Min bei Mehrfachgabel am Waldrand mit *Ww [Hundsrücken]* re, Gabel nach 20 m ger. Jetzt am steil abfallenden Albtrauf entlang aufw. Nach kurzer Zeit erreicht der Wanderer bei Holzbank den Aussichtspunkt vom *Hundsrücken,* 931 m. Der einmalige Blick auf die *Burg Hohenzollern* und bis weit ins *Neckarland* ist der Höhepunkt dieses Rundweges. Nach diesem beeindruckenden Naturerlebnis wieder auf gleichem Weg zurück bis zum Aussiedlerhof. Vor dem Hof re, nach 100 m Kreuzung *ohne Markierung* ger auf *Wünschtalweg* *OM*
leicht abw durch den Wald, später durch malerische Wiesenlandschaft. Unten nach kl Rastplatz mit Brünnele parallel zur Str zurück nach *Pfeffingen. Bolstr* ger, vorbei an der *ev. Nikolauskirche* von 1897/98, *Schulgasse* re abw. *Zillhauser Str* li, *Theodor-Heuss-Str* ger, mit abknickender Vorfahrt li Ri *Tailfingen.* Vor dem Ortsschild li über den Bach, danach Str re. *Lengentalstr* re zum

● **Restaurant „Waldeck“** - Ein Haus mit stilvoller Atmosphäre, gemütlichen Gasträumen und einem wunderschönen Pavillon. Die erstklassige Küche verwöhnt den Gast mit leichten, frisch zubereiteten regionalen Spezialitäten. Bemerkenswert ist die große Auswahl an köstlichen Fischgerichten (je nach Saison Egli, Zander, Seezunge, Forelle). Untere bis mittl. Preise. - *Ru = Mo.*

Albstadt-Ochsenberg - Margrethausen - Burgfelden - Pfeffingen - Ochsenberg

Weg und Zeit - 15 km - 4 Stdn.

Charakteristik - Stramme Berg- und Talwanderung durch großartige Landschaft mit vielen herrlichen Aussichtspunkten. Gesamte Höhendifferenz ca. 600 m.

Anfahrt - Von der *K 7153 Albstadt-Margrethausen* auf kl Fahrsträßchen aufw zur *Höhengaststätte Ochsenberg.*

Parken - Großer Gäste-P bei der *Höhengaststätte Ochsenberg.*

● **Der Rundweg** - Von der *Höhengaststätte* auf Feldweg mit
MA *[Roter Raute]* durch parkähnliche Landschaft Ri *Margrethausen.*
Nach ca. 5 Min Gabel halbli. Steiler Abstieg durch den Wald. Nach 200 m aus dem Wald hinaus und über die Wiese zum gegenüberliegenden Waldeck. Gut ausgeschildert weiter abw nach **Margrethausen**. Sehenswert im Ort die Barockkirche des ehemaligen *Frauenklosters.* Am Ortsrand Querweg li, Kreuzung ger abw. *Dorfstr* überqueren und *Schönenbühlstr* Ri Friedhof. Vor der *Eyach* li, *Ww [Schalksburg].* Hinter dem letzten Wohnhaus re über den Fluß und ger aufw, *Ww [Heersberg].* Nach dem ersten Linksbogen re auf schmalem Wiesenpfad aufw. Es folgt ein gut beschilderter, strammer Aufstieg von ca. 30 Min auf die *Albhochfläche.* Oben am *Albtrauf* entlang, nach dem *AP Heers-*
MW *berg* mit *[RW 1]* steil aufw über einen Hügel. Nach dem Abstieg
MW Querweg re. Waldende, br Querweg li, jetzt wieder mit *[Roter*
Raute] bis in die kl Ortschaft **Burgfelden** (siehe Wanderung S.
OM 99). Im Ort *Burgweg* re, *Kesselstr ohne Markierung* re wieder aus
MA dem Ort hinaus. Auf diesem Weg, später wieder mit *[Roter Raute],* immer ger abw bis **Pfeffingen** (siehe Wanderung S. 100). Im Ort *Zillhauser Str* re, *Theodor Heuss Str* ger, *Tailfinger Str* halbli. Beim letzten Haus auf der rechten Seite halbre aufw, *[Rote Raute].* Steil aufw durch Wiesen und Wald auf die Hochfläche des *Kornbergs* mit schöner Heidelandschaft. Vor dem nächsten

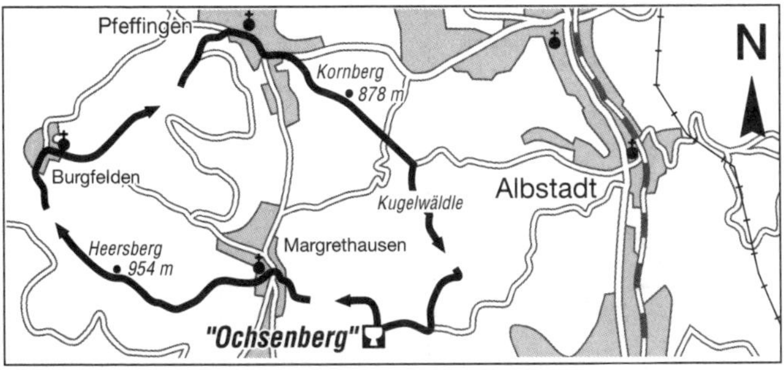

Waldstück Querstr ger überqueren und vorbei am Sportplatz in den Wald. 5 Min nach dem Sportplatz Abzweigung re. Auf Forstweg aufw durch das *Kugelwäldle.* Nach Schranke Gabel ger aufw. Nächster Querweg re, *Ww [Ochsenberg].* Jetzt auf dem *Ochsenberg-RW* gut beschildert zurück zur

● **Höhengaststätte Ochsenberg** - Bekannte Ausflugsgaststätte mitten im Grünen. Ein idealer Erholungsort für Wanderer. In zünftiger, familiärer Atmosphäre werden leckere gutbürgerliche Gerichte serviert. Köstlich zubereitetes heimisches Wild. Steaks, Braten, Tafelspitz, Vegetarisches, u.v.a. Durchgehend warme Küche. Gute Vesper. Eigener Most. Untere bis mittlere Preise. - *Ru = Di.*

Ebingen/Albstadt - Rundweg Bitzer Berg

Weg und Zeit - 10 km - 2 ½ Stdn.

Charakteristik - Ein sehr bequemer Rundweg über die bezaubernde Landschaft oberhalb von *Albstadt.* Gut markierte Wege. Nur leichte Anstiege. Zum Teil herrliche Aussicht.

Anfahrt - Von *Albstadt-Ebingen* Ri *Bitz.* Kurz nach dem Anstieg auf die Hochfläche Abzweigung li, *„Zum Süßen Grund“.*

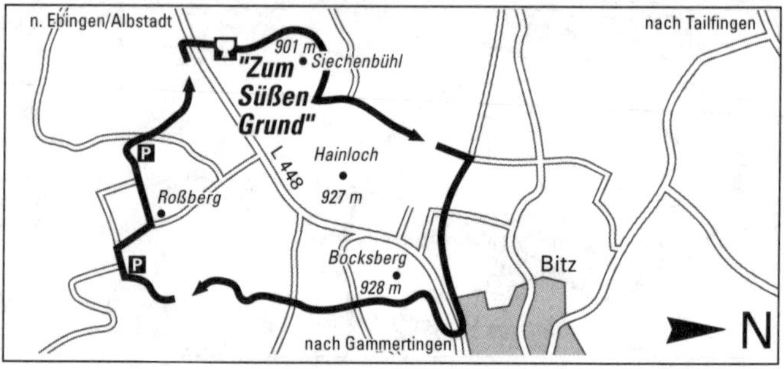

Parken - Vor dem *Hotel-Gasthof „Zum Süßen Grund“.*

● **Der Rundweg** - Auf Feldweg *ohne Markierung* am *Hotel* vor-
bei. Nach den Pferdegattern am Waldrand entlang durch breite
Waldschneise. Danach in langem Rechtsbogen über Heideland-
schaft. Auf br geschottertem Querweg scharf li. Bei Wegekreu-
MA zung mit *[Gelbem Dreieck], Ww [Bitz]* ger vorbei an Holzstadel.
Ca. 5 Min nach dem Schild *[Hainlochsträßchen]* bei Wegekreu-
zung auf freiem Feld re. Auf Höhe eines Bauernhofes br Weg
OM *ohne Markierung* ger überqueren. Vor der Ortschaft Bitz ein kur-
zes Stück parallel zur Autostr. Bei der Abzweigung nach Bitz Str
überqueren und mit *Ww [Roßberg, Fohlenweide]* scharf re paral-
lel zu Str abbiegen. Vor dem Waldrand li *Straßberger Weg* aufw
in den Wald. Bei Mehrfachgabel im Wald vor Schild *[Straßber-
ger Weg]* halbli. Nach 100 m Gabel halbre, nächste Kreuzung ger
überqueren, *Ehnisgrundweg.* Nächste Gabel an Hochsitz ger
vorbei. Über einen kl Hügel geht es auf schmalem Pfad durch
dichten Wald. Br Forstweg, *Bergleweg,* ger überqueren und wei-
MA ter mit *[Gelber Gabel].* Querweg halbre, wieder mit *[Gelbem
MW Dreieck].* Gut ausgeschildert durch den Wald. Achtung: Vor gr
Waldkreuzung auf schmalem Weg re. Aus dem Wald heraus
und li am Waldrand entlang. Am Waldeck ein Stück in den
Wald hinein. Querweg li abw in ein Tal. Gabel halbre am Wald-
rand entlang. Durch Waldschneise, Kreuzung ger weiter am
Waldrand entlang. Weiter im Wald li aufw, Gabel re zum Wan-
OM der-Ⓟ *Roßberg.* Auf der Fahrstr ger. Nächste Abzweigung *ohne
Markierung* re. Nach dem Bauernhof li, *Roßbergweg.* Nach kl
Waldstück bei Wander-Ⓟ re abw ins Tal. Unten Querstr halbre.
Achtung: 1. Abzweigung li in den Wald, *[Radweg].* Über einen
kl Waldhügel und wieder abwärts zum bereits sichtbaren *Hotel-
Gasthof „Zum Süßen Grund“.*

● **Hotel-Gasthof „Zum Süßen Grund“** - Moderne, neu erweiterte Freizeitanlage, Pferdehof und Reitmöglichkeiten (Reithalle). Großzügige Komfortzimmer. Lift. Gemütliche, stilvolle Gasträume. Herrliche Gartenterrasse. Reichhaltiges Angebot an fein zubereiteten schwäbischen und internationalen Spezialitäten. Alles frisch nach Markt und Saison. Mittlere Preise. - *Ru (Rest.) = Mo.*

Hartheim - Sägental - Meßstetten - Heinstetter Weg - Hartheim

Weg und Zeit - 11 km - 2 ¾ Stdn.
Charakteristik - Wer die unaufdringliche, spröde Schönheit der *Albhochfläche* liebt, der wird an diesem bequemen Rundweg seine Freude haben. Nur mäßige Steigungen, dafür immer wieder weite Sicht.
Anfahrt - *B 463* von *Balingen* nach *Albstadt-Ebingen.* Dort Abzweigung re über *Meßstetten* nach *Hartheim.*
Parken - Großer Gäste-P beim *Restaurant Lammstuben.* Öffentliche P im Ortszentrum.

● **Der Rundweg** - Gegenüber den *Lammstuben Brunnenstr ohne Markierung* Ri Sportplatz. Auf dieser Str ger aus dem Ort hinaus. Nach den letzten Häusern weiter auf ebenem, geschottertem Feldweg. Zunächst über Wiesengelände, später in den Wald hinein und dort nach Links-Rechtskurve steil abw. Unten
Querweg vor der Fahrstr mit *[Roter Gabel]* re. Jetzt ca. 5 Min *MA*
parallel zur Str. An der Stelle, an der sich die Str Ri *Meßstetten* und *Hossingen* gabelt, Fahrstr überqueren und weiter auf der wenig befahrenen Str Ri *Hossingen.* Nach 200 m halbre auf geschottertem Weg in den Wald hinein. Jetzt durch das **Sägental**. Nach 10 Min Gabel re, *Ww [Meßstetten].* Nach einem kurzen Anstieg durch den Wald erreicht der Wanderer vor dem Truppenübungsgelände die Albhochfläche. Weiter ger durch Wiesen und Felder. Nach 5 Min auf wenig befahrener Fahrstr li, *Ww [Meßstetten].* Am Ortsrand von *Meßstetten* re abw zum Autohaus. Auf dem Fußweg an der *Hauptstr ohne Markierung* li. *OM*
Gleich nach dem Ortsschild *Hohenbergstr* re, Ri Sportanlage. Aufw aus dem Ort hinaus, ger über eine Kuppe. Nach kurzer Zeit geht es wieder in eine Wohnsiedlung. Bei der Kreuzung
Zeurengasse re Ri *Heinstetten.* Gabel nach 200 m mit *[Gelbem* *MA*
Dreieck], Ww [Heinstetten] halbre. Jetzt immer ger auf diesem

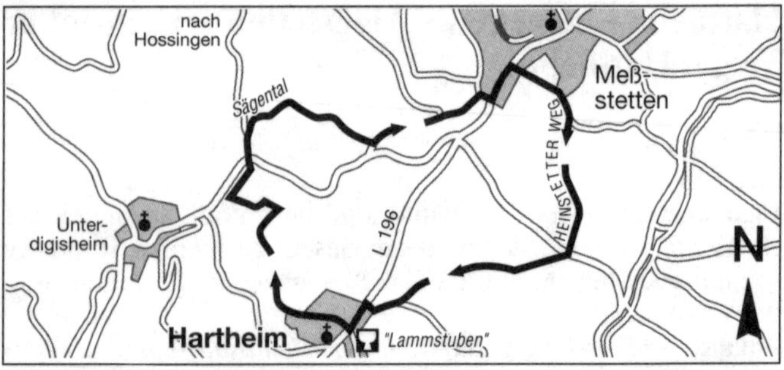

asphaltierten Fahrweg bleiben. Nach einiger Zeit leicht abw in ein kl Tal. Fahrstr überqueren und halbre mit *Ww [Hartheim]* durch landschaftlich reizvolle Alblandschaft mit Wiesen, Äckern und kl Waldabschnitten in ca. 1/2 Std zurück zum Ausgangsort nach *Hartheim* und zur wohlverdienten Einkehr im

● **Restaurant-Café Lammstuben** - Gepflegte Gastlichkeit ist das überzeugende Motto dieses bekannten Restaurants, das auch gehobene Ansprüche zufrieden stellt. In stilvoller Atmosphäre wird der Gast mit erlesenen Köstlichkeiten aus Küche und Keller verwöhnt. Kreative deutsche und internationale Küche, feine schwäbische Gerichte. Mittlere bis leicht gehobene Preise. - *Ru = Di (Mi bis 17 Uhr).*

Dautmergen - Täbingen - Albrandweg - Schlichemtal - Kopfenhof - Dautmergen

Weg und Zeit - 15 km - 3 ¾ Stdn.

Charakteristik - Ein abwechslungsreicher Rundweg mit grandioser Panoramasicht vom Rand der *Schwäbischen Alb.*

Anfahrt - B 27, Abfahrt *Dotternhausen* oder *Schömberg.*

Parken - Großer P beim *Gasthof Wiesental.*

● **Der Rundweg** - Vom *„Wiesental“* in das Dorf hinein. Vorbei an der *kath. Pfarrkirche* (roman./got. Turm). *Schlichem* auf überdachter Holzbrücke überqueren. *Schömberger Str* li. Nach
MA der Rechtskurve mit *[R 13, R 15] Gartenstr* re aus dem Ort hin-
MW aus. Am Ortsrand von *Täbingen* mit *[Blauem Strich, R 13, R 15],* Ri *Zimmern* li leicht aufw. Nach 200 m Gabel ger. Nach dem Wald Gabel li am Waldrand entlang. Nach ca. 300 m li in den Wald hinein, *Ww [Schömberg].* Im Wald asphaltierter Querweg re. Nach ca. ¼ Std Querstr re. Achtung: Gleich nach Waldende wieder scharf re abw, *Ww [Zimmern, Irslingen].* Nach kl Biotop re aufw. Vor dem Sportplatz Querweg li. Kreuzung ger überqueren. Vor einer Hecke re. Unmittelbar nach der Hecke Wiesenweg li. Autostr ger überqueren. Nach 20 m befestigter Quer-

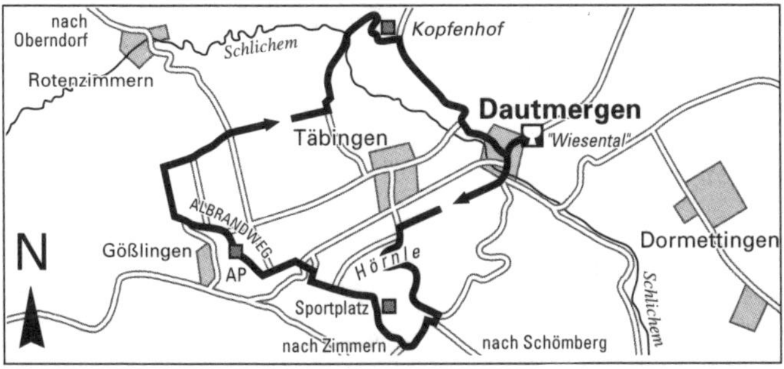

weg li. Nach 5 Min nicht der Rechtskurve der Str folgen, sondern auf Feldweg ger. Jetzt geht es ca. 20 Min unmittelbar am steil abfallenden Albrand entlang mit phantastischer Aussicht bis zu den *Schwarzwaldhöhen.* Nach einiger Zeit Querweg halb-
li. Bei Gabel nach Kruzifx mit *[Blauem Strich, R 15]* halbre. Ach- *MW*
tung: Nächste Abzweigung auf Fahrweg mit *[R 15]* re. Bei kl *MW*
Baumgruppe Abzweigung re. Kreuzung nach überdachtem
Hochsitz ohne Markierung ger überqueren. Nach ca. ¼ Std Quer- *OM*
weg li. 1. Abzweigung re in den Wald mit *[R 15].* Gabel am *MA*
Waldrand li. Achtung: Nach 10 Min vor dem Schild *[R 15, Reu-*
te] ohne Markierung auf schmalem Waldpfad halbre steil abw. *OM*
Unten wieder mit *[R 15]* ger über *Schlichembrücke* und Autostr. *MA*
Auf Feldweg in ein anmutiges Wiesental. Bei Gabel am Waldrand re. Nächste Gabel li und in Serpentinen aufw auf die *Albhochfläche.* Oben hinter dem *Kopfenhof* re, *[HRS, R 15].* Auf wenig befahrener Fahrstr bis zur Autostr. Jetzt li, Querstr re und nach 100 m wieder li an der Str entlang Ri *Dautmergen* und zurück zum

● **Gasthof Wiesental** – Ein ländlicher Gasthof mit netter Ferienwohnung, gemütlichen Gasträumen und Gartenterrasse. Gutbürgerliche Küche, herzhafte schwäbische Spezialitäten. Hervorzuheben sind die herzhaften Wildgerichte, die gelungenen Maultaschenvariationen, die guten hausgemachten Sülzen und der leckere Fleischkäs. Untere bis mittlere Preise. – *Ru = Mo.*

Wanderregion Oberes Schlichemtal

Anfahrt - B 27 *Stuttgart - Balingen* bzw. *Schwenningen - Rottweil.* - A 81 *Stuttgart - Singen,* Ausfahrt *Rottweil.* - Bahnstation *Rottweil,* Busverbindung nach *Schömberg.*

● **Oberes Schlichemtal** - Ein Urlaubs- und Wanderparadies, umgeben von mehreren *„Tausendern"* - dort, wo die *Alb* am höchsten ist. Ein Land der Stille und von herber Schönheit. Hochflächen im Wind, Wacholderheide, dichter Wald und offene Wiesen, prächtige Felsen und tiefe Schluchten, klare Seen und nicht zuletzt die *Schlichem.* Ein Land voller Mythen und Sagen, von denen die Schrifttafeln auf den *„Sagenwanderwegen"* künden, die neben vielen anderen herrlichen, hervorragend markierten Wanderrouten (s. Seite 106-118) die Region erschließen. - *Infos*, s. Seite 109.

● **Fünf Sagenwanderwege**

1. *„Sage vom stillen Volk", „Die trauernde Gräfin".*
Schörzingen - Wochenberg - Deilingen - Schörzingen.
11 km - ca. 3 ½ Stdn - 150 m Höhendifferenz.

2. *„Das verwunschene Fräulein", „Wie Delkofen entstand".*
Wander-P *Oberhohenberg - Hochberg - Lemberg* (1015 m) - *„Wunderfichte"* - Wallfahrtskapelle - Wander- P *Oberhohenberg.*
14 km - ca. 4 Stdn - 150 m Höhendifferenz.

3. *„Sage vom Rosenkranzwald".*
Ratshausen - Weiher - *Tannbühl - Tanneck - Ortenberg* (995 m) - *Deilingen - Rinnen - Ratshausen.*
12 km - ca. 4 Stdn - 320 m Höhendifferenz.

4. *„S'Greaweible vom Wenzelstein", „Die Erdleutlein".*
Hausen am Tann - Schafberg (1000 m) - *Gespaltener Fels - Wenzelstein* (1002 m) - *Lochenstein* (963 m) - *Oberhauserhof - Hausen.*
7 km - ca. 2 ½ Stdn - Höhendifferenz 255 m.

5. *„Das Zauberross".*
Dotternhausen, Weiher - *Plettenberg* (1002 m) - *Schafhaus - NSG „Plettenkeller"* - Brünnele - *Dotternhausen.*
11 km - ca. 4 ½ Stdn - 351 m Höhendifferenz.

ABENTEUER STILLE

DAS OBERE SCHLICHEMTAL, DORT WO DIE BERGE DER ALB AM HÖCHSTEN SIND.

RAUHES LAND IM KLAREN LICHT. HOCHFLÄCHEN IM WIND; BERGE ÜBER TAUSEND METER HOCH. EIN LAND DER STILLE UND VON HERBER SCHÖNHEIT, GANZ IM WESTEN DER SCHWÄBISCHEN ALB.

WEGE ÜBER WEITE HÖHEN
und entlang dem Lauf von Flüßchen. Pfade vorbei an schroffen Felsen – das Obere Schlichemtal ist wie geschaffen zum Wandern und Radfahren.

Sagenwanderwege führen auf die Spuren vieler Mythen und Sagen an die schönsten Stellen. Dorthin, wo ein Edelfräulein bis heute in tiefer Höhle schmachtet, der Geist eines untreuen Weibes durch stürmische Nächte spukt.

REINES WASSER UND STILLE UFER
Unweit vom historischen Städtchen Schömberg liegt ein Badesee, umsäumt von Wiesen und Wald.

HAIE UND TINTENFISCHE
schwammen hier in urweltlicher Zeit. Und jeder kann ein Stück von ihr nach Hause bringen: in Schieferplatten finden sich Versteinerungen aller Art.

SCHLÖSSER UND HÖHLEN
Bodensee, Schwarzwald, Donautal, die Schweiz und Österreich, Burgen und historische Städte, Erlebnisbäder ... das Obere Schlichemtal ist idealer Ausgangsort für Tagestouren in einer der vielfältigsten Regionen Europas.

SAGENWANDERTAGE – AUF DEN SPUREN ALTER MYTHEN UND SAGEN

Freitag: Anreise am Nachmittag, Begrüßungs-Cocktail. Überreichung des »Schlichemtaler Infopäckle«.

Samstag: Die Landschaft und ihre Mythen sind untrennbar miteinander verbunden. Auf einer geführten Sagenwanderung entdecken Sie Orte voller Zauber, wo noch heute lebt, was einst geschah – und die schönsten Plätze der Region.

Sonntag: Unser Fossilienmuseum entführt Sie in jahrmillionenalte Zeiten. Und in der Fossilien-Klopfecke finden Sie einzigartige Souvenirs: die versteinerten Zeugen eines urweltlichen Meeres.

Fremdenverkehrsverein
Oberes Schlichemtal e. V.
Schillerstraße 29,
D-72355 Schömberg,
Tel. 07427/9498-0, Fax 9498-30

Wolf Werbung & PR und B. R. Hinderer

Schömberg - Vorsee - Holzinger Berg - Plettenberg - Schlichemstausee - Schömberg

Weg und Zeit - 13 ½ km - 3 ¾ Stdn.
Charakteristik - Vom *Hotel-Gasthof „Zum Plettenberg“* zum *AP Plettenberg,* praktisch ein hausgeschneiderter herrlicher Rundweg. Für den zuletzt steilen Aufstieg wird der Wanderer reich entschädigt: Wacholderheide mit Silberdisteln, phantastische Ausblicke, „Tausendergefühl“. Einem rasanten Abstieg folgt der gemütliche Ausklang in Form des *Stauseewegs* und der wohltuenden Einkehr. - Höhendifferenz ca. 330 m.
Anfahrt - Siehe S. 108.
Parken - Beim *Hotel-Gasthof „Zum Plettenberg“.*

● **Schömberg** (676 m) - 1255 erwähnt. 1267 Stadtrechte. Seit 1805 bei *Württemberg.* Hist. Mittelpunkt des *Oberen Schlichemtales. Kath. Pfarrkirche,* 1838–40, spätklassizistischer Saalbau. *Rathaus,* 18. Jh. Berühmte *Schömberger Fasnet. Narrenbrunnen.* Barocke *Wallfahrtskirche Palmbühl,* 17. Jh., Pietà 15. Jh. - Gut markiertes örtl. Wanderwegenetz, Karte 1:25000.

● **Schlichemstausee** - Erb. 1941–44, erweitert 1975–83. Gesamtvolumen: 1160000 m^3. Hauptsee 7,8 ha, Vorsee 1,3 ha.

● **Schömberg - Vorsee - Holzinger Berg - Plettenberg** - knapp 2 ¼ Stdn - Vom *Gasthof „Zum Plettenberg“ ohne Markierung* re an der gr Linde vorbei, Fußweg neben der K 7169 (Ri *Wellendingen*) re. Bahnübergang, Straßenkreuzung li, *Ww [Obere Säge, Ölmühle].* Fußweg neben der K 7170 (Ri *Ratshausen*). Schöner Vorblick auf die *„Tausender“.* Beim Holzkreuz befest. Wirtschaftsweg halbli, neben dem Bahndamm Rechtsbogen. Beim *Gasthaus Ölmühle*
MA (S. 112) li, *Vorseebrücke,* dahinter li, *Ww.* Rechtsbogen, *[Blaues Dreieck], Ww,* nächste Gabel re, auch *[S 9, 11], Ww [Plettenberg].* Mäßig aufw, Linksbogen und gut ¼ Std ger über den Rücken des *Holzinger Bergs,* dann gr Gabel halbli **(!)**. Nach 1 ½ Min bei Ruhebank Pfad **(!)** halbre **(!)**, stramm hoch, Stufen, br Querweg li und gut 15 Min stetig aufw. Danach Pfad **(!)** li **(!)** aufw, *Ww.* Stufen, Querpfad li aufw, dann eben hanglängs und Rechtsbogen. Steil hoch zum *Albtrauf.* Grill-, Rast- und Spielplatz gegenüber vom
MW *Schafhaus.* Straßengabel li, *[Rotes Dreieck], Ww.* Wacholderheide, in Front der hohe *Sendeturm Plettenberg.* Weiter auf der Str oder am Steinbruchzaun, ca. 150 m vor dem Steinbrucheingang Graspfad **(!)** halbli **(!)**, herrliches Wegstück an dem jähen Steilabfall entlang. Großartige Ausblicke: *Albtrauf, Schömberg,* hinüber bis zum *Schwarzwald.* Auch der Herweg lässt sich gut verfolgen. *AP Plettenberg,* 1002 m, Rundblick.

● **Plettenberg - Schlichemstausee - Schömberg** - gut 1 ½ Stdn - Ger weiter, längs des Zauns oberhalb des Schotterwerks. Schmaler Grat, Pfad abw und wieder hinauf zum Zaun. Hinü-

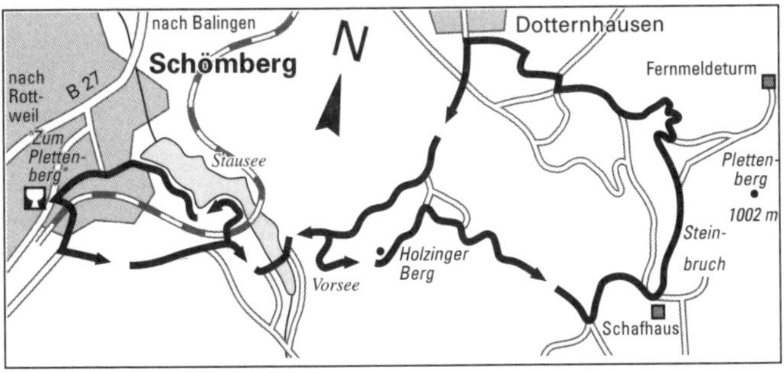

ber zur Materialseilbahn. Überdachter Steg. 1 Min danach Pfad
(!) mit *[Blauem Dreieck], Ww [Dotternhausen Steilabstieg].* Ser- *MW*
pentinen abw, li unter der Seilbahn hindurch. Abw zur Str, 30 m
re abw, Pfad halbli abw. Über die Str, Pfad, dann grasiger Weg
ger abw, br Querweg 30 m re abw, Abzweig li, auch *LM [S 9, 10].*
Betonstr (!) li, *ohne Markierung,* Linksbogen, Abzweig halbre, *OM*
Wirtschaftsweg, *LM [S 8], Ww [Wander-P Palmbühl],* praktisch
zwischen den Stromleitungen. Gabel, Fußweg ger *[S 8],* Links-
bogen in den Wald. Nach dem Strommast re *[S 8],* Weg beibe-
halten, schließlich abw, S-Bogen, Einmündung von *[S 7].* Ger,
[Blaues Dreieck], wie Herweg zu Querwegbogen, li ab, *ohne* *MA*
Markierung, Vorseebrücke re, dahinter re, *LM [S 6],* befest. Weg, *MW*
Linksbogen. Re über die Schienen *[S 6],* schöner *Plettenberg-*
Blick. Oberhalb vom *Stausee* weiter, an seinem Ende befest.
Querweg li, ger, Rechtsbogen aufw, *Schömberg. Eisenbahnstr* li
bis Ende. Gegenüber vom

● **Hotel-Gasthof „Zum Plettenberg"** - Angenehmes traditionsreiches Haus in ruhiger, zentraler Lage. Behagliche Komfortzimmer. Lift. Gemütliche, rustikale Gasträume. Wohltuende Atmosphäre. Gutbürgerliche und gehobene Küche. Schwäbische und internationale Köstlichkeiten - alles was das Herz begehrt. Auch vegetarische Speisen und deftige Vesper. Bier vom Fass, gute Weine. Mittl. Preise. - *Ru = Mi.*

Schömberg-Ölmühle - Ottilienkapelle - Ratshausen - Ölmühle/Schlichemstausee

Weg und Zeit – knapp 10 km – 2 ½ Stdn.

Charakteristik – Das beliebte Erholungsgebiet des *Schlichemstausees* ist Ausgangspunkt dieser abwechslungsreichen Wanderung. Auf und ab geht es durch Wald und Wiesen über die Höhen auf beiden Seiten des *Schlichemtals* mit zum Teil herrlichen Aussichten bis zu den *Schwarzwaldhöhen.*

Anfahrt – B 27 von *Stuttgart–Hechingen–Balingen* bzw. *Rottweil.* In *Schömberg* Abzweig Richtung *Ratshausen.*

Parken – Großer P bei der *Einkehrstube Zur Ölmühle* am *Schlichem-Stausee.*

● **Der Rundweg** – An der *„Ölmühle"* re am Stausee entlang auf
MA geteertem Weg mit *[S 6].* Vor der Fahrstr die *Schlichem* über-
queren. Gleich nach der Brücke über die Fahrstraße. Re am
Restaurant Obere Säge (siehe S. 114) vorbei. Bach überqueren,
MW nach 100 m Gabel halbli mit *[S 20].* Auf breitem Forstweg im
Wald aufw. Nach 5 Min Gabel halbre. Beim Wander-P mit Rast-
platz re an der Str entlang. Bei der *Ottilienkapelle* li, zunächst
MW *ohne Markierung*, später mit *[S 19].* Gabel li, 2. Gabel nach 100
m bei Kruzifix halbli. Nach kurzem Aufstieg im Wald mit
MW *[Rotem Dreieck], Ww [Ratshausen]* auf geschottertem Weg li
abw. In *Ratshausen Egertstr* abw. Unten vor dem Rathaus mit
[Rotem Dreieck] Schloßhof/Hohnerstr re, *Ww [Plettenberg,
Lochenstein].* Vorstadtstr ger aus dem Ort hinaus. 2. Abzwei-
gung nach dem Ortsschild li, Ri Wander-P über Gemarkung
Tanzwasen. Nach der Linkskurve bei Wander-P mit Waldspiel-
OM platz und Grillstellen Gabel *ohne Markierung* halbli weiter aufw.
Vor dem Eintritt in den Wald nach li herrliche Fernsicht über
die Schwarzwaldhöhen. Bei Gabel am Waldrand mit *Ww [Stau-
see, Schömberg]* auf dem *Kehlenweg* li. Nach ca. ¼ Std bei gr
Gabel re am Schild *[Hohe Reute]* vorbei. Jetzt immer ger, *Ww*

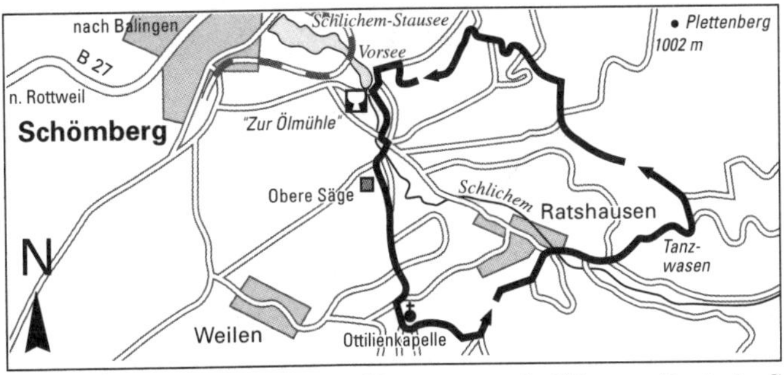

[Stausee, Schömberg]. Bei gr Kreuzung mit *[Blauem Dreieck, S* *MA*
9, S 11] li. Achtung: nach 50 m re auf schmalem Waldpfad steil
abw durch den Wald. Querweg li, Gabel halbli. Auf breitem
Forstweg leicht abw ins Tal. Unten nach kl Bach Querweg li.
Vor dem Stausee mit *[S 20]* li, an der nächsten Gabel re zurück *MW*
zur

● **Einkehrstube Zur Ölmühle** - Gemütliche Vesperstube mit überdachtem Freisitz und herrlicher Sonnenterrasse. Deftige Vesper nach Hausmacherart, köstliche selbst gebackene Kuchen, Kaffee, Eis in vielen Variationen. Bier vom Fass und schöne Weine runden das Wandervergnügen in dieser prächtigen Landschaft angenehm ab. Untere Preise. – *Ru = Di.*

Schömberg-Obere Säge - Deilingen - Schörzingen - Weilen - Obere Säge

Weg und Zeit - 13 km - 3 ¼ Stdn.
Charakteristik - Diese idyllische Rundwanderung führt oberhalb des *Schlichemtals* durch hügelige Wiesenlandschaft und durch dichte Wälder. Einige stramme Anstiege sind zu bewältigen. Immer wieder bieten sich dem Naturfreund großartige Aussichten.
Anfahrt - Wie S. 112.
Parken - Großer P beim *Landhaus „Obere Säge"*.

● **Der Rundweg** - Hinter der *„Oberen Säge"* Bach überqueren.
Nach 100 m Gabel halbli mit *[S 20]*. Auf breitem Forstweg im *MA*
Wald aufw. Nach 5 Min Gabel halbre. Beim Wander-P mit
Rastplatz re an der Str entlang. Bei der *Ottilienkapelle* zunächst
ohne Markierung li, später mit *[S 19]*. Gabel li, 2. Gabel nach *MW*
100 m bei Kruzifix halbli. Auf dem Anstieg im Wald mit *[Rotem* *MW*
Dreieck/HW1, S 16, S 19] der scharfen Rechtskurve folgen. Nach
200 m bei spitzer Gabel ger. Nächste spitze Gabel halbli, *Ww*
[Deilingen]. Am Ortseingang Gabel halbre abw, *Lange Str* re,

Reuthof li. Nach 50 m Gabel halbre aus dem Ort hinaus auf
wenig befahrener Fahrstr. Schöne Aussichtslage, Fernsicht bis
MW zu den *Schwarzwaldhöhen*. Nach 20 Min mit *[Blauem Dreieck], Ww [Schörzingen]* re auf Fahrstr abw. In *Schörzingen* (713 m, sehenswert das Innere der 1727-40 erbauten barocken *Dorfkirche*) *Oberhohenbergstr* vor bis zur *Hauptstr*. Dort re abbiegen und immer auf der *Hauptstr* bleiben bis fast zum Ortsende.
MW *Mozartstr* mit *[S 20, S 21], Ww [Wochenberg]*. Vor einer Rechtskurve *Schubertstr* li aus dem Neubaugebiet hinaus. Mit *[S 21]* ger über schwer erkennbaren Wiesenweg aufw, *Ww [Wochenberg]*. Auf halber Höhe li in dunklen Tannenwald hinein. Nach dem Wald weiter steil aufw. Oben auf asphaltiertem Weg li parallel zur Fahrstr. Herrliche Aussichtslage. Unter der gr Brücke re hindurch und auf dem Fußweg li von der Str in die Ortschaft *Weilen*. Auf *Schömberger Str* ger durch den Ort. Kurz vor Ortsausgang mit *[S 19, S 20] Breite Str* li, *Ww [Wander-P Honau]*. Über freies Feld zum Wander-P und von dort li wie auf dem Herweg in ca. 20 Min zurück zum

● **Hotel-Landhaus „Obere Säge"** - Ein gut geführtes Haus in ruhiger Lage, das seinen Gästen zu jeder Jahreszeit Erholung und Entspannung bietet. Exzellente Küche mit regionalen Schwerpunkten. Feine schwäbische Gerichte, köstliche Wild- und Fischspezialitäten. Deftige Vesper mit selbst gebackenem Holzofenbrot. Komfortable Gästezimmer. Mittl. Preise. - *Kein Ru.*

Ratshausen - Plettenberg - Hoher Fels - Gespaltener Fels - Lochenstein - Hausen am Tann - Ratshausen

Weg und Zeit - 17 km - 4 ½ bis 5 Stdn. - Höhendifferenz ca. 600 m.
Charakteristik - Jeder Naturfreund wird von diesem Teil der *Schwäbischen Alb* begeistert sein. Er erwandert ein geschütztes Naturparadies mit Felsen und reichhaltiger subalpiner Vegetation, Wacholderheiden mit charakteristischer Pflanzenwelt und naturnahe Hangwälder, die einst größere Teile des *Albtraufs* bedeckten. Von den Höhen geht der Blick weit über den gesamten *Schwarzwald* und große Teile der *Alpenkette*. Ein Rundweg der Superlative. 3 stramme Anstiege.
Anfahrt - B 27 bis *Schömberg*. Dort Ri *Ratshausen*.
Parken - Vor dem *Gasthof Adler* in *Ratshausen*.
● **Der Rundweg** - Ausgangspunkt der Wanderung ist das Dorf
Ratshausen (sehenswert die *Lourdes-Kapelle* von 1885 am Orts-
eingang und die Dorfkirche von 1819). Vom *„Adler“* Ri *Hausen*
aus dem Ort hinaus. Nach dem Ortsschild mit *[Rotem Drei-* *MA*
eck/HW 3] 2. Abzweigung li Ri Wander-Ⓟ aufw. Vorbei an gr
Abenteuerspielplatz. Nach dem Wander-Ⓟ spitze Gabel, *Ww*
[Plettenberg] halbre. Nach der Rechtskurve Gabel halbli am
Waldrand aufw. Achtung: Nach ca. 50 m rechtwinklig li auf
schmalem Pfad aufw in den Wald. Br Querweg kurz re, nach 30
m wieder li. Nächster Querweg kurz li, dann wieder re steil
aufw. Nach insgesamt 20 Min Aufstieg erreicht der Wanderer
die Hochfläche über sehr steilen, aber gut gesicherten Kletter-
steig beim ehemaligen Burgstall der *Burg Plettenberg* (erbaut
1150, zerstört 1310). Großartige Aussicht. Auf herrlichem Pa-
noramaweg am Albrand entlang. Am Wander-Ⓟ beim *Schaf-*
haus ger mit *Ww [Schafberg, Lochen]* über Wacholderheide. Mit
[Rotem Dreieck] li am Albtrauf um den riesigen Steinbruch her- *MW*
um (höchster Punkt der Wanderung, 1002 m). Vor dem Fern-
sehmast auf dem *Raichberg* re am Zaun des Steinbruchs entlang
bis zum Waldrand. Querweg li abw in den Wald, *Ww [Lochen]*.
Nächster Querweg re, *[S 14]* weiter abw. Nach 200 m in Rechts- *MW*
kurve auf schmalem Weg ger, *Ww [Schafberg]*. Bei gr Waldkreu-
zung halbli aufw. Achtung, nach 150 m schmaler Waldweg halb-
li aufw, *Ww [Schafberg, Lochen]*. Es folgt ein Anstieg von ca.
15 Min bis zu einem Sattel mit mehrfacher Wegekreuzung. Hier
li weiter aufw, *Ww [Hoher Fels]*. Nach kurzem Anstieg erreicht
der Wanderer den *Schafberg* beim *Hohen Fels* (996 m, Aus-
sicht!). Weiter re bis zum *Gespaltenen Fels* (1000 m) mit seinem
beeindruckenden Felsenlabyrinth. Jetzt scharf re leicht abw mit
herrlicher Aussicht über die Wacholderheide, *Ww [Lochen]*. In

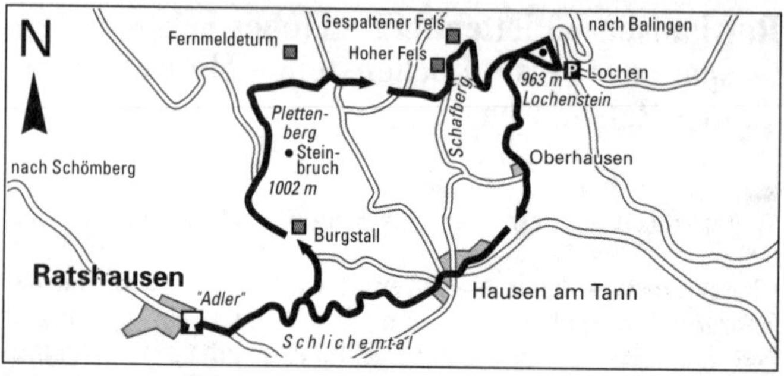

langgezogener Linkskurve abw zum br Weg, der unterhalb des
bereits sichtbaren *Lochen* zum gr Wander-P führt. Vom P mit
MW *[Roter Gabel]* in wenigen Minuten li aufw zum Gipfel des
Lochensteins mit unglaublich schöner Rundumsicht. Mit *[Roter
Gabel]* entweder auf gleichem Weg zurück zum P oder auf fast
alpinem Felsenpfad (festes Schuhwerk!) am Hang des *Lochen*
MW abw. Unten auf br Weg mit *[Roter Raute]* re, *Ww [Hausen]*. Auf
bequemem Weg leicht abw, vorbei am *Hofgut Oberhausen*. Nach
ca. ¾ Std vom *Lochen* aus erreicht der Wanderer *Hausen am
Tann* (sehenswerte *Dorfkirche St. Peter und Paul* von 1788). *Ober-
hauser Str* Ri Ortsmitte. *Dorfstr* ger, *Ww [Plettenberg]*. Bei Links-
kurve mit abbiegender Vorfahrt *Oberstockstr* ger, *Ww [Sport-
platz]*. Nach 200 m *Hofstattgasse* li über Bach Ri Wander-P. Auf
OM dieser Str ger *ohne Markierung* aus dem Dorf hinaus. In mehre-
ren Kehren unterhalb des *Plettenberges* erreicht der Wanderer
nach ca. ¾ Std den Wander-P oberhalb *Ratshausen* und von dort
abw den Ausgangsort.

● **Gasthof Adler** – Traditionsreicher Familienbetrieb mit wunderschönen, ländlich gemütlichen Gaststuben. Ideenreiche Küche mit regionalen Akzenten, die auch den Gourmet zufriedenstellt. Das Angebot der meisterhaft zubereiteten Speisen richtet sich nach Markt und Saison. Eigener Kräutergarten. Köstliche eigene Edelbranntweine. Mittlere Preise. – *Ru = Mo u. Di.*

Wehingen - Oberhohenberg - Albrandweg - Hochberg - AT Lemberg - Wehingen

Weg und Zeit - 13 km - 3 ½ Stdn.
Charakteristik - Ein herrlicher Weg durch die waldreiche Landschaft der *Hochalb.* Großartige Panoramasicht vom höchsten Berg der *Schwäbischen Alb*, dem *Lemberg.* Auf den z. T. steilen Anstiegen (350 Höhenmeter) ist festes Schuhwerk erforderlich.
Anfahrt - B 27 *Balingen-Rottweil*, nach *Schömberg,* Abzweigung über *Deilingen* nach *Wehingen*
Parken - Großer P beim *Café-Hotel Keller* in *Wehingen.*

● **Der Rundweg** - Vom *Hotel Keller* kl Brücke überqueren, *Deilinger Str* halbli, *Gosheimer Str* re, nach der Kirche *Wörthstr* Ri
Sportplatz re. *Bertholdstr* mit *[Roter Gabel, Roter Raute]* li. Am *MA*
Ortsende *Lembergstr* mit *[Roter Gabel], Ww [Bürgle, Hinterhalde],* re. Nach 200 m auf geteertem Weg li aufw durch Wiesen,
bei Gabel re auf br Forstweg bis zu gr Wander-P. Mit *[5, 6]* *MW*
aufw durch den Wald. 100 m nach der Rechtskurve mit *[5]* ger *MW*
weiter. Gabel re, nächste Kreuzung ger mit *[5, S 21].* Auf br *MW*
Forstweg li aufw. Nach 5 Min bei Wander-P mit *[4, S 21]* halbre. *MW*
Bei gr Wander-P mit *Albvereinsschutzhütte* mit *[Rotem Dreieck],* *MW*
Ww [Oberhohenberg], li. Nach dem Waldrastplatz scharf li in den Wald. Jetzt in steilen Serpentinen aufw. An der Stelle, wo früher die *Burg Hohenberg* stand, laden Ruhebänke mit sehr schöner Aussicht zum Verweilen ein. Weiter mit der gleichen
Markierung auf dem *Albrandweg.* Nächste Kreuzung mit *[HW 1,* *MW*
Rotes Dreieck], halbre auf schmalem Pfad aufw. Auf herrlichem Panoramaweg immer am Rand der steil abfallenden *Alb* entlang. Beim *Hochberg* (1008 m) re abw, *Ww [Lemberg, Dreifaltigkeitsberg].* Es folgt ein steiler Abstieg. Unten bei gr Kreuzung br Forstweg halbli. Nächste Kreuzung auf Waldweg halbre in steilen Serpentinen aufw zum *AT* auf dem *Lemberg,* 1015 m. 33 m hoher, gusseiserner Turm mit einem der berühmtesten Aus-

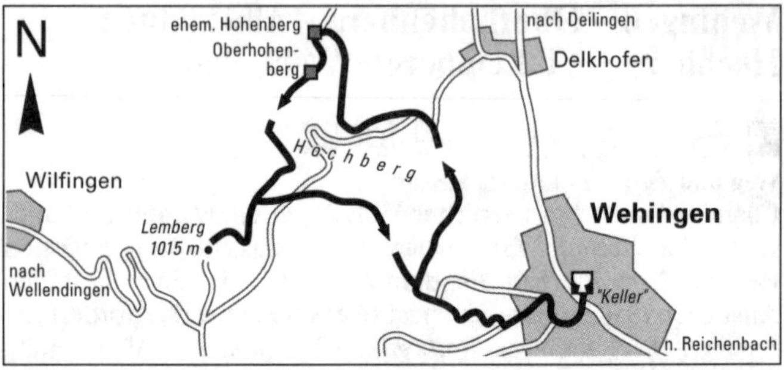

blicke der *Alb*. Auf gleichem Weg wieder abw durch den Wald. Unten bei Kreuzung halbli, nächste Kreuzung nach 100 m mit *[Roter Gabel, 6], Ww [Wehingen]* re. Querweg halbli, *Ww [Bürgle, Wehingen]*. Bei spitzer Gabel halbli, Querweg re. Vom Wander-P *Bürgle* wie auf dem Herweg abw nach *Wehingen*.

● **Café-Hotel Keller** - Ein stilvolles Haus mit familiärer Atmosphäre. Behagliche Komfortzimmer. Die fabelhafte Küche verwöhnt den Gast auf hohem Niveau. Raffinierte Feinschmeckermenüs, feine vegetarische Gerichte, herzhafte Vesper. Köstliche Leckereien aus der eigenen Confiserie, erlesene Kuchen und Torten. Mittlere Preise. - *Ru = Fr.*

Bubsheim - Ruine Granegg - Egesheim - Bubsheim

Weg und Zeit - 8 km - 2 ½ Stdn.

Charakteristik - Die Begegnung mit der Geschichte bei der romantischen *Burgruine Granegg* ist der Höhepunkt dieser lohnenswerten Wanderung. Von der *Albhochfläche* bei *Bubsheim* geht es steil abwärts in ein kleines Seitental der *Bära*. Ein langgezogener, mittlerer Aufstieg bringt den Wanderer dann von *Egesheim* wieder zurück auf die *Albhöhe*.

Anfahrt - Von *Wehingen* (siehe S. 117) über *Gosheim*.

Parken - P beim *Landgasthof Bären* in *Bubsheim*.

● **Der Rundweg** - Vom *Bären* vor bis zur Hauptstr. Vor der Kir-
MA che (1451) mit *[Gelber Raute] Graneggstr* Ri Gewerbegebiet
MW *Lehnle*. Bei Gabel mit *[4, 5]* li auf *Graneggstr* bleiben, *Ww [Rui-
ne Granegg]*. Auf wenig befahrener Fahrstr aus dem Ort hinaus
und vorbei an Waldspielplatz. Dort, wo der Wald auf der li
OM Straßenseite aufhört, *ohne Markierung* li abbiegen, *[Schild
Durchfahrt verboten]*. Auf geteertem Weg durch den Wald, spä-
MA ter wieder mit *[Gelber Raute, 4, 5]*. Exakt da, wo der Weg aus
dem Wald heraustritt, mit *Ww [Ruine Granegg]* li leicht aufw in
den Wald. Ein schöner Rastplatz mit sensationellem Blick auf

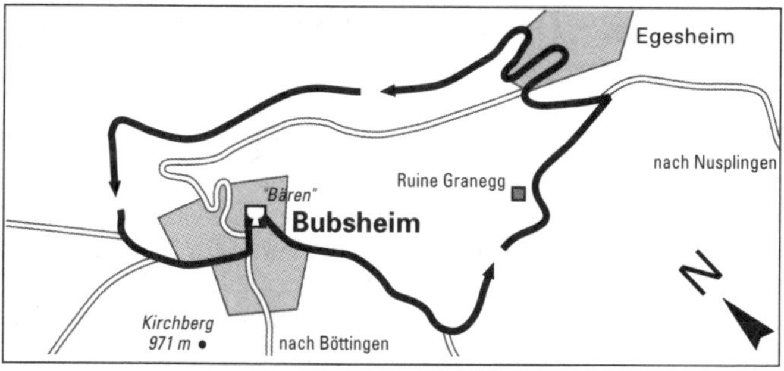

das darunterliegende *Egesheim* erwartet den Wanderer bei der sehenswerten *Ruine Granegg* (927 m). Weiter re am Albrand entlang. Nach 5 Min bei Waldlichtung scharf li abw, immer noch mit *[Gelber Raute, 4], Ww [Egesheim].* Der Abstieg ist zunächst abenteuerlich steil. Festes Schuhwerk ist unbedingt erforderlich. Auf halber Höhe br Weg re und weiter abw bis zur Str nach *Egesheim.* Unten bei Wander-P li an der Autostr entlang bis in die Ortschaft *Egesheim.* Im Ort *Bubsheimer Str* li mit *[Gelber Raute], Ww [Heidentor, Bubsheim].* Auf der *Bubsheimer Str* aus dem Ort hinaus und auf geteerter Fahrstr, später auf Forstweg immer leicht aufw parallel zur L 438. Ca. 1 Std nach *Egesheim* aus dem Wald heraus und bei gr Kreuzung auf asphaltiertem Weg mit *[Gelber Gabel, 2, 4], Ww [Bubsheim]* li. Nächster Querweg li und vor bis zur Str *Gosheim–Bubsheim.* Parallel zur Str *MW* auf Fußweg li in den Ort hinein und über die *Gosheimer Str* zurück zum Ausgangspunkt.

● **Landgasthof-Metzgerei Bären** – Ein gepflegtes, traditionsreiches Haus, erworben 1836 durch Donatus Grimm, Vorfahre von Bundeskanzler Kiesinger, seit 1919 im Besitz der Fam. Heinemann. Persönliche, familiäre Atmosphäre. Die Küche ist bekannt für ihre hohe Qualität. Die feinen schwäbischen Spezialitäten und die köstlichen Lamm-, Fisch und Wildgerichte werden auch gehobenen Ansprüchen gerecht. Moderne Komfortzimmer. Mittl. Preise. – *Ru = Mi.*

Klippeneck - Dreifaltigkeitsberg - Spaichingen - Denkingen - Klippeneck

Weg und Zeit - 11 ½ km - 3 Stdn.

Charakteristik - Ein großartiger Rundweg, bei dem das Fernglas zur Wanderausrüstung gehören sollte. Auf dem Panoramaweg vom *Klippeneck* zum *Dreifaltigkeitsberg* genießt der Wanderer in ca. 900 m Höhenlage geradezu atemberaubende Ausblicke. Höhepunkt der Wanderung ist der Aufenthalt auf dem *Dreifaltigkeitsberg.* Auf dem Rückweg von *Denkingen* auf das *Klippeneck* sind ca. 300 m Höhendifferenz zu überwinden. Eine geringe Mühe für ein phantastisches Naturerlebnis.

Anfahrt - *A 81 Stuttgart-Singen*, Ausfahrt *Rottweil, B 14* Ri *Tuttlingen.* Nach 10 km Abzweigung li bis *Denkingen.* Dort gut ausgeschildert auf kl Fahrstr auf das *Klippeneck.*

Parken - Beim *Hotel-Höhenrestaurant Klippeneck.*

● **Klippeneck - Dreifaltigkeitsberg** - knapp 1 Std - Vom *Klippen-*
MA *eck* (Segelfluggelände mit Flugbetrieb, Rundflüge) mit *[Rotem Dreieck/HW1] und [Rotem Strich/HW3], Ww [Dreifaltigkeitsberg]* in südlicher Ri auf dem Albrandweg mit zahlreichen herrliche Ausblicken. Nach einer ¾ Std aus dem Wald heraus und vorbei am Wander-P zur

● **Wallfahrtkirche auf dem Dreifaltigkeitsberg** (985 m) - Eine Informationstafel beim Wander-P informiert über die frühgeschichtliche Bedeutung des Bergrückens. Erste Spuren von menschlichen Ansiedlungen finden sich hier bereits aus der Zeit von 2000 v. Chr. Beginn der Wallfahrt um 1400. Erstes steinernes Kirchlein 1415. Heutige Kirche 1660-73, Turm von *M. Bader* 1693-99. Erweiterung 1762-64. Bedeutender barocker Zentralbau. Die Vierungskuppel wird von mächtigen Freisäulen getragen. Altar von *J. A. Feichtmayr* 1761-65. Gnadenbild, ein Relief der *Heiligsten Dreifaltigkeit*, von *Johann Schupp*, um 1685. Die 600 Jahre alte Wallfahrt zu der Kirche hält bis heute unvermindert stark an. Bei guter Fernsicht schweift der Blick vom großartigen AP über die Höhen von *Schwarzwald, Baar* und *Hegau.* Im Süden dehnt sich die schneebedeckte *Alpenkette* von der *Zugspitze* bis zur *Jungfrau* und dem *Montblanc.*

● **Dreifaltigkeitsberg – Spaichingen – Denkingen – Klippeneck**
MA - gut 2 Stdn - Hinter der Kirche beginnt re mit *[Rotem Strich]* der Abstieg über den Kreuzweg. Der gut ausgeschilderte Weg überquert mehrfach die Fahrstr. Unten in *Spaichingen Dreifaltig-*
MW *keitsbergstr* ger. Bei Wandertafel *Heubergstr* mit *[Blauer Gabel]* re, *Ww [Wanderweg Denkingen].* Am Ende der *Heubergstr* weiter auf Fuß- und Radweg. Jetzt immer ger auf der Trasse der ehemaligen *Heubergbahn,* einer 1912-1928 erbauten, inzwischen stillgelegten Eisenbahnstrecke von *Spaichingen* über *Denkingen*

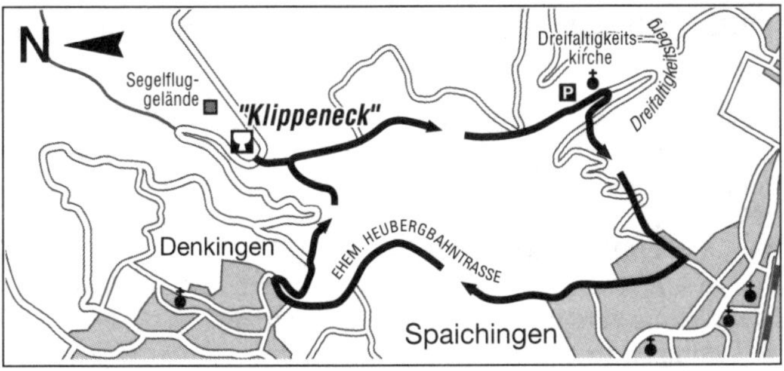

und *Gosheim* bis *Reichenbach*. Auf der *Bahnhofstr* erreicht man die Ortschaft *Denkingen*. *Klippeneckstr* überqueren und mit *[Blauem Dreieck], Ww [Klippeneck]* re parallel zur Str aufw. Li *MW* neben dem Schützenhaus aufw in den Wald. Gut ausgeschildert erreicht der Wanderer nach gut ½ Std Aufstieg die Hochfläche und gelangt li in 5 Min zurück zum Ausgangspunkt beim

● **Hotel-Höhenrestaurant Klippeneck** – Hervorragendes Hotel-Restaurant in traumhaft schöner Aussichtslage. Behagliche Komfortzimmer. Gemütliche Gasträume. Herrliche Gartenterrasse. Die leichte neue deutsche Küche ist erstklassig und verwöhnt den anspruchsvollen Gast mit marktfrischen Produkten, Ideen-Menüs und erlesener Präsentation. Köstliche Wild- und Fischspezialitäten. Prächtige Vesperplatten. Ausgesuchte Weine. Mittlere Preise. - *Ru = Mo.*

● **Alternative Wanderroute** - Wer die Wanderung um 8 km bzw. 2 Stdn verlängern will, kann in *Denkingen* mit *[Blauer* *MA* *Gabel]* weiter auf der *Heubergbahntrasse* bleiben. Leicht aufw geht es am Albtrauf entlang und durch den 126 m langen *Au-Tunnel* nach *Gosheim. Hauptstr* halbre, *Flackstr* scharf re. Mit *[Rotem Dreieck], Ww [Dreifaltigkeitsberg],* parallel zur Str auf die *MW* Hochfläche. Nach dem Steinbruch mit Rastplatz (Aussicht!) re am Albrand entlang zurück zum *Klippeneck.*

Tuttlingen und Möhringen - Schauen und Wandern

Anfahrt - B 14 von *Rottweil* bzw. *Stockach* nach *Tuttlingen* - B 311 nach *Möhringen.* - A 81, Ausf. *Tuningen* - B 523 nach *Tuttlingen* oder L 184 *Talheim - Möhringen.* - A 81, Ausf. *Geisingen* - B 311 *Möhringen - Tuttlingen.* - *Bahnstationen: Tuttlingen* u. *Immendingen* (6 km). Bus nach *Möhringen.*

Parken - *Tuttlingen*: (P) *Zeughausstr*, zahlreiche P. - *Möhringen*: Mehrere ausgewiesene P, u. a. östl. Ortsrand.

● **Tuttlingen** (645 m) - *Große Kreisstadt* im *Naturpark „Obere Donau*", Dreitälerstadt inmitten bewaldeter Höhen, Tor zum *Donautal.* Hier durchbricht der Fluss in einem wildromantischen Einschnitt zwischen steil aufragenden Felstürmen die *Schwäbische Alb.* - Erste Erwähnung 797. Seit 1377 *württembergische Stadt.* Vernichtender Stadtbrand 1803. Wiederaufbau in regelmäßiger Form mit rechteckigen Häuserblöcken. An der Kreuzung der beiden Haupstraßen in Stadtmitte ein quadratischer Platz. Errichtung der Häuser auf höherem Niveau bei gleichzeitiger Verlegung der *Donau* zur Vermeidung der Hochwassergefahr. - **Ev. Pfarrkirche** 1815-17, klassizistisch, 1902/03 in historisierendem Jugendstil umgebaut, im Innern 2 Reihen von Säulen mit Akanthuskapitellen. - **Kath. Stadtpfarrkirche St. Gallus**, urspr. neugot. 1869-83, expressionistisch umgebaut 1937-39. - **Rathaus**, klassizistischer Bau von 1805, restauriert 1983. - **Fruchtkasten** 1582, rest. 1977, heute **Heimatmuseum**. - **Honburg**, um 1460 festungsartig errichtet, 1645 zerstört, zwei Ecktürme um 1890 wieder aufgebaut. - Heute ist *Tuttlingen* kultureller Mittelpunkt an der *Oberen Donau* und als Wirtschaftszentrum eines der fortschrittlichsten und umweltfreundlichsten in *Baden-Württemberg.* Die Stadt gilt u. a. als Weltzentrum der Medizintechnik.

● **Wanderregion Tuttlingen** - Ein schier unerschöpfliches Netz von Wanderwegen rund um die Stadt erschließt die großartige Landschaft im Bergland der *Jungen Donau.* Siehe auch S. 124.

● **Möhringen** (662 m) - *Ferien- und staatl. anerkannter Lufkurort,* eingebettet in das Tal der *Jungen Donau*, zwischen fünf landschaftlich einzigartigen Gebieten: dem *Schwarzwald,* der Hochebene der *Baar*, der *Schwäbischen Alb* mit deren höchsten Bergen, dem wildromantischen *Donautal* und dem *Bodensee-Hegau.* Altes, traditionssreiches Städtchen, seit 1973 Stadtteil von *Tuttlingen.* Kein Durchgangsverkehr. Mit ca. 1800 Stunden Sonnenscheindauer im Jahr einer der sonnenreichsten Plätze Deutschlands. Schonklima durch den hohen Reinheitsgrad der Luft, geringe Luftfeuchtigkeit, wenig Nebel und das Fehlen größerer Windstärken. - Erste Erwähnung 882. Markt- u. Stadtrecht 1308. - **Schloss der Fürsten von Fürstenberg.** 1511 Nennung als Schloss. Im 17. Jh. Umbau zum Jagdschloss, später mehrere

Renovierungen, barocke Stuckdecken erhalten. Heute **Rathaus** mit *Verkehrsamt* ℹ, Lese- u. Aufenthaltsräumen. – **Kath. Pfarrkirche St. Andreas**, im Kern spätgot., barockisiert. Taufstein 1626.
● **Wanderregion Möhringen** – Über 100 km gut markierte Wanderwege, meist im 2000 ha großen *Stadtwald* mit *Wassertretstelle*, *Waldsport-* oder *Waldlehrpfad* und *Wildgehege. Forstkundliche Führungen.* Geführte Wanderungen zur phänomenalen **Donauversinkung** – ein frappierendes Erlebnis! Siehe auch S. 125. Wandertafel *Mittlere Gasse* mit 5 *Grüne-Raute-Wegen*, auch *Donauversinkung.* Wandertafel an der K 5944 mit 4 Wegen, auch *Donauversinkung.*

Tuttlingen - Geologischer Lehrpfad

Weg und Zeit - 10 km - gut 2 ½ Stdn.
Charakteristik - Der *Geologische Lehrpfad* informiert auf *15 Farblehrtafeln* über die geolog. Struktur des *Albrandes,* das *Jurameer*, die *Ur-Donauschlingen*, die *Ammoniten* u.v.a. Außerdem stellt er einen lohnenden Wanderweg dar, und er zählt zu den vielen *„Naturkundlichen Führungen“* der Stadt.
Anfahrt - S. Seite 122.
Parken - Gäste-P *Hotel Stadt Tuttlingen,* sonst P.

● **Hotel Stadt Tuttlingen** - Sehr gepflegtes 4-Sterne-Haus in ruhiger Umgebung direkt an der Donau. Komfortable Gästezimmer. Stilvolle, elegante Gasträume. Angenehme Atmosphäre. Excellente Küche mit einer breiten Palette regionaler, internationaler und saisonaler Köstlichkeiten. Auch vegetarische Gerichte. Fassbier. Schöne Weine. Mittl. Preise. - *Kein Ru.*

● **Der Rundweg** - Vom *Hotel Stadt Tuttlingen* über den *Donau-*
MA *steg, [Rotes Dreieck].* Re, entlang der *Donau*, vor **(!)** der Brücke Ampel nach li **(!)**. Mit *Ww [Rußberg]* aufw. Nach 20 m **Über-**
MW **sichtstafel** *des Lehrpfades, Markierung [Ammonit].* Eine gewaltige *Ur-Donau* hat durch ihre nagende Tätigkeit den weiten Talkessel geformt. - Vor der Bahnbrücke **Tafel 1**. - Nach der Brücke **Tafel 2.** - Ger, *Brückenstr*, in den Grünanlagen **Tafel 3**. - *Berliner Ring* re zu **Tafel 4**. - *Egerstr* li bis Ortsende. Hier schmaler Weg re **(!)**, *Ww [Geolog. Lehrpfad]*, auch *[Rote Raute].* An der Waldecke *„Steigen“* **Tafel 5.** - Am Waldrand *Eichbühl* ger, *Rußbergstr* queren, Wiesenweg zur Waldecke *„Thäle“* mit **Tafel 6.** - Das *„Thäle“* stramm aufw zur *Rußbergstr* und zum gr *Steinbruch „Eichen“* mit **Tafel 7**. - Li der Str weiter, Str queren, Waldweg zu **Tafel 8.** - Ger weiter, Gabel halbli, 20 m, Abzweig halbli, aufw zu **Tafel 9**. - Weiter aufw, *Rußbergstr* queren, parallel dazu Fußweg zu halbrundem Steinbruch und *Schutzhütte.* Dahinter im Wald **Tafel 10.** - Durch Fichtenwald zum *Waldspielplatz.* An

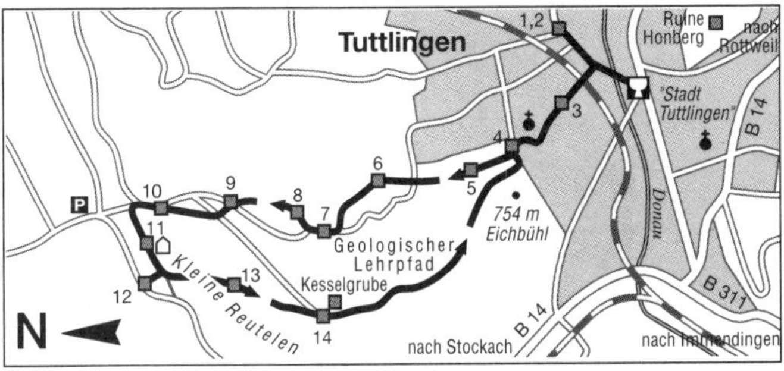

dessen linkem Rand (Waldrand) bis Ende. Querweg li, im Waldwinkel mit Blick auf die freie Hochfläche **Tafel 11.** - Am Waldrand ger und Rechtsbogen zu der von weitem sichtbaren **Tafel 12.** - Nun li, vorbei an der Ruhebank zu br Querweg. Li ab, auch *[Rotes Dreieck], Ww [Geologischer Lehrpfad].* Nach ca. 10 Min **Tafel 13** mit Hinweisen zu Ammoniten u. anderen Versteinerungen. - Leicht abw, li vom Weg **Tafel 14** an der *„Kesselgrube"*, einer natürlichen, trichterförmigen Eintiefung (*Erdfall o. Doline*). - Weiter abw, vom Waldrand herrlicher Blick auf *Tuttlingen* und das Bergpanorama. Ger zum Stadtrand und wie Herweg zurück.

Immendingen - Donauversinkungsstellen - Möhringen - Frauenholz - Immendingen

Weg und Zeit - 12 km - 3 Stdn.
Charakteristik - Ein abwechslungsreicher Rundweg mit der *Donauversinkung* als absolutem Glanzpunkt.
Anfahrt - An der B 311 *Geisingen* (A 81) - *Tuttlingen* (B 14, B 523, L 277/*Donautal*). - L 225 von *Engen. - Inter-Regio-Station.*
Parken - Günstig u.a. P *Rathaus, Bachzimmerer Str.*

● **Immendingen** (572 - 949 m) - *Ferienort* in reizvoller Lage zwischen *Schwarzwald* und *Bodensee* im *Bergland Junge Donau.* - Der ehemals reichsritterschaftliche Flecken wurde 1101 erstmals urkundl. genannt. *Oberes Schloss* der *Frhrn. v. Schreckenstein*, jetzt *Rathaus. Kirche St. Petrus und Paulus*, Turm 13. Jh., Langhaus 1788, Erweiterung 1936. *Heimatmuseum* mit weltberühmten Fossilfunden und paläontologischen Exponaten.

● **Örtliches Wanderwegenetz** - 10 markierte Wege von 3,2 bis 30 km, Gesamtstrecke 125,9 km. *Wanderplan* beim *Fremdenverkehrsbüro.*

● **Der Rundweg** - Vom P 1 *Rathaus Bachzimmerer Str* ortseinwärts, *Donaustr, Ww*, Bahnübergang, *[Blau-Gelbe Raute].* Staustufe, Holzbrücke, ger zum Wald-P . Pfad längs der *Donau* zur *MA*

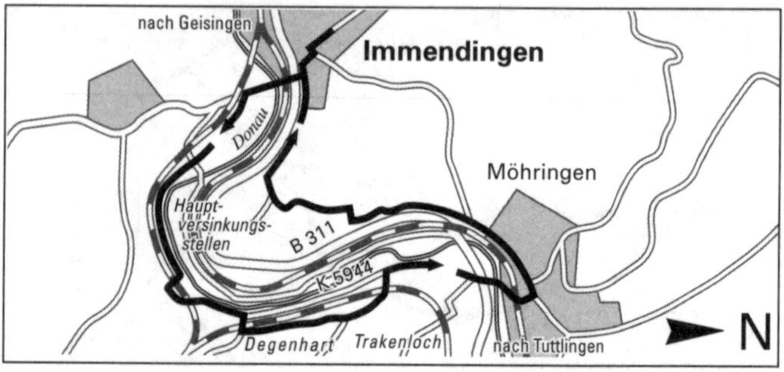

Hauptversinkungsstelle. Totale Versinkung an ca. 155 Tagen im Jahr. Romantischen Pfad weiter, später aufw, Steinhaus, br Weg li zum Ⓟ an der K 5944. *Einödviadukt* unterqueren, dahinter li
MW aufw, *LM [17]*, parallel zur Bahnstrecke. Querweg li, *[Grüne*
MW *Raute], Ww.* Abw, Viadukt passieren, neben der K 5944 re, B 311 queren, *Donaubrücke*, **Möhringen**. Bahnübergang, *Mittlere Gasse*
MW ger, *Schwarzwaldstr* li, *[Grüne Tanne, Roter Strich/ Wanderweg „Junge Donau"]*. Ortsende ger, *Ww,* parallel zur B 311 im Wald aufw, Linksabzweig **(!)**, ger an Gestrüppstreifen entlang zu befest. Weg. Aufw, im Wald (*Frauenholz)* li ab, *Ww*. Li, dann re über freies Feld. Befest. Weg halbre, ger zur Waldecke. Rechts-
OM bogen abw, *[OM]* nach **Immendingen.** *Hinterbirkenweg, An der Steig* li, *Schwarzwaldstr* re, *Bachzimmerer Str* zum Ⓟ.

● **Die Donauversinkung** - Ein phänomenales Naturereignis! Die Donau trifft auf wasserdurchlässige Schichten des Weißjurakalks, das Wasser versinkt und gelangt durch ein System von Fugen, Spalten und Höhlen mit einem Gefälle von 15% nach Süden zum 12 km entfernten *Aachtopf*. Aus dieser größten Quelle Deutschlands fließt es zum *Bodensee*, die *Donau* also wird zum Nebenfluss des *Rheins*! Wo sonst metertiefes Wasser das Flussbett ausfüllt, kann man in der regenarmen Jahreszeit zwischen *Immendingen* und *Möhringen* trockenen Fußes spazieren gehen. Bei Normalwasser treten die Versinkungsstellen als Strudel in Erscheinung.

Freilichtmuseum Neuhausen ob Eck

Anfahrt - B 311 von *Tuttlingen* (S. 122) bzw. von *Meßkirch*. - B 14 *Stockach - Waldhof*. - L 440 *Neuhausen ob Eck - Museum.*
Parken - Großer Ⓟ am *Freilichtmuseum.*
● **Das Freilichtmuseum** - Seit 1988 ist das *Freilichtmuseum Neuhausen ob Eck* für die Öffentlichkeit zugänglich. 20 historische Gebäude aus den Regionen *Schwäbische Alb - (Ost-) Schwarzwald - Bodensee* wurden bisher ins Museum versetzt. Mittelpunkt des Museums ist ein kleines *„Albdorf“* mit Kirche, Schul- und Rathaus, Schmiede, Hafnerwerkstatt, Bauernhäusern, Tagelöhnerhaus, Dorfteich und einem typischen Dorfplatz mit Brunnen. In der *Baugruppe Schwarzwald* stehen neben dem stattlichen *„Haldenhof“* aus *Schonach* eine wasserradbetriebene Säge und eine Bauernmühle, die beide täglich in Funktion gezeigt werden. Täglich wird ein Handwerk vorgeführt. Viele Sonderveranstaltungen und regelmäßige Sonderausstellungen greifen Themen aus der ländlich-bäuerlichen Welt auf. In den Ställen stehen Tiere, Nachkommen alter heimischer Haustierrassen. Die Bauerngärten sind liebvoll nach alten Vorlagen bepflanzt. Zusammen mit den Streuobstwiesen und dem Anbau von alten Getreidesorten auf den Feldern vermittelt das Museumsgelände in seiner Vielfalt ein anschauliches Bild vom Wohnen, Leben und Arbeiten im alten Dorf. - *ÖZ: Tägl. (außer montags) April bis Oktober, 9-18 Uhr.*
● **Der Rundgang - 1) „Ochsen“** aus *Schopfloch, Lkr. Freudenstadt,* 1707, renoviert 1864, mit **Museumsgaststätte** im Stil eines alten Dorfwirtshauses. - **2) Stallscheune** vom *Stiefelhof* aus *Haberstenweiler*, Gemeinde *Salem, Bodenseekreis.* Sie gehörte zu einem großen Lehenshof des *Klosters Salem.* Sie bildet mit **3) „Bärbele-Haus“,** einem Bauernhaus mit Fachwerk aus *Schömberg, Zollernalbkreis,* eine Hofanlage, errichtet nach 1750. Das **4) Backhäuschen** aus *Hölzle,* Gemeinde *Sauldorf, Lkr. Sigmaringen*, vervollständigt die Hofanlage. - Hinter dem Backhaus ein kleines *Obstbaumuseum.* - Abwärts zur Baugruppe „**Schwarzwald**“ mit einem kompletten *Schwarzwälder Bauernhof:* **5) Hausmühle** vom *Hochbronnerhof* in *Peterzell/St.Georgen*, erb. 1767, in Betrieb bis 1950. **6) Säge** vom *Behlishof, Unterkirnach, Schwarzwald-Baar-Kreis, aus* dem späten 18. Jh. *Säge* u. *Mühle* werden mit Wasserkraft betrieben (Vorführungen 11, 14 u. 16 Uhr). **7) Speicher** vom *Stoffelhof* in *Oberkirnach.* **8) Haldenhof** aus *Schonach*, imposanter Mittelpunkt der Baugruppe. Ein sog. „Heidenhaus“ der jüngeren Form mit Hocheinfahrt. Niedrige Stockhöhe, geräumige Stube, hohe Rauchküche, hinten Schlafkammer u. Schweinestall. **9) Backhaus** von der *Sommerau*, hinter dem Haupthaus. - Am **18) Bienenhaus** vorbei zum **Albdorf** hoch. - An dessen Rand das **10) Tagelöhnerhaus** aus *Deilingen-Delk-*

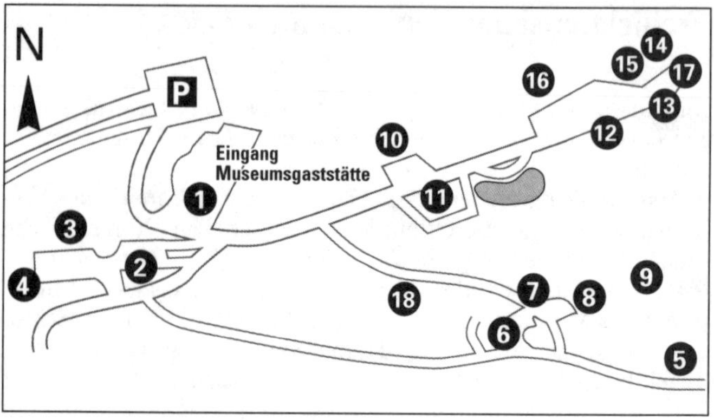

1) „Ochsen“ mit Museumsgaststätte
2) Stallscheune
3) „Bärbele-Haus“
4) Backhäuschen
5) Hausmühle
6) Säge
7) Speicher
8) Haldenhof
9) Backhaus
10) Tagelöhnerhaus
11) Weber- und Kleinbauernhaus Dautmergen
12) Schul- und Rathaus
13) Schmiede
14) Hafnerwerkstatt
15) Bauernhaus „Biehle“
16) Dorfkirche Tischardt
17) Schaf- und Farrenstall
18) Bienenhaus

hofen, Lkr. Tuttlingen, erb. gegen Ende des 18. Jh., Zustand von 1824, und das **11) Weber- und Kleinbauernhaus Dautmergen,** *Zollernalbkreis,* erb. 1683. Es zeigt die dörfliche „Textilverarbeitung“ in einer Daueraustellung, vom Spinnen übers Weben bis zum Flicken. – Vorbei an der „Hülbe“ – dem Wasserreservoir des Albdorfs in früherer Zeit – zum *Dorfplatz.* Re steht das **12) Schul- und Rathaus,** ein stattlicher Bau aus *Bubsheim, Lkr. Tuttlingen,* errichtet 1830. Einrichtung der Schulräume wie 1875 u. 1920. Unterlehrer-Verschlag wie 1875, Lehrerwohnung wie 1900. – **13) Schmiede** aus *Durchhausen, Lkr. Tuttlingen* (am Sonntagnachmittag arbeitet hier ein Schmied). – **14) Hafnerwerkstatt**, erb. 1826. Interressant für die Besucher: Hier arbeitet eine Hafnerin. – **15) Bauernhaus Neuhausen ob Eck**, das **„Biehle“** 18. Jh. Tiere, Misthaufen, Maschinen: alles echt. Das Anwesen wird heute noch landwirtschaftlich voll genutzt. – **17) Schaf- und Farrenstall Brittheim**, *Zollernalbkrkeis.* – **16) Dorfkirche Tischardt,** *Frickenhausen, Lkr. Esslingen,* Kleinod des Museums, eine richtige ev. Kirche 15./18. Jh.
● **Erweiterungen** aus *Bodenseeraum* u. *Oberem Gäu*: **D 1) Kleinbauernhaus Mennwangen. – D 2) Seilerei. – E 1) Haus Mariazell.**

oben: *Wallfahrtskirche „Dreifaltigkeitsberg"*
unten: *Balingen, Wasserturm und Rückansicht des Zollernschlosses*

Schlucht am Sagenwanderweg im Oberen Schlichemtal

oben: *Freilichtmuseum Neuhausen ob Eck*
unten: *Schloss Werenwag im Donautal*

Donauversinkung bei Immendingen/Möhringen

Fridingen - Ruine Kallenberg - Schloss Bronnen - Stiegelesfels - Laibfelsen - Fridingen

Weg und Zeit - 20 km - 6 Stdn.

Charakteristik - Anspruchsvolle Wanderung in ständigem Auf und Ab durch vier Täler und zu herrlichen Aussichtspunkten. Immer wieder spektakuläre Ausblicke ins *Donautal.* Gutes Schuhwerk erforderlich.

Anfahrt - A 81, Ausf. *Tuningen*, über *Tuttlingen.* - Von *Reutlingen* B 313 *Sigmaringen - Messkirch*, B 311 bis *Neuhausen o. E.*, re nach *Fridingen.* - An Bahnstrecke *Sigmaringen - Tuttlingen.*

Parken - Gäste-P am *Hotel-Restaurant Sonne.*

● **Fridingen** (600-800 m ü. d. M.) - 861 erstmals urkundlich genannt. Staatl. anerkannter Erholungsort inmitten des *Naturparks „Obere Donau“.* Sehenswerter historischer Stadtkern, u.a. mit: *Ifflinger Schloss*, erb. um 1330, heute *Heimatmuseum.* - Barocke *St.-Anna-Kapelle*, urspr. Wallfahrtskapelle. - *Stadpfarrkirche St.-Martin*, erb. 1851-53. - Gut erhaltene Stadtmauer in *Kirchstr* und *Litschenberg.*

● **Fridingen - Ruine Kallenberg - Kohlstattfelsen - Schloss Bronnen** - 4 Stdn - Vom *Hotel Sonne* auf *Donaustr* Ri *Tuttlingen* bis zur *Donaubrücke.* Vor Brücke li, an *Donau* entlang. Vorbei an Wandertafel, an Kläranlage li vorbei, zu *Mariengrotte* und *Donauversinkungsstelle* (s. S. 125). Über Brücke, li bis *Ziegelhütte.* Hier Abstecher zu *Ziegelhöhle* möglich. Dafür schmalen Pfad steil aufw, *Ww [1 km hochalpin].* Auf gleichem Weg zurück zum
MA Uferweg. Nach scharfer Rechtskurve *Ww [Höhenweg HW2, Ruine Kallenberg (3)].* Re steil aufw zur *Ruine Kallenberg,* auf Pfad
MW li, LM *[5],* bis zur Ruine. Weiter ger, *Ww [Schloss Bronnen]* bis Wandertafel. Hier halblinks auf oberem Weg bis Fahrweg, an Gabel li. Nach ca. 60 m *unmarkiert* **(!)** li in Waldpfad, nächste Gabelung re, LM *[5].* Auf Waldpfad weiter bis Kreuzung, mit
MW *[5]* kurzes Stück li, auf breitem Weg re mit *[Rotem Dreieck, 5]* weiter. Mit *[Rotem Dreieck, 5, 9]* li über Erderhöhung **(!)** auf Pfad weiter ins *Buttental.* Ger aufw bis Kreuzung. Grasweg überqueren, auf Fahrweg li, *Ww [Gde. Buchheim III/2 Dutzwin-*
MW *kel],* mit *[9]* bis *AP Kohlstattfelsen.* Auf Fahrweg weiter, herrlicher Blick auf *Donau* und *Schloss Bronnen*! Unwegsamen Ser-
MW pentinenpfad, *[Rotes Dreieck, 5, 9],* steil abw o. bequemeren
MW Waldweg, *[8],* steil abw ins *Bachtal.* An Weggabel halbrechts
MW aufw. Nach ca. 500 m li, *[5].* Auf Anhöhe Weg überqueren, mit
MW *[Rotem Dreieck, 3, 5]* halblinks. In Serpentinen abw ins *Eselstal*, Fahrweg li, an Gabel re aufw, *[3, 5].* Nach 10 Min auf Anhöhe
MW mit *[4, 5]* li. Auf dem Weg bleiben, *Ww [Hakental].* (In Rechtskurve li Abstecher zur *Ruine Rockenbusch* möglich.) Mit *[4, 5]* weiter bis *Schloss Bronnen*, dem ehem. Jagdschloss der *Herren*

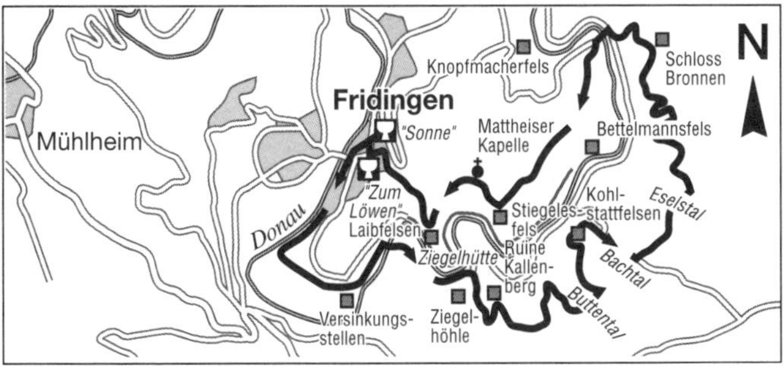

von Enzberg.

● **Schloss Bronnen - Donau - Stiegelesfels - Laibfelsen - Fridingen** - 2 Stdn - Steil abw zum *Jägerhaus,* vorbei an mehreren *Höhlen (ND)* mit Skelett- und Waffenfunden aus der Jungsteinzeit. *Donau* auf im Flussbett liegenden Felsbrocken überqueren. (Bei Hochwasser nicht passierbar! Dann Rückweg auf Uferweg entlang der *Donau.*) Drüben steil aufw, vorbei an mehreren *AP* und *Höhlen (ND).* An Weggabelung li, auf Fahrweg weiter, mit *[Roter Gabel]* li in Fußpfad, *[Rote Raute], Ww [Sperberhof,* *MW*
Knopfmacherfels]. Am Waldrand entlang bis Hochfläche, re Abstecher zum *Knopfmacherfels* möglich. Li mit *[Roter Gabel]* zum *Stiegelesfels* und weiter zur *Mattheiser Kapelle.* Durch Hochwald abw, *[Rote Gabel],* li Abstecher zum *AP Laibfelsen.* An Gabelung re steil abw, vorbei an Skilift-Bergstation, li abw, vorbei an *Vogelsangschule* über *Kirchberg* zurück zum *Hotel Sonne.*

● **Hotel-Restaurant Sonne** - Zentral gelegen. Ländlich-stilvolle, ruhige Gästezimmer. Stilvolle Gasträume, Gartenterrasse. In angenehmer, gepflegter Atmosphäre wird gutbürgerliche Küche mit saisonalen und regionalen Akzenten serviert. Leckere Braten- und Wildgerichte. Auch Geflügel, Fisch, Vegetarisches. Vesper. Kinder- und Seniorenteller. Bier vom Fass, Weinauswahl. Untere bis mittl. Preise. - *Ru = Fr.*

Fridingen - Stiegelesfels - Knopfmacherfels - Kloster Beuron - Fridingen

Weg und Zeit - 17 km - knapp 5 Stdn.

Charakteristik - Herrliche Wanderung mit spekatkulären AP zum *Kloster Beuron* und ins *Donautal.* Besonderer Höhepunkt der Wanderung ist ein Besuch des *Klosters Beuron*, für den man unbedingt etwas Zeit einplanen sollte. Auf bequemem Uferweg an der *Donau* entlang zurück.

Anfahrt - A 81, Ausf. *Tuningen*, über *Tuttlingen.* - Von *Reutlingen* B 313 *Sigmaringen - Messkirch*, B 311 bis *Neuhausen o. E.*, re nach *Fridingen.* - Ab Bahnstrecke *Sigmaringen - Tuttlingen.*

Parken - Gäste-P am *Gasthaus zum Löwen*, P am *Rathaus.*

● **Fridingen - Stiegelesfels - Knopfmacherfels - Kloster Beuron** - knapp 3 Stdn - Vom *Gasthaus zum Löwen Mittlere Gasse* bis
MA Ende, *Bahnhofstr* li, dann re aufw, *Ob der Stadt, [Rote Gabel, 4], Ww [Donautal - Jägerhaus, Laibfelsen - Knopfmacherfels].* Am
MW Ortsende mit *[Gelbem Dreieck]* auf re Fußweg aufw, *Ww [Knopfmacherfels].* An Weggabel re, *Ww [Laib-/Stiegelesfels - Beuron],* durch Hochwald. Am Waldende re zum *AP Laibfelsen.* Zurück auf Weg, li weiter durch Hochwald, aufw, vorbei an Skilift-Station und *Mattheiser Kapelle* zu Hochfläche. Mit *[Roter Raute, 4]* am Waldrand entlang re zum *AP Stiegelesfels.* Herrlicher Blick ins *Donautal.* Re am Waldrand entlang weiter. An Gabelung mit *[Roter Gabel, Rotem Dreieck], Ww [Kürzerer Weg 2, Knopfmacherfels]* li aufw. An Gabelung re, dann ger mit *[Roter Raute, 4], Ww [Knopfmacherfels].* Auf bequemem Schotterweg über P re zum *AP Knopfmacherfels.* Li auf schmalem Fußpfad mit *[Roter Gabel], Ww [Soldatenfriedhof - Beuron (4)].* An Gabelung re, *[Rote Gabel, 4].* Rat- und Grillplatz. Abw Ri *Kloster Beuron*, auf Holzbrücke *Donau* überqueren.

● **Kloster und Wallfahrtskirche Beuron** - Gegr. um 1080 als *Augustinerchorherrenstift.* Seit 1687 Abtei, 1862 von *Benediktinern* übernommen, ab 1884 Erzabtei. - *Abteikirche St. Martin und Maria*, erb. 1732-38. Das verhältnismäßig schmale Innere vermittelt einen festlichen Eindruck. Decke voll barocken Jubels, harmonisch und dezent die Farben der Deckenfresken, angereichert mit Gold. In der Gründungslegende kündigt sich bereits das Rokoko an. - Die *Gnadenkapelle*, erb. 1898 im Stil der *Beuroner Kunstschule* (byzantinisch beeinflusst) enthält ein kostbares *Gnadenbild* aus Lindenholz, Anfang 15. Jh.

● **Kloster Beuron - Fridingen** - 2 Stdn - Vom P unterhalb der Kirche li entlang der Klostermauer Ri *Jägerhaus*, Markierung *[Rotes Dreieck], Ww [Liebfrauental, Jägerhaus].* Unter Eisenbahn-Brücke hindurch, entlang der *Donau*, li Ri Wald. Auf geteertem Waldweg re, *[Rotes Dreieck, 3].* An Gabelung li, *Ww*

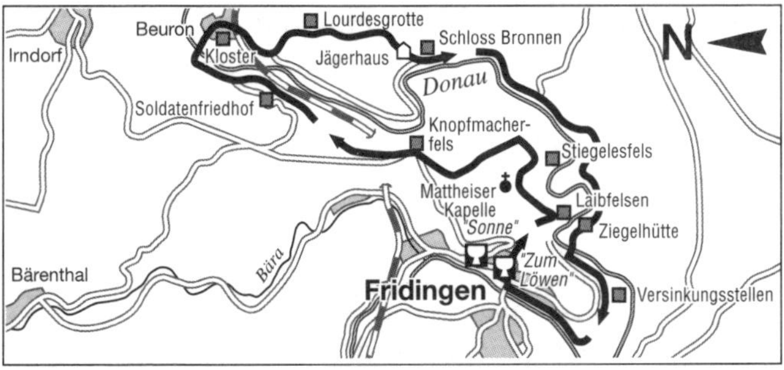

[Liebfrauental - Lourdesgrotte - Schloss Bronnen - Jägerhaus]. Re, vorbei an *Lourdesgrotte*, re über Steinbrücke, an Gabelung li. An Abzweigung unterhalb von Bauernhof re abw, *Ww [Jägerhaus - Fridingen].* Mit *[Roter Raute, 9]* auf schmalem Pfad abw. Bei *Ww [Wildenstein - Beuron]* re zum *Jägerhaus.* Ab hier auf bequemem Uferweg nach *Fridingen.* Am Ortseingang li, bei Brücke re in *Mittlere Gasse* bis zum

● **Gasthaus Löwen** - Rustikales Gasthaus mit einfachen, behaglichen Gästezimmern. Historische Gasträume in einem Gebäude aus dem 16. Jh. Zentrale Lage. Gutbürgerliche Küche mit regionalen Spezialitäten, Tageskarte nach Saison. Kleine Gerichte. Bier vom Fass, umfangreiche Weinkarte. Untere bis mittl. Preise. - *Ru = Mi.*

● **Weitere Wanderwege**

1) *Fridingen/Anna-Kapelle - Langenwand - Bogenbrücke - Ganslache - Breitwiesen - Fridingen* - 5 km.

2) *Anna-Kapelle - Wendelstein - Dickenloch - Bergsteig - Anna-Kapelle* - 4 km.

3) *Fridingen - Wendelstein - Scheibenbühl - Mühlheim a. d. Donau - Kapf - Bergsteig - Fridingen* - 15 km.

Schwenningen - Schloss Hausen - Glasträgerfels - Schloss Werenwag - Echofelsen - Schw.

Weg und Zeit - 12 km - 3 Stdn.

Charakteristik - Ein vielseitiger Rundweg, der dem Wanderer sowohl die Weite und erhabene Einsamkeit der *Albhochfläche* als auch die imposante Felsenlandschaft des *Donautales* erschließt.

Anfahrt - L 196 von *Albstadt* bzw. aus dem *Donautal* (*Hausen i. Tal*/L 277). - L 218 von *Stetten a. k. M.* - *Storzingen* - B 463.

Parken - Hauseigene P *Weinhaus Unger* und *Landgasthof Unger.*

● **Schwenningen** (862 m) - Reizvoller Erholungsort auf dem *Großen Heuberg* am Rande des *Oberen Donautals.* - Bereits 817 urkundlich genannt. - 60 km gut markiertes *Wanderwegenetz.*

● **Pension-Weinhaus-Weinstube Unger** - Ruhige Ortsrandlage. Großzügige Komfortzimmer. Stilvolle Gasträume. Hotelbar. Sonnenterrasse. Liegewiese. Wohltuende Atmosphäre. Frühstücksbüffet. Für Hausgäste (Gruppen) Abendessen. Ansonsten zünftige Bauernvesper und kleinere Gerichte. Weinproben. Eisspezialitäten, Kaffee und Kuchen. Untere bis mittlere Preise. - *Ru = Mi (für Hausgäste offen).*

● **Der Rundweg** - 1) Vom *Weinhaus Unger Hausertalstr* ortseinwärts, *Alte Pfarrstr* re. - 2) Vom *Landgasthof Unger Hauptstr* orts-
MA einwärts, *Alte Pfarrstr* re. - Gemeinsam: *Bahnsteige* aufw, *[Gelbe Raute], Kapellenweg* ger abw, *Bühlstr* re. *Fahrstr* queren, re versetzt ger, befest. *Stettener Weg* über freie Albhochfläche. Vorbei am kl *Truppenübungsplatz Wachtbühl.* Ger, Gabel re, vor markanter Baumgruppe Rechtsbogen und ger **(!)**, befest. Abzweig ignorieren. Im Wald Linksbogen, Forstweg ger, br Querweg re.
MW Weg wird befestigt. Rechtsbogen. Kreuzung bei P, ger, *[Rotes Dreieck], Ww.* Nach dem Wohnhaus re, *[Rote Raute],* 100 m zur **Ruine Schloss Hausen**, früher ein mächtiger Bau auf prächtigem Fels. Burg 11. Jh., Um- und Ausbau 14./15. Jh., später schlossartige Erweiterung, Abbruch 1813, Restmauerwerk erhalten. Wunderbarer Blick ins *Donautal,* direkt zu Füßen *Hausen i. Tal.* - Zurück zum Wohnhaus, dahinter li **(!)**, *Ww.* Serpentinenpfad abw, L 196 queren, Pfad aufw, *Ww.* Br Weg ger, *Ww*, mehrere Bogen, dann Abzweig halbli **(!).** Vorbei **(!)** am Abzweig *[Bhf.*
MW *Hausen].* Mit *[Roter Gabel]* ger, *Ww*, zum **AP Glasträgerfelsen**. Traumhaft schöner Blick auf *Donautal,* die steilen Felsen und *Schloss Werenwag.* Vom *AP* zurück, Traufpfad li zum nächsten
OM *AP.* Pfad weiter, Kreuzung ger **(!)**, *[OM]* zum Waldrand, dort br
MA Querweg li *[Rotes Dreieck/HW 2], Zeichen* später. Gr Kreuzung
MW li, mit *[Roter Gabel]* zum **Schloss Werenwag**. Burg 11./12. Jh., heutiges Schloss 17./18. Jh. Privatbesitz. - Lohnender Abstecher (5 Min) zum **Echofelsen**, toller Blick auf Tal und Schloss. - Letztes Wegstück zurück, *[Rote Gabel],* Kreuzung ger, *Ww.* Li Wild-

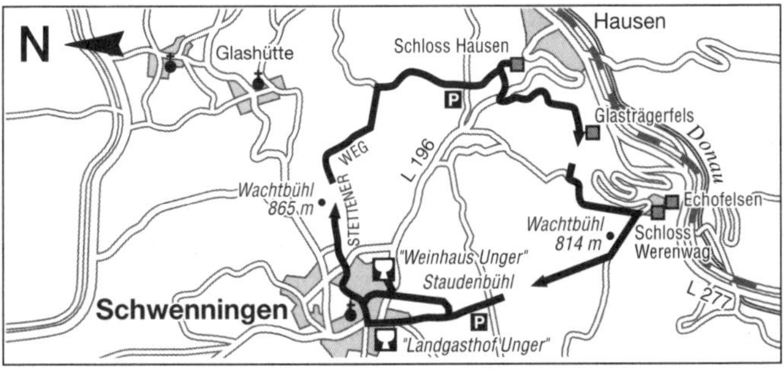

gehege, Golfplatz, re *Wachtbühl.* Gr Gabel, halbre, *[Gelbe MW Gabel], Ww.* 4 Min nach *Wander-*P *Staudenbühl* Wegtrennung zwecks gepflegter Einkehr: 1) Feldweg *[OM]* re, Bogen nach *Schwenningen*, re zum *Weinhaus Unger.* - 2) Weiter ger, *Werenwager Str* halbre zum

● **Landgasthof Unger** - Am Rande des *Naturparks.* Behagliche Komfortzimmer. Stilvoll-rustikale Gasträume. Terrasse. Angenehme Atmosphäre. Gutbürgerliche bis gehobene Küche mit kulinarischen Impressionen des Chefs. Steaks, Filet, Pute, Seeteufel, Tafelspitz u.v.a. „Klein aber fein", Gerichte für den kl. Hunger. Maultaschen. Vesper. Gemütl. Bierbar. Mittl. Preise. - *Ru = Mi.*

Thiergarten - Rundweg Schaufelsen

Weg und Zeit - 12 (13) km - 3 ¼ (3 ½) Stdn. - Die Zahlen in Klammern gelten für den *Gutshof Käppeler.*

Charakteristik - Ein fantastischer Rundweg mit atemberaubenden Ausblicken. So eindrucksvoll wie hier offenbart sich die majestätische Schönheit des *Oberen Donautals* wohl selten.

Anfahrt - An der L 277 *Sigmaringen - Fridingen - Tuttlingen.* - L 197 von *Stetten am kalten Markt.*

Parken - Gr Gäste-P beim *Gasthaus Hammer* und beim *Gutshof Käppeler.* - Sonst P am *Donauufer* (Wandertafel).

● **Thiergarten** - *Kapelle St. Georg,* romanischen Ursprungs. Kleinste Basilika nördlich der Alpen. Schlüssel im *Gutshof Käppeler.*

● **Der Rundweg** - Vom *Gasthaus Hammer* über die Donau bzw.
vom *Gutshof Käppeler* bis vor die Brücke. Fußweg längs der
MA *Donau, [Rote Gabel]. Felsenhöhle ND,* Bahnübergang. Donau-
wehr mit herrlichem Felsturmpanorama. *Neumühle* 1717. Ger wei-
ter, li die steilen *Lenzenfelsen,* re die mächtigen *Schaufelsen,* über
MW **(!)** die später der Rückweg führt. Mit der *[Roten Raute]* re ab,
über *Donaubrücke,* Bahn und L 277 mit schönem Blick auf
Schloss Werenwag nach **Neidingen**. *Fallstr* ger, vor Hs. Nr. 21 re
aufw. Nach Ortsende prächtiger Ausblick. *Wbh* (re), beim Stein-
kreuz Linksbogen aufw, Rechtskehre, steinig hoch, ger zu einer
OM (Andreas-)Kreuzung. Hier ger **(!)** weiter aufw, *ohne Markierung*
(frühere Wegführung mit alten Zeichen). Am Trauf/Waldrand
MA Querweg re, *[HW 2/Schwäb. Alb-Südrand-Weg/Rotes Dreieck].* Das
[Rote Dreieck] erscheint etwas später. Abstecher re zum **AP Mühlefelsen** (751 m), herrlicher Blick ins *Donautal* mit *Hausen i. T.*, *Schloss Werenwag* und *Schaufelsen.* Kurz darauf Abzweig halbre **(!)** - nicht re (= *Traumfels*). Pfad, dann br Weg zur **Stettener Schutzhütte**. Nach 2 Min beginnt mit den **Schaufelsen** eine Perlenkette von Punkten mit unvorstellbaren, traumhaft schönen Ausblicken auf Wände, Türme und Tal. Die exponiertesten sind geländergesichert, sie liegen manchmal fast senkrecht über dem Fluss. Vorbei am Platz der *Ruine Schauenburg,* genannt 1270, zerstört 1430. Serpentinen li **(!)** abw, unten Pfad am Waldrand re, Weg queren, Pfad weiter, Wiesenrand, Rechtsbogen in den Wald. Linksbogen mit *Ww,* später Abzweig re aufw, am Abzweig *Neumühle* vorbei, li hinterm Felstrauf aufw. Gleich danach liegt re ein unmarkierter toller *AP*! **Ruine Falkenstein Obere Burg** 10. Jh., verfallen ab 16. Jh., 1975-90 beachtliche Reste gesichert. Wendeltreppe in die Burg. Gegenüber Weg abw, nach 6 Min Pfad **(!)** halbli, Waldaustritt. Br Grasweg zum Waldrand gegenüber. Re am Steinbruch vorbei zurück und zur stilvollen Einkehr in den gastronomischen Hochburgen *Hammer* oder *Käppeler.*

● **Gasthaus Hammer** - Ein Haus gepflegter Gastlichkeit.

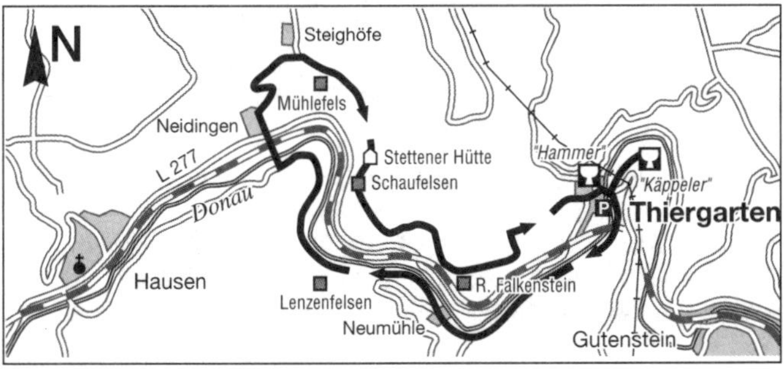

Großzügige Gästezimmer. Gasträume im Landhausstil. Gartenterrasse. Wohltuende Atmosphäre. Kreative, gehobene Küche. Saisonal angepasste Gerichte. Alle Produkte frisch vom Markt. Stimmiges Preis-Leistungsverhältnis. Mittl. und leicht gehobene Preise.– *ÖZ: 12-14, 17.30-21.30 Uhr. Ru = Di.*

● **Restaurant Gutshof Käppeler** - Traditionsreiches Haus mit gemütlichem Ambiente. Stilvoll-rustikale Gasträume. Kaminzimmer. Gartenterrasse. Ferienwohnung. Angenehme Atmosphäre. Die umpfangreiche Speisekarte der gelobten gutbürgerlichen Küche wird allen Wünschen gerecht. Untere bis mittl. Preise. - *Ru = Di.*

Thiergarten - Rundweg zum Rabenfelsen

Weg und Zeit - 10 km - 2 ¾ Stdn.
Charakteristik - Ein herrlicher Weg mit zwei sagenhaft schönen Aussichtspunkten: *Teufelsloch-* und *Rabenfelsen.*
Anfahrt - Abzweig von der L 197, ca. 300 m vor *Thiergarten.*
Parken - Gr Gäste-P vorm *Hotel-Restaurant-Café Berghaus.*

● **Der Rundweg** - Vom *„Berghaus"* zur *Donaubrücke.* Dahinter
MA Pfad (!) halbre aufw (!), *[Rote Gabel].* Oben Waldrand re, *Ww [Gutenstein].* Schöner Blick auf die prächtige Felskulisse des *Donautals* mit dem dominierenden *Rabenfelsen.* Abzweig halbli abw zu einem romantischen Wegabschnitt dicht am Fluss. Stufenpfad aufw, Querweg li. Beim *Schloss Gutenstein* 1730 (privat) re. **Gutenstein**, alemann. Siedlung, *„Adelsgrab"* um 700 mit reichen Beigaben. *Schlossweg, Bürgerhaus, Lindenstr* li, *Burgfelden-*
OM *str [OM]* re, *Hohenbergstr* li. Über Bahn, *Donau* und L 277, *[Rote*
MA *Gabel].* Beim *Kreuzfelsen* (li) re aufw zum **AP Teufelslochfelsen** (675 m) über dem markanten *Donau-S.* Unvergessliche Ausblicke! Weiter aufw, vor *Schutzhütte* li, *[Rotes Dreieck, Schwäb. Alb-Südrand-Weg/HW 2].* Br Querweg li, befest. Fahrweg re, vor Waldecke li, *Ww.* Br Weg abw, Pfad re abw, unten br Weg re, später Abzweig halbli. Aus einer Scharte felsiger Aufstieg zur Gratschneide. Jäher, unvergesslicher Tiefblick! Vorsicht, auch auf dem folgenden Hangpfad! Auf gut markiertem Weg zurück zur angenehmen Einkehr im

● **Gasthof Berghaus** - Ruhige Aussichtslage am Waldrand. Behagliche Komfortzimmer. Stilvoll-rustikale Gasträume. Überdachtes Panorama-Restaurant-Café. Gartenterrasse. Freundlicher Service. Wohltuende Atmosphäre. Der Gast genießt köstliche Spezialitäten der Saison und herzhaft Gutes aus der Region. Mittl. Preise. - *Ru = Mo.*

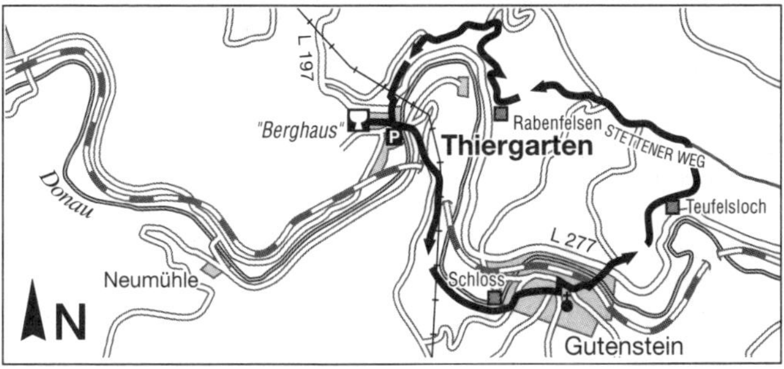

Sigmaringen - Sehenswertes - Wanderziele

Anfahrt - B 27 *Stuttgart - Tübingen - Hechingen* - B 32 über *Gammertingen.* - B 27 bzw. B 312 *Stuttgart - Reutlingen* - B 313 *Gammertingen* - B 32. - B 313 *Stockach - Meßkirch.* - B 311 *Tuttlingen - Meßkirch* - B 313. - B 32 *Wangen i. A. - Ravensburg - Saulgau. - Überlingen - Pfullendorf. - Bahnstation.*

● **Aus der Geschichte** - Besiedlung schon in der Jungsteinzeit. Ort eines röm. Kastells. Namensgeber war der *Alemanne Sigmar.* Anfang 11. Jh. Gründung einer *Burg* auf dem steilen Felsen oberhalb der *Donau.* 1077 erste urkundliche Erwähnung. Stadterhebung des Fleckens am Fuße der Burg um 1250. Danach mehrfach wechselnde Besitzer. 1535 an *Hohenzollern.* 1575 Gründung der Linie *Hohenzollern-Sigmaringen.* Nach 1945 zu *Württemberg.* Heute Sitz des Landkreises.

● **Schloss** *der Fürsten von Hohenzollern-Sigmaringen* - Von der roman. *Burg* des 11. Jh. sind noch einige Teile erhalten. Ab Ende 15. Jh. stufenweise Erweiterung zu einem repräsentativen *Schloss.* Nach Brand 1893 romantisierender Wiederaufbau der malerischen Anlage. Prachtvolle Innenausstattung. Das *Fürstlich-Hohenzollernsche Museum* birgt prähistor. und antike Geräte, eine der anspruchsvollsten *Waffensammlungen* der Welt, eine *Gemäldegalerie* mit bedeutenden Werken schwäbischer Meister u. v. a. m. (geschl. Dez. u. Jan.).

● **Weitere Sehnswürdigkeiten** - *Kath. Stadtpfarrkirche St. Johannes d. Ev.*, 1757–60, beachtliche Innenausstattung, u. a. Stuckmarmoraltäre von *J. M. Feichtmayr.* - *Kath. Josefskapelle* auf dem *Josefsberg*, erb. 1629, verändert 1660 u. 1739. - *Ehem. Franziskaner-Klosterkirche Hedingen*, 1680 erneuert, mit *Marienkapelle* 1715/1747. - *Marktplatz* mit *Hofapotheke* 1705.

● **Wanderziele** - *Nägelesfelsen - Altes Schloss - Hertenstein.* - *Bingen* im *Laucherttal.* - *Sigmaringendorf.* - *Ruine Gebrochen Gutenstein.* - *Unterschmeien* (S. 144). - *Oberschmeien* (S. 144). - Mehrtägige Wanderung zu beiden Seiten der *Donau* zwischen *Sigmaringen* und *Fridingen* (vergl. auch S. 134-142).

Oberschmeien - Schmeietal - Unterschmeien - AP Teufelsloch - Eulengrube - Schmeietal

Weg und Zeit - 12 km - 3 Stdn.

Charakteristik - Ein prächtiger Rundweg durch das überaus romantische *Schmeietal* zum herrlichen *AP Teufelslochfelsen* und auf stillen Waldwegen über die *Doline Eulengrube* zurück.

Anfahrt - K 8208 von *Sigmaringen* nach *Unter-* u. *Oberschmeien.* - Von der L 277 östl. von *Dietfurth* durchs *Schmeietal.* - Von der B 463 *Römerstraße* zur K 8208. - Von *Stetten a. k. M.*

Parken - Gäste-P beim *Gasthof Adler* in *Oberschmeien* und beim *Gasthaus-Pension zur Krone* in *Unterschmeien.* - Öffentl. P.

● **Unter- und Oberschmeien** - Zwei schön gelegene, beschauliche Orte ohne Hektik und Verkehrslärm im idyllischen Tal der *Schmeie.* Beide dominiert von einer stattlichen *Kirche.*

● **Gasthof Adler** - Ruhige, zentrale Lage. Liebevoll renovierte Gästezimmer mit Du/WC. Gemütliche Gasträume mit Kachelofen. Im Sommer Gartenwirtschaft in Hof und Scheune. Ideenreiche Küche mit regionalen und saisonalen Spezialitäten. Grillgerichte, Wild, Truthahn, veget. Speisen u.v.a. Große Fischkarte. Herzhafte Vesper. Günstige Wochenendpauschalen. Mittl. Preise. - *Ru = Mo u. Di.*

MA ● **Der Rundweg** - Vom *„Adler“* mit *[Roter Gabel] Schmeientalstr*
westl., Bahnunterführung, *Schmeiebrücke*, Gabel li, *Wendenbühl*
MW aufw, *[Rote Raute].* Gr Gabel li, schöner Hangweg. Beibehalten!
Bogen aufw, Wald, oben Gabel halbli und sofort Abzweig li.
Hauptweg **(!)** abw, unten Grasweg **(!)** re. Bogen hoch über den
Bahntunnel. Prächtige Bach-, Fels-, Wald- u. Wiesenlandschaft.
Querweg scharf **(!)** li abw und oberhalb der *Schmeie* weiter.
Herrlich! Nach Wegbogen Pfad **(!)** halbli **(!)**, Holzsteg über die
Schmeie, Wiese, vorm Bahndamm re. Sehr romantisch! Bahn-
unterführung, Waldrand, Felsen, Felsenpforte, **Unterschmeien**.
MW Wander-P, re über die *Schmeiebrücke, [Rote Gabel].* Nun neh-
men die Wanderer vom *Gasthof Z3ur Krone* den Weg auf.

● **Gasthof-Pension Zur Krone** - Ruhige Lage. Gästehaus. Alle Zimmer mit Du/WC. Stilvoll-schwäbische Gasträume. Angenehme schwäbische Gastlichkeit. Gutbürgerliche Küche mit überwiegend regionalem Charakter. Maultaschen, Kraut- u. Käsespätzle, Kutteln, aber auch Steaks, Wild, Lamm, Tafelspitz, Forellen, Vegetarisches. Gr. Vesperkarte. Untere bis mittl. Preise. - *Ru = Di.*

● **Der Weiterweg** - Ortsauswärts, Bahnbrücke, Fahrstr aufw,
nach Rechtsbogen befest. Weg li ab. Vor Rechtsbogen Pfad **(!)**
halbli, Senke, aufw, befest. Weg li. Nach 100 m re, *Ww [Teufels-*
MW *lochfelsen].* Waldeintritt, aufw, oben halbre, *[Rotes Dreieck/HW*
MW *2]*, zur *Schutzhütte.* Ger abw, *[Rote Gabel]*, zum **AP Teufelsloch-**
felsen (675 m) mit grandiosem Ausblick auf Donauschlinge,

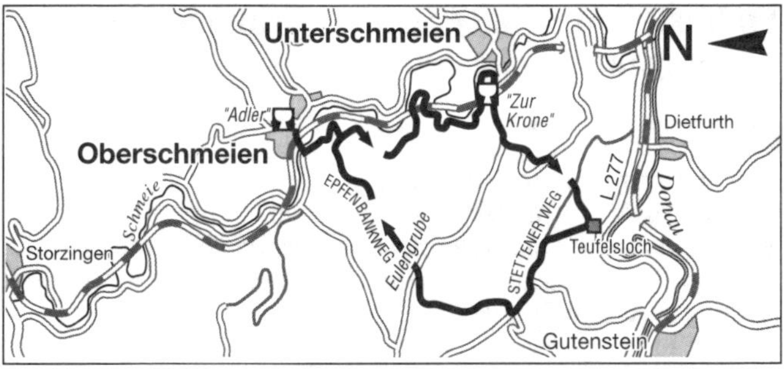

Gutenstein, Dietfurth u. *Vilsingen.* Zurück, vor der *Hütte* li, *[Rotes* MW
Dreieck], ger zu Querweg/*Stettener Weg.* Li ab, br befest. Fahrweg re zur Waldecke. Wo das *[Rote Dreieck]* li abgeht, unmarkierter br Weg re über Wiese zum Wald. Linksbogen. Am Waldrand entlang bis Wiesenende. Waldeintritt. An Tafel *[VI Gutenstein, Abt. 1, Kohltal]* li vorbei, nach 50 m Gabel, Grasweg halbre, leicht abw, später Rechtsbogen zu br Weg. Auf ihm, vorbei an der **Eulengrube** (Doline/Erdfall), zur Fahrstr. Diese schräg re queren, Linksbogen zum *Epfenbankweg.* Ihm konsequent folgen. Er führt schließlich in stattlicher Breite abw zum *Rote-Raute-Weg.* Hier li zum *„Adler“,* re (wie oben) zur *„Krone“.*

Frohnstetten - Kaiseringen - Schmeietal - Storzingen - Frohnstetten

Weg und Zeit - 14 km - 3 ¾ Stdn.

Charakteristik - Sehr abwechslungsreicher Rundweg. Mit weiter Sicht geht es über die *Albhochfläche* abw ins idyllische *Schmeietal.* Von der ländlichen Gemeinde *Storzingen* führt ein leichter Anstieg zurück auf die Höhe.

Anfahrt - *B 463 Albstadt - Sigmaringen.* In *Winteringen* Ri *Stetten am kalten Markt.*

Parken - In *Frohnstetten* beim *Hotel-Gasthof Rössle.*

● **Der Rundweg** - In *Frohnstetten* (erstmals erwähnt 842, sehenswert die *Kirche* von 1617) neben dem *„Rössle" Rössleweg,*
MA *Hohenzollernstr* re. Nächste Querstr *(Amerikastr)* mit *[Gelber Gabel]* li aus dem Ort hinaus. Ca. 200 m nach Ortsende Feldweg re, *Ww [Straßberg, Ehestetter Hof].* Nach 15 Min Querstr re, nach 200 m wieder li. Nach 10 Min Einmündung in asphaltierte Fahr-
OM str. Jetzt *unmarkiert, Ww [Kaiseringen],* re abw zum idyllisch gelegenen kl Ort **Kaiseringen**. Unten bei der Kirche *Frohnstetter Str* re. *Bühlweite* li, unter der Bahn hindurch, und re aus dem Ort hinaus. Bei Mehrfachgabel vor der Kläranlage scharf li am Waldrand aufw. Nach 200 m in Linkskurve rechtwinklig re auf
MA Wiesenweg aufw. Oben br Querweg mit *[Gelbem Dreieck]* re (Markierung am Strommast). Durch Wald leicht abw ins **Schmeietal**. Nach ca. 30 Min re abw (Schranke, Wandertafel). Vorbei an der idyllisch gelegenen *Frohnstetter Hütte* mit Grillstelle. Jetzt li und in weitem Bogen am Waldrand entlang. Nach 15 Min mit der Markierung li abw, kurz danach re auf schmalem Pfad bis zur Eisenbahnlinie. An der Bahn entlang durch einen besonders schönen Abschnitt des *Schmeietalweges.* Nach 30 Min Querweg re, *Schmeie* überqueren, unter der Bahnlinie und der Fahrstr hindurch nach **Storzingen**. In der Ortsmitte bei Ampel
MW re. An Gabel nach der *Schmeiebrücke* mit *[Gelber Gabel] Höhen-*

weg li, *Ww [Sportplatz].* An der nächsten Gabel entweder mit *[Gelber Gabel]* ger steil aufw oder *ohne Markierung Schmeckenbergstr* re stetig aufw. Nach den Sportplätzen gemeinsam mit *[Gelber Gabel]* über Bergflanke, vorbei an den *Frohnstetter* Sportplätzen und auf Fahrstr zurück nach *Frohnstetten.* Über *Sigmaringer Str* re zurück zum

● **Hotel-Gasthof Rössle** - Direkt am Dorfweiher liegt dieses gepflegte Haus. Schöne, komfortable Gästezimmer und Ferienwohnungen mit zeitgemäßer Ausstattung. Gemütliche Gasträume mit Restaurant, Bauernstube und Saal. Sehr gute schwäbische Küche mit Spätzle und Maultaschen. Köstlich zubereitete Wild-, Fisch- und klassische Gerichte, herzhafte Vesper. Untere bis mittlere Preise.

Inneringen - Veringenstadt - Hermentingen-Hettingen - Inneringen

Weg und Zeit - 16 km - 4 Stdn.

Charakteristik - Der abwechslungsreiche Rundweg verbindet die weite, rauhe *Albhochfläche* mit dem idyllischen *Laucherttal.* In *Veringenstadt,* das mit seinem altertümlichen Ortsbild malerisch in die felsenreiche Landschaft eingebettet ist, lohnt sich ein Abstecher zur romanischen *Burgkapelle St. Peter.*

Anfahrt - *B 32 Gammertingen - Veringenstadt.* In *Hettingen* Abzweigung nach *Inneringen.*

Parken - Beim *Gasthof Adler* in *Inneringen* bzw. öffentlche P in der Ortsmitte.

● **Der Rundweg** - Vom *„Adler"* auf *Sigmaringer Str* zur *Sonnen-Brauerei.* Hier mit *[Roter Gabel], Ww [Wanderweg Veringenstadt]* MA
Kretzeweg re aus dem Ort hinaus. Ca. 30 Min immer ger über weite Felder. Danach ein Stück am Waldrand entlang und nach 5 Min re in den Wald hinein. Gut ausgeschildert mit *Ww [Veringenstadt]* durch ein kl Waldstück. Bei Feldkreuz auf freiem Feld Abzweigung re, wieder in den Wald hinein. Im Wald

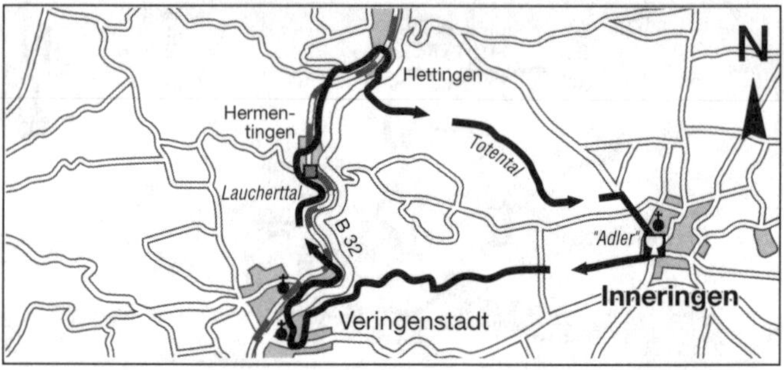

Abzweigung li und in mehreren Kurven der Markierung folgend abw nach **Veringenstadt**. Auf der *Außerstadtstr* in den Ort hinein. Querstr re und über die *Lauchertbrücke.* Nach der
MA Brücke mit *[Gelbem Dreieck], Ww [Wanderweg Gammertingen]* re. Nach 5 Min *Deutstetter Str* re. Unter der Autobrücke hindurch, *Forellenweg* re, *Ww [Hermentingen].* Jetzt immer an der *Lauchert* entlang, vorbei an gr Steinbruch. In **Hermentingen** kurz re, Bahnlinie überqueren und vor der *Lauchertbrücke* wieder li in das romantische *Laucherttal.* Ca. 1 km vor *Hettingen* Quersträßchen re. Über die Bahngleise in den Ort hinein. Nach der
MW Brücke mit *[Gelber Gabel]* Wiesental scharf re. Achtung: Nach Haus Nr. 19 li abw und auf geschottertem Weg ein Stück parallel zur B 32. Nach 200 m mit *Ww [Totental, Inneringen]* li über Stufen B 32 überqueren. Im Wald re bis zu br Quersträßchen. Jetzt li und gut ausgeschildert durch das Totental immer leicht aufw. Oben aus dem Wald heraus, ein kurzes Stück ger über Felder. An der Fahrstr re nach *Inneringen* hinein und über die *Römerstr* zurück zum

● **Gasthof Adler** – Ein sympathisches Landgasthaus mit rustikal eingerichteten Gasträumen. Sehr schöne Komfortzimmer. Terrasse. Die Küche ist für ihre Qualität weithin bekannt. Feine schwäbische Spezialitäten, kreative Lamm-, Wild- und Fischgerichte, leichte vegetarische Kost. Die hausgemachten Maultaschen sind ein Genuss. Vesper. Untere bis mittl. Preise. – *Ru = Mo.*

Gammertingen - Rundweg Lauchert- u. Fehlatal

Weg und Zeit - 14 km - 3 ½ Stdn.
Charakteristik - Zauberhafter Weg durch das anmutige *Laucherttal* und das paradiesisch-romantische *Fehlatal.*
Anfahrt - B 32 von *Hechingen* bzw. von *Sigmaringen.* - B 313 von *Reutlingen.* - Von *Albstadt.* - Von *Riedlingen.*
Parken - Gäste-P beim *Hotel Kreuz.*

● **Gammertingen** (667 m) - Schön gelegene Stadt im *Laucherttal.* Alemann. Siedlung. Stadtgründung 13. Jh. durch die *Grafen v. Veringen.* Marktrecht 1418. - *Kath. Pfarrkirche St. Leodegar* 1803/04, Turm 16. Jh. *Michaelskapelle* 1595/98. *Ehem. Schloß* 1776/80, heute *Rathaus. Ehem. Amtshaus* 18. Jh. *Museumsbahn.*

● **Hotel und Gästehaus Kreuz** - Gastliches Haus in ruhiger Lage, direkt an der *Lauchert.* Seit 150 Jahren in Familienbesitz. Behagliche Komfortzimmer. Stilvolle Gasträume. Wintergartenrestaurant. Schöne Lauchert-Terrasse. Gemütliche Atmosphäre. Exzellente schwäbische Küche mit modernen Akzenten. Großes Angebot an köstlichen Gerichten. Mittl. Preise. - *Kein Ru.*

● **Der Rundweg** - Vom *„Kreuz" Marktstr, Lauchertbrücke* re, dahinter li. Entlang der *Lauchert,* befest. Weg, *Breite Str* li, Brücke li. Dahinter befest. Weg re, längs der *Lauchert. Ww [Geh- u. Radweg].* Parallel zur B 32 zum P *Vohlstein.* Re über die Brücke, dahinter befest. Weg li durchs schöne Tal. Li drüben die *Teufelstorfelsen.* Bogen um kl Teich, Bahnübergang, dahinter zwischen Bahn und Flüsschen. Re der Bahntunnel. - **Hettingen** mit *Schloss* 1720, *Martinskirche* 15. Jh., *Marienkapelle* 1582/83, *Sebastianskapelle* 1612. - *Tunnelhalde* li, *Ziegelacker* ger, *Breite* *MA*
Str re, *Sägestr* halbre, *[Gelbes Dreieck],* Fußweg neben der *Lauchert.* Kl Str re, *Ww [Veringenstadt],* Bahnübergang. Um den *Bruckberg* herum ins *Fehlatal.* Im (!) Linksbogen Abzweig halbre, *Ww.* Etwas aufw, Waldeintritt, hoch überm Tal dahin, unten das hübsche Mäandermuster der *Fehla.* Abzweig (!) halbli (!),

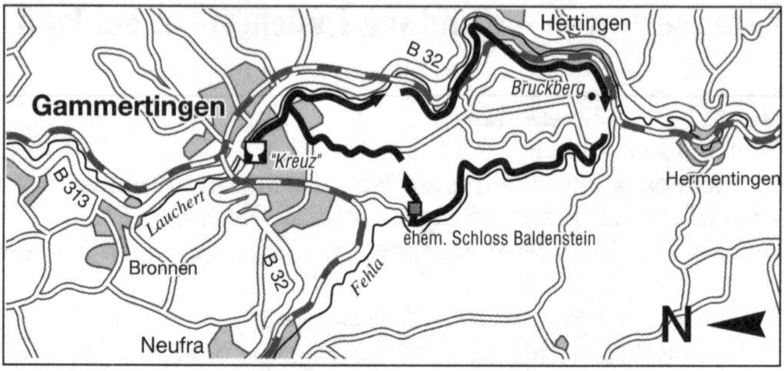

abw ins malerische Wiesental, dessen Stille den Wanderer etwa 1 Std wohltuend begleitet. Vor einem Felsklotz Pfad **(!)** scharf re
MW aufw, *[Gelbe Gabel].* Mit *Ww* zum *Alten Schloss Baldenstein* (712 m), Burggründung um 1138, Restmauern, 1963-65 von der *Bundeswehr* wieder aufgeb. Aussicht ins *Fehlatal.* Weiter mit *[Gelber Gabel]*, auch *LM [2].* S-Bogen, leicht aufw, Kreuzung ger **(!)**, *Ww [Gammertingen* – P). Waldaustritt, ger über die freie Hochfläche zu befest. Querweg. Li ab, *Ww*, ger, Wald, abw, Rechtsbogen am Waldrand. – (Re zum P *Vohlstein.*) – Befest. Weg *ohne Markierung* weiter ger **(!)**, Feldkreuz, *Gammertingen.* Sofort **(!)** *Eschenweg* re, *Bergstr* ger, im Bogen abw Ri Brücke. Vorher *Breite Str* und zurück wie Herweg.

Hausen a. d. L. – Laucherttal – Mariaberg – vor Bronnen – Hausen

Weg und Zeit – 11 km – knapp 3 Stdn.
Charakteristik – Die Wanderung durch das malerische *Laucherttal* und über die angrenzenden Höhen zählt mit zum schönsten, was diese Region zu bieten hat. Unterwegs Rastmöglichkeit am vielbesuchten *Lauchertsee.*
Anfahrt – Von *Mägerkingen* 3 km (siehe Wanderung S. 154)
Parken – Vor dem Gasthof Hirsch in Hausen.
● **Der Rundweg** – In *Hausen* (703 m) ist die malerisch gelegene *Kirche* wegen ihrer frühgotischen Malereien sehenswert. Vom
MA *„Hirsch" Hauptstr* Ri *Hörschwag. Bachstr* halbre. Mit *[Gelbem Dreieck] Eichhaldeweg, Ww [Mariaberg],* re aus dem Ort hinaus. Nach 5 Min halbli auf schmalem Hangweg durch das *Lauchert-*
MW *tal.* Fahrstr kurz re, dann mit *[Gelber Raute]* scharf li weiter im Tal bleiben. Vor dem *Freizeitgelände Lauchertsee* (lohnender
MW Abstecher) mit *[Gelbem Dreieck] re aufw, Ww [Mariaberg].* Mit der Markierung durch das ehemalige **Benedikinerinnen-Kloster Mariaberg**, 1265. Kirche, 1684-86 neu errichtet, sehenswerte barocke Ausstattung. Die Klostergebäude beherbergen heute

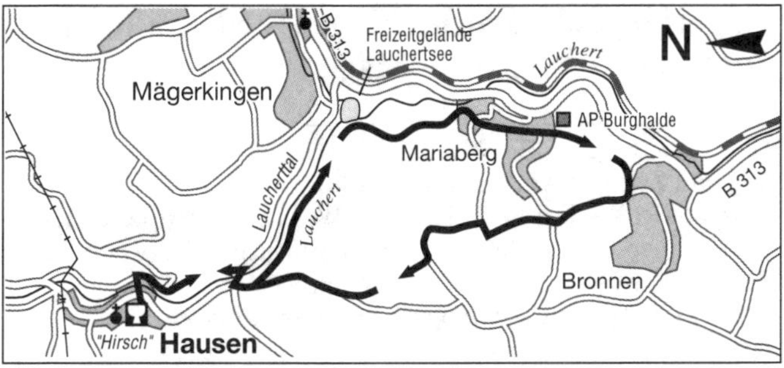

die *Mariaberger Heime* und *Behinderten-Werkstätten.* Nach Torbogen vor *Kirche* re aufw, Str überqueren und auf Fahrstr ger aufw aus der Einrichtung hinaus. Spitze Gabel nach 200 m halbre. Oben an den Kugel-Laternen entlang, vorbei an Neubauten. Am Ende der Einrichtung mit *[Gelber Pfeilspitze]* Abstecher li *MW* zum *AP Burghalde* mit herrlicher Aussicht in das *Laucherttal* möglich. Weiter mit *[Gelbem Dreieck]* ger in den Wald. Im Wald *MW* halbre aufw, nach 50 m Querweg li. Auf schönem Panoramaweg bis vor die Ortschaft *Bronnen.* Querstr re, nächste Querstr wieder re, *Ww [Hausen].* Auf wenig befahrener Str mit Gehweg aufw. Bei Gabel halbli, nach 30 m erneute Gabel halbre. Querweg auf der Hochfläche re, nach 150 m vor Bauernhof li. Achtung: nach ca. 10 Min Abzweigung li vorbei am Strommast. Gabel am Waldrand re. Jetzt gut ausgeschildert durch ein Waldstück leicht abw. Im Tal Fahrstr halbre und mit herrlicher Aussicht abw ins *Laucherttal.* An der Autostr kurz re, nach der Brücke wieder scharf li und wie auf dem Hinweg zurück zum Ausgangspunkt nach *Hausen.*

● **Landgasthof Hirsch** – Angenehmes, gepflegtes Landgasthaus. Familiäre Atmosphäre. Kleine, aber feine Auswahl von gutbürgerlichen Speisen. Leckere Braten, Rostbraten, deftige Vesper. Schmackhafte Vollwertkost. Feine vegetarische Gerichte mit Gemüse aus eigenem Anbau. Hausgemachte Kuchen, selbstgebackenes Bauernbrot. Untere Preise. – *Kein Ru.*

Mägerkingen - Trochtelfingen - Steinhilben - Augstberg - Neuban - Mägerkingen

Weg und Zeit - 15 km - knapp 4 Stdn.
Charakteristik - Ein faszinierender Weg mit vielen landschaftlichen Höhepunkten. Prächtige Rundumsicht vom *AT* auf dem *Augstberg* und vom herrlich gelegenen *AP Neuban.*
Anfahrt - B 313 von *Reutlingen* bzw. *Gammertingen.*
Parken - Vor dem *Gasthof zum „Hirsch"* in *Mägerkingen.*

● **Mägerkingen - Trochtelfingen - Steinhilben** - 1 ½ Stdn - Von der Kirche mit *[Gelbem Dreieck] Linkstr* re, *Ww [Trochtelfingen].* Vor der Bahnunterführung *Leiselberg* halbli aufw. Oben spitze Gabel halbre aus dem Ort hinaus. Auf Talweg durch das *[Seckachtal].* Nach 10 Min li in steilen Serpentinen aufw zur *Hennensteinkapelle* (siehe S. 154). Quer über die Wiese zum Waldrand. Über Panoramaweg nach *Trochtelfingen* (siehe Wanderung S. 154). Am *Degelberg* gegenüber Fabrik re aufw. Linkskurve. Vorbei am *Hohen Turm,* nach dem Schloss *Marktstr* abw. Nach dem *Rössle* (S. 154) ger Ri *Steinhilben.* Ca. 200 m nach dem Ortsschild Abzweigung li, *Ww [Steinhilben].* Zunächst am Waldrand entlang, später über freies Feld. Fahrstr kurz re, am Waldrand li bis nach *Steinhilben. Gammertinger Str* li in den Ort hinein, *Wilsinger Str* re zum

● **Gasthof Krone** - Ein sympathischer ländlicher Gasthof mit behaglichen, preiswerten Gästezimmern (Du/WC) und rustikalen Gasträumen. Bodenständige Küche. Die Wirtin selbst bereitet den Gästen sehr leckere schwäbische Gerichte zu. Braten, Rostbraten, versch. Schnitzel und eine große Auswahl an deftigen Vespern. Untere Preise. - *Ru = Mo.* - P .

● **Steinhilben - Augstberg - Neuban - Mägerkingen** - knapp 2 ½ Stdn - Von der *Krone Wilsinger Str* Ri *Wilsingen. Augstberg-*
MA *str* re, *[Gelbes Dreieck].* Nächste Abzweigung beim *Ww [Augstbergturm]* li aus dem Ort hinaus. Auf freiem Feld nach 5 Min li zum Wander-P am Waldrand. Re durch Schranke in den Wald. Nach der Schranke Gabel halbre an Hütte vorbei. Jetzt immer ger bis zum *AT* auf dem *Augstberg* (878 m). Der heutige Turm wurde 1962/63 errichtet. Herrliche Rundumsicht über die weite Albhochfläche. Mit *[Gelbem Dreieck]* abw, *Ww [AP Neuban].* Im Wald Abzweigung li. Nach Waldende li am Waldrand entlang durch Waldschneise. Am Talende ger in den Wald hinein. Nach 200 m re, br Forstweg ger überqueren und aufw in den Wald. Querweg li und in langem Rechtsbogen durch den Wald. Bei Waldende Querweg li, wieder in den Wald
MA hinein. Aus dem Wald heraus und li am Waldrand entlang zur Fahrstr. Ein kurzes Stück an der Str li, dann auf br Weg re. Nach ca. 30 Min Querstr li Ri *Feldhausen.* Bei Kreuzung nach 500 m

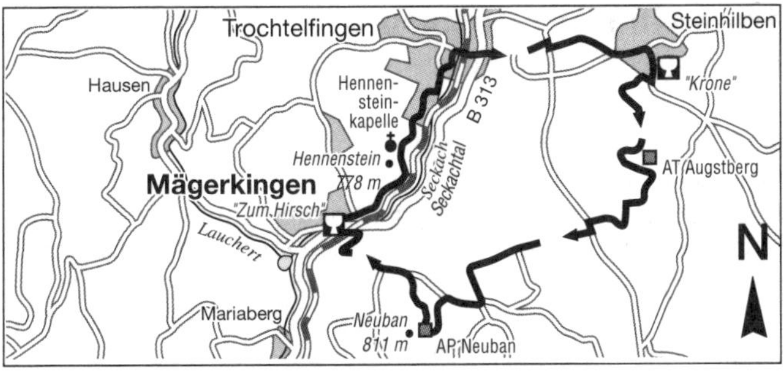

Fahrstr re. Nach weiteren 400 m li aufw zum *Waldspielplatz Neuban* (811 m), der inmitten einer herrlichen Wacholderheide angelegt wurde. Prächtige Aussicht. Wieder abw mit *[Gelbem Dreieck],* Querweg kurz li und wieder re zur Fahrstr. Auf dieser Str li abw zurück nach *Mägerkingen.*

● **Gasthof-Restaurant zum „Hirsch"** - Ein typisch schwäbischer Landgasthof mit behaglichen Gästezimern (Du/WC), rustikalen Gasträumen und Gartenwirtschaft. Bekannt gute Küche mit original schwäbischen Spezialitäten. Sehr leckere selbstgemachte Maultaschen, schmackhafte Lamm- und Wildgerichte. Feine vegetarische Küche. Mittlere Preise. - *Ru = Mi.*

Trochtelfingen - Hennenstein - Mägerkingen - Laucherttal - Hausen - Trochtelfingen

Weg und Zeit - 13 km - 3 ½ Stdn.

Charakteristik - Ein großartiger Rundweg durch die phantastische Wanderregion des *Seckach- und Laucherttals.* Heide, Felsen, bewaldete Kuppen, Schafweiden und immer wieder herrliche Aussichten prägen den unvergesslichen Gesamteindruck dieser Wanderung. Nur leichte Anstiege.

Anfahrt - B 313 von *Reutlingen* bzw. von *Gammertingen.*

Parken - Vor dem *Gasthof Rössle* und dem *Albquell Bräuhaus.*

● **Trochtelfingen** (700 m) - Eine der ältesten alemannischen Siedlungen. Erstmals erwähnt 1161. Der Stadtkern der einst mit 3 Mauerringen und 4 Türmen befestigten Stadt steht heute unter Denkmalschutz. Reste der mittelalterlichen Wehranlagen lassen auf die ehemals große Bedeutung der Stadt schließen. Sehenswert u. a. der *Hohe Turm*, viele schöne Fachwerkhäuser, das spätgotische Schloss (Ende des 15. Jh.), die *Martinskirche* mit dem Turm aus dem 13. Jh., die *Erhardkapelle* von 1369.

● **Hotel-Gasthof Rössle** - Ein familiär geführtes Haus mit großzügigen Komfortzimmern, Hallenbad, Sauna und Solarium. In den gemütlichen Gaststuben werden den Gästen schmackhafte und kreativ zubereitete schwäbische Gerichte serviert. Der Chef kocht für seine Gäste selbst und achtet dabei auf ein anspruchsvolles Niveau. Mittlere Preise. - *Ru = Mo.*

MA ● **Der Rundweg** - Über die *Marktstr* mit *[Gelbem Dreieck]* aufw zum *Hohen Turm.* Am *Degelberg* halbre. Vor den letzten Häusern re abw. Unten vor Fabrik li aufw und auf Panoramaweg aus dem Ort hinaus. Bei Wegekreuz nach Waldende li über die Wiese zur gegenüberliegenden *Hünenstein-* o. *Hennensteinkapelle* (erwähnt 1322, mit hervorragendem Wandmalereizyklus, um 1320). In Serpentinen abw ins *Seckachtal.* Unten auf dem Talweg bis nach *Mägerkingen.* Im Ort abw Ri Ortsmitte. Unten vor Autowerkstatt halbre. Linkstr ger, *Ww [Mariaberg]. Brunnenstr* ger, spitze Gabel vor Ortsende halbli, im Tal bleiben, aus dem Ort hinaus und zum Freizeitgelände *Lauchertsee* mit herrlichen Rastmöglichkeiten. Re am See entlang, nach Brücke halbre
MW aufw. Nach 100 m Gabel ger mit *[Gelber Raute]*, *Ww [Hausen].* Durch das schöne Laucherttal bis zur Fahrstr. Hier kurz re und nach der Brücke scharf li. Nach den beiden Holzhütten halbre,
OM schmaler Hangweg. Kurz vor *Hausen* Querstr *ohne Markierung* scharf re aufw. Scharfe Linkskehre. Am Waldrand aufw. Oben kurz vor der Anhöhe bei Strommast scharf re unter der Stromleitung hindurch. Nach Waldende langer Linksbogen und weiter am Waldrand entlang. Abw in ein weites Tal. Rechtwinklig re bis zum gegenüberliegenden Waldrand. Fahrstr li. Bei Kreu-

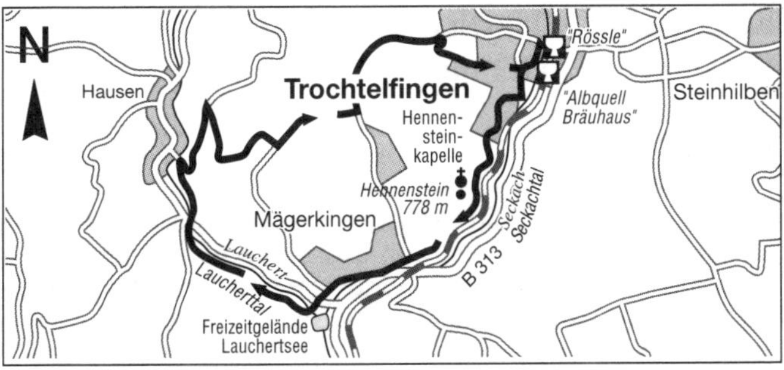

zung vor Schild *[Sackgasse]* vor Waldrand auf br Fahrst li vorbei an 2 Holzhütten. Langer Rechtsbogen, bei Kruzifix halbre weiter am Waldrand entlang. Bei Kreuzung mit Schild *[Schützenhaus]* re und in langem Linksbogen (Aussicht!) zurück nach *Trochtelfingen.*

● **Albquell Bräuhaus** - Traditionsreicher Brauereigasthof mit behaglichen Komfortzimmern und rustikalen Gasträumen. Herrlich frisches Bier aus bestem Quell-Brauwasser. Gutbürgerliche Küche mit Schwerpunkt auf bodenständiger schwäbischer Kost. Alle Gerichte sind sehr schmackhaft zubereitet. Untere bis mittlere Preise. - *Ru = So u. Do ab 15 Uhr.*

Kettenacker - Harthausen - Löffeltal - Wilsingen - Kettenacker

Weg und Zeit - 15 km - 3 ¾ Stdn.
Charakteristik - Ein charakteristischer Rundweg durch die herbschöne Landschaft der *Albhochfläche.* Weite Wiesen und Felder wechseln sich ab mit Wald- und Heidestücken. Nur leichte Anstiege. Ein Weg, um Ruhe und Besinnung zu finden.
Anfahrt - B 313 bis *Trochtelfingen.* Über *Steinhilben* nach *Kettenacker* bzw. *Wilsingen.*
Parken - Beim *Brauereigasthof "Zum Löwen".*

● **Kettenacker - Harthausen - Wilsingen** - 2 ½ Stdn - Vom *„Löwen" Hauptstr* Ri *Feldhausen.* Bei *Feldkreuz* am Ortsende mit
MA *[Gelber Gabel, Gelber Raute], Ww [Harthausen],* auf Teerstr halbre. Zunächst immer auf diesem Teerweg bleiben. Später auf Forstweg durch Wald. Waldende bei Kreuzung li. Bei Kreuzung am Waldeck nur noch *[Gelbe Gabel], Ww [Harthausen],* ger. Nächste Kreuzung auf freiem Feld bei Birkengruppe li. Vorbei an altem Bildstock. Vor *Harthausen* durch Straßenunterführung,
OM danach 1. Str re in ein Neubaugebiet. Querstr *ohne Markierung* li, *Hauptstr* re. Kreuzung *Trochtelfinger Str* ger, jetzt wieder mit
MA *[Gelber Gabel].* Aus dem Ort hinaus. Nach ca. 300 m *ohne Mar-*
OM *kierung* Gabel vor den beiden Holzschuppen ger, *Ww [Steinhilben, Wander-P].* Nach der Brücke mit *[Gelber Pfeilspitze]* Ri Wander-P re und nach 50 m gleich wieder li. Nach 200 m nicht
OM re zum Wander-P , sondern *ohne Markierung* ger auf Teerweg. Mehrfachgabel nach 5 Min mit *[2]* halbli und gleich wieder halbre, weiter auf Teerweg. Nach kl Schutzhütte mit Feuerstelle Gabel halbre. Nach 100 m Gabel *ohne Markierung* ger am Zaun entlang. In Linksbogen abw ins malerische *Löffeltal.* Nach dem Linksbogen Gabel halbre aus dem Wald heraus und am Waldrand entlang auf Wiesenweg das Tal durchqueren. Auf gegenüberliegendem Forstweg li. Nach 5 Min vor kl Seitental Abzweigung re. Nach 100 m Abzweigung scharf re und in Linksbogen aufw. Es folgt ein Anstieg von ca. 10 Min. Oben Gabel bei Hochsitz li. Nach 5 Min asphaltierter Querweg re und mit schöner Aussicht bis nach *Wilsingen.* Im Ort *Lindenstr* li, *Steinhilber Str* ger. Vorbei an der sehenswerten *Barockkirche* mit schönem Deckengemälde *(Georgslegende),* 1754 von *J.S. Wegscheider*, zur Einkehr im

● **Gasthaus Kreuz - Zum singenden Wirt** - Ein aus Rundfunk und Fernsehen bekannter Treffpunkt für Freunde volkstümlicher Musik. Gasträume in ländlichem Stil. Familiäre Atmosphäre. Gute, bodenständige Küche. Leckere Braten, saftige Schnitzel, herzhafte Vesperspezialitäten aus der eigenen Hausmetzgerei. Untere bis mittlere Preise. - ÖZ unter 07388/265.

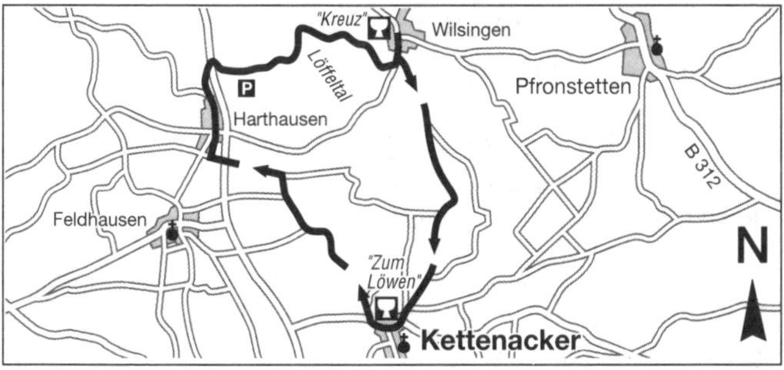

● **Wilsingen - Kettenacker -** 1 ¼ Std - Auf gleichem Weg im Ort wieder zurück. Kurz vor Ortsende Abzweigung li Ri *Kettenacker.* Auf wenig befahrener Fahrstr geht es jetzt in einer guten Stunde über die *Albhochfläche* zurück nach *Kettenacker.*

● **Gasthof „Zum Löwen"** - Ehemaliger Brauereigasthof mit stilvollen Gasträumen und angenehm gepflegter Atmosphäre. Bekannt gute Küche mit überwiegend schwäbischen Akzenten. Zarte Braten und Rostbraten, fein abgeschmeckte Wildgerichte, kreativ zubereitete Fischspezialitäten. Leckere vegetarische Gerichte, deftige Vesper. Untere bis mittlere Preise. - *Ru = Mo.*

Zwiefalten – Gauingen – Wimsener Höhle – Achtal – Zwiefalten

Weg und Zeit – 9 ½ km – 2 ½ Stdn.

Charakteristik – Der phantastische Rundweg verbindet zwei Hauptsehenswürdigkeiten der *Schwäbischen Alb* – das *Zwiefalter Münster* und die *Wimsener Friedrichshöhle.* Weite Sicht auf dem Hinweg über die Hochfläche bei *Gauingen,* Beschaulichkeit auf dem Rückweg durch das *Achtal.*

Anfahrt – Wie S. 160.

Parken – Beim *Gasthof Zur Post* in *Zwiefalten.*

● **Münster Zwiefalten** – Kirche der ehem. *Benediktiner-Reichsabtei.* 1089 Klostergründung. 1668/88 Neubau der Klosteranlage (Frühbarock). 1739-65 Neubau der spätbarocken Kirche, ab 1741 unter *J. M. Fischer.* Sie ist eines der Hauptwerke der spätbarocken Baukunst, überwältigend in Architektur, Ausstattung und Monumentalität. Bereits die Westfassade ist eine Meisterleistung ersten Ranges. Das Innere, eine herrliche, strahlende Symphonie mit absoluten Höhepunkten der barocken Deckenmalerei. Die Stuckdekoration von *J. M. Feichtmayr* verkörpert reifstes Rokoko. Noch verstärkt durch die Renovierung 1975-84 empfängt den ergriffenen Betrachter eine vollendete Harmonie von Raum, Form und Farbe.

● **Zwiefalten – Gauingen – Wimsen** – 1 ¾ Stdn – Von der *„Post"* Ri Ortsmitte, vorbei am *Münster.* Beim *Gasthaus Hirsch* nicht li
MA Ri *Reutlingen,* sondern mit *[Roter Gabel], Ww [Gauingen],* neben der Kreuzigungsgruppe steile Treppe ger aufw. Auf Wiesenweg aus dem Ort hinaus. Nach kurzer Zeit Fahrstr re und immer leicht aufw in die kl Ortschaft *Gauingen.* Durchgangsstr halbre, *Ww [Geisingen, Kohltal].* Abw durch den Unterort, vor-
OM bei an der Kirche. 100 m nach dem Rathaus *ohne Markierung* auf Fahrstr [6 To] ger vorbei an Brunnen Ri *Hayingen.* Auf diesem Sträßchen bleiben. Gabel vor Eisenkreuz am Waldende ger. Kreuzung bei 3 Holzkreuzen halbre Ri *Wimsen.* Jetzt abw ins *Lautertal* zur *Friedrichshöhle* (siehe Wanderung S. 162), und zur *Wimsener Mühle* mit der

● **Gaststätte Friedrichshöhle** – Ein idyllisch gelegenes Gasthaus in ländlichem Stil mit wunderschöner Terrasse. Ungezwungene, familiäre Atmosphäre. Gutbürgerliche Küche mit wohlschmeckenden klassischen Gerichten. Spezialität des Hauses sind köstliche, fangfrische Forellen aus eigenem Fischwasser. Untere bis mittl. Preise. – *Im Sommer kein Ru, im Winter Ru = Mo.* - P.

● **Wimsen – Achtal – Gossenzugen – Zwiefalten** - ¾ Std – Der bequeme und landschaftlich schöne Rückweg beginnt mit
MA *[Rotem Dreieck], Ww Zwiefalten,* gegenüber dem *Gasthaus Friedrichshöhle.* Jetzt immer an der *Ach* entlang, zunächst auf

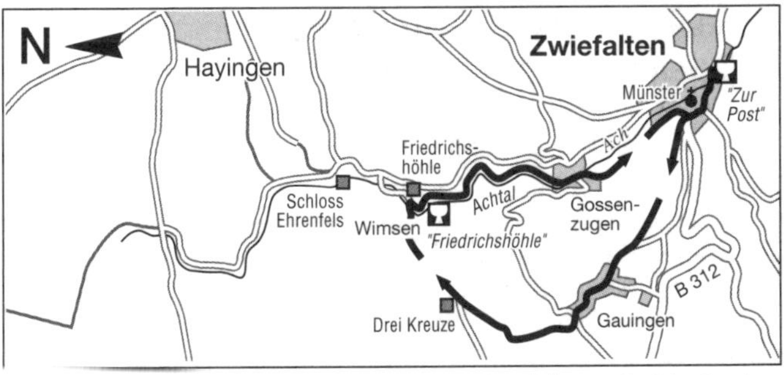

schmalem Pfad durch das klammartige Flusstal. Nach den Forellenteichen verbreitert sich das Tal. Auf befestigtem Weg geht es durch das ruhige, idyllische *Achtal.* Gut ausgeschildert durch den Weiler Gossenzugen und wieder direkt am klaren Wasser der *Ach* entlang zurück nach *Zwiefalten.*

● **Gasthof Zur Post** - Traditionsreiches Haus (1695 erbaut) mit schöner Gartenterrasse und gemütlichen Gasträumen. Schöne, komfortable Gästezimmer und Ferienwohnungen. Bekannt gute Küche mit schwäbischen und internationalen Spezialitäten. Köstliche Forellen und feine saisonale Delikatessen. Leckere vegetarische Gerichte. Mittlere Preise. - *Ru = Di.*

Zwiefalten - Baach - Rundweg Emerberg - Prälatenweg - Zwiefalten

Weg und Zeit - 11 km - 2 ¾ Stdn.

Charakteristik - Ein begeisternder Rundweg fernab der großen Touristenströme. Auf dem Panoramaweg unterhalb des *Emerberges* mit der großartigen Aussicht, auf den beschaulichen Abschnitten durch den Wald oder auf dem historischen Boden des *Prälatenweges* findet der Wanderer Ruhe und Erholung. Nur leichte Steigungen.

Anfahrt – B 312 von *Reutlingen* bzw. von *Riedlingen*. – B 31 *Ehingen* – *Datthausen* – L 271 *Zwiefalten* – B 312.

Parken – Vor der *Brauerei-Gaststätte* in *Zwiefalten* oder vor dem *Gasthaus zum Felsen* in *Baach.*

● **Brauerei-Gaststätte** - Traditionsreicher Gasthof der *Zwiefalter Klosterbrauerei.* In stilvollen, historischen Räumlichkeiten werden nicht nur die köstlichen frischen Biere ausgeschenkt, sondern auch wohlschmeckende gutbürgerliche Gerichte serviert. Fein zubereitete schwäbische Spezialitäten, fangfrische Forellen, deftige Vesper. Hausschlachtung. Mittlere Preise. - *Kein Ru.*

MA ● **Der Rundweg** - Von der *Brauerei-Gaststätte Hauptstr* Ri *Ried-*
lingen. Nach Metzgerei mit *[Blauer Raute]* re, *Ww [Baach].* Li
OM entlang der *Zwiefalter Ach.* Vor einer Häusergruppe *Talweg ohne*
Markierung li. Unter der *B 312* hindurch in die kl Ortschaft
Baach, weiter Talweg ger. An der nächsten Kreuzung *Marienstr*
ger. Hier schließen sich die Wanderer aus dem *Gasthaus zum*
Felsen an (vom *„Felsen"* Ri Ortsmitte, *Marienstr* li). Nächste
MA Gabel mit *[Blauem Dreieck]* halbre aus dem Ort hinaus, *Ww*
[Zwiefaltendorf, Emerbergweg]. 5 Min außerhalb des Ortes spitze
Gabel halbli. Mit herrlichem Blick auf *Baach* und *Zwiefalten*
aufw zur kl *Peterskapelle*, 620 m, mit Ruhebank am Waldrand.
Jetzt re immer am Waldrand entlang. Nach einem kurzen Stück
durch den Wald Gabel halbli am Waldrand bleiben, *Ww [Eme-*
ringen]. In weitem Linksbogen um den *Emerberg* herum mit
phantastischer Aussicht auf das *Donautal* mit dem *Hochwartfel-*
sen, auf *Rechtenstein, Untermarchtal, Obermarchtal, Neuenburg*
und die *Frauenbergkirche* bei *Munderkingen.* Bei guter Fernsicht
Alpenpanorama. Vorbei an schönem Rastplatz. Bei gr Kreuzung
MW mit Wandertafel *[Blaue Gabel]* li, *Ww [Sonderbuch, Hayingen].*
Bei mehreren Gabeln im Wald unterhalb des *Emerberges* und
später im *Alten Hau* immer der Markierung *[Blauer Gabel], Ww*
[Sonderbuch] folgen. Achtung: nach insgesamt ca. 40 Min im
MW Wald mit *[Blauer Raute]* auf *Prälatenweg* li abzweigen, *Ww*
[Zwiefalten]. Auf diesem Weg immer ger. Aus dem Wald heraus
und auf asphaltiertem Weg vorbei am *Bühlhof* zurück nach
Zwiefalten. Schöner Blick auf den Ort mit dem *Münster* und ins

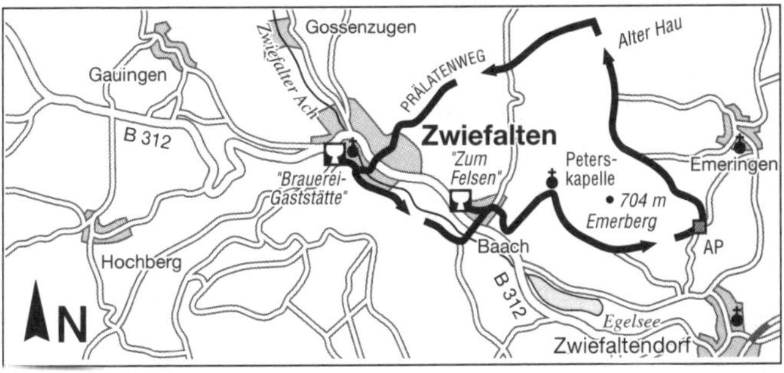

Tobeltal. Nach dem Ortsschild re am Rande des Neubaugebiets abw. *Bussenblick* re, *Brunnensteige* abw zur *Hauptstr.* Hier re zurück bis zur *Brauerei-Gaststätte.* Bei der Metzgerei nach ca. 300 m biegen die Wanderer aus *Baach* mit *[Blauer Raute]* li ab und kehren wie oben beschrieben zurück zum *Gasthaus zum Felsen.*

● **Gasthaus zum Felsen -** Gemütliches Landgasthaus mit rustikalen Gasträumen und schöner Gartenterrasse. Die bekannt gute Küche zeichnet sich durch kreative Zubereitung der köstlichen internationalen und schwäbischen Spezialitäten aus. Das Angebot der frisch zubereiteten Speisen richtet sich nach Markt und Saison. Mittlere Preise. - *Ru = Mo.*

Hayingen - Digelfeld - Hayinger Brücke - Glastal - Schloss Ehrenfels - Wimsener Höhle - Schweiftal - Hayingen

Weg und Zeit - 12 km - 3 Stdn.

Charakteristik - Eine großartige Wanderung mit zahlreichen Höhepunkten. Das romantische *Glastal* mit seinen bizarren Felsen, dem *Lämmerstein, Schloss Ehrenfels* und dem klaren Wasser des *Hasenbachs* ist ein besonderes Naturerlebnis. Auch die anschließende Kahnfahrt in die *Wimsener Höhle* zählt zu den beliebtesten Attraktionen der gesamten *Schwäbischen Alb.* Der gut ausgeschilderte Rundweg mit nur einer leichten Steigung ist auch für unerfahrene Wanderer sehr empfehlenswert.

Anfahrt - Wie S. 164.

Parken - Öffentliche P in der Ortsmitte von *Hayingen,* gr Wander-P am Ortsrand Ri *Ehestetten.*

● **Luftkurort Hayingen** (550-720 m) - Das idyllische und liebenswerte Städtchen, 854 erstmals erwähnt, erhielt vor über 700 Jahren die Stadtrechte. Viele schöne Fachwerkhäuser zeugen von der langen Geschichte. Sehenswert das *Rathaus* aus dem 17. Jh. und die im Kern gotische *kath. Pfarrkirche St. Vitus* mit barocker Ausstattung von 1724. Wegen seiner Einbettung in die intakte Erholungslandschaft rund um das *Große Lautertal* ist der Ort heute ein beliebter Fremdenverkehrsort und idealer Ausgangspunkt für viele herrliche Wanderungen und Ausflüge. Das 1947 gegründete *Naturtheater* hat sich im Laufe der Jahre weithin einen Namen gemacht.

● **Hayingen - Glastal - Wimsener Höhle** - 1 ¾ Stdn - Von der
MA Ortsmitte bei der Kirche *Zwiefalter Str* mit *[Rotem Dreieck], Ww [Schweiftal, Glastal, Wimsen]. Holzgasse* re. *Ehestetter Str* li, *Ww [Hayinger Brücke, Glastal].* Kurz vor Ortsende *Auf der Bleiche* halbli, Querstr am Ortsrand li, Ri *Aichstetten, St.-Georgen-Hof.* Jetzt mit weiter Sicht immer ger parallel zur Fahrstr durch die herrliche Heidelandschaft des *Digelfeldes* bis zur *Hayinger Brücke.* Hier mit *[Rotem Dreieck/HW2], Ww [Wimsen, Zwiefalten]* li über den Wander-P und anschließend durch das romantische *Glastal.* Beim *Schloss Ehrenfels* Querweg re. Kurz vor *Wimsen* asphaltierte Fahrstr re zur

● **Wimsener Höhle** - Diese nur mit einem flachen Kahn zu besichtigende Höhle ist Quelltopf der *Zwiefalter Ach.* Die von einem Fährmann gesteuerten Kähne fahren bis 70 m in die Höhle hinein. Die größte Wassertiefe beträgt 3 m. Die Wimsener Höhle, seit 1803 auch *Friedrichshöhle* genannt, wurde schon 1447 urkundlich erwähnt. Heute ist sie wegen der erlebnisreichen Kahnfahrt eine besondere Touristenattraktion. Neben der Höhle befindet sich die *Wimsener Mühle*, eine ehemalige Bann-

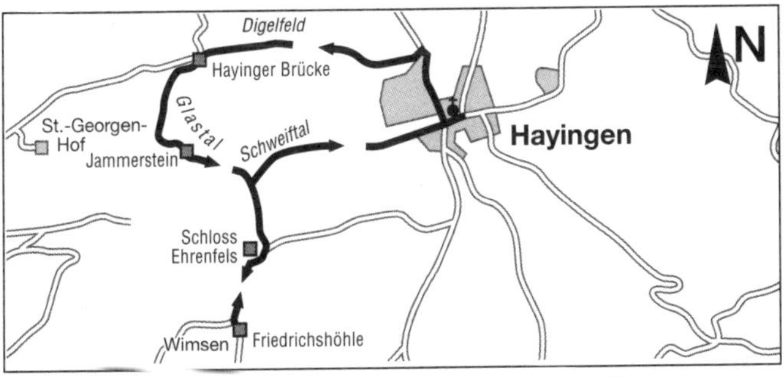

mühle des *Klosters Zwiefalten*. Das beliebte Ausflugslokal, der *Gasthof Friedrichshöhle*, (siehe S. 158) lädt zur gemütlichen Einkehr ein.

● **Wimsener Höhle - Glastal - Schweiftal - Hayingen -** 1 ¼ Stdn - Auf gleichem Weg wieder zurück, mit *[Rotem Dreieck]* ins Glastal. 10 Min nach *Schloss Ehrenfels* in Weg mit *[Roter Gabel]* *MW* halbre, *Ww [Hayingen direkt]*, durch das *Schweiftal*. Gut ausgeschildert leicht ansteigend zurück auf die *Albhochfläche,* bei Gabel nach 10 Min halbre. Auf Teerstr nach *Hayingen* hinein. Im Ort gr Kreuzung ger überqueren und zurück zur Ortsmitte.

Hayingen - Indelhausen - Anhausen - Ruine Wartstein - Hayingen

Weg und Zeit - 11 km - 3 Stdn.

Charakteristik - Herrlicher Rundweg durch einen der schönsten Abschnitte des *Großen Lautertals.* Nach einem steilen Anstieg großartige Aussicht von der *Ruine Wartstein*, die wegen ihrer Lage auf dem mächtigen *Gemsfels* eine der beeindruckendsten Ruinen des *Lautertals* ist. Ein weiterer Anstieg bringt den Wanderer zurück auf die *Albhochfläche.*

Anfahrt - Von *Münsingen* über *Buttenhausen* durchs *Lautertal.*

Parken - Beim *Gasthof zum Kreuz* in *Hayingen* oder beim *Gasthof zum Hirsch* in *Indelhausen.*

● **Gasthof zum Kreuz** - Traditionsreiches Haus. Behagliche Komfortzimmer. Schöne Ferienwohnungen. Sauna. Gemütliche Gasträume im ländlichen Stil und Sonnenterrasse. Gutbürgerliche und schmackhafte schwäbische Küche mit einem vielseitigen Angebot sowie herzhafte Brotzeiten aus eigener Hausschlachtung. Untere bis mittlere Preise. - *Ru = Di.*

● **Der Rundweg** - Vom *„Kreuz" Münsinger Str* re, *Josefstr* (Durchgangsstr) re Ri *Indelhausen.* Vor Kapelle am Ortsende *ohne Markierung* re. Durch das *Naturtheater* hindurch und ger in das *Hayinger Tal.* Nach 10 Min Gabel mit *Ww [Indelhausen]* halbre. Vor Wacholderheide Einmündung auf asphaltierte Querstr. Ger aufw und mit herrlicher Aussicht in Rechtsbogen abw nach *Indelhausen.* Hier schließen sich die Wanderer vom
MA *Gasthof zum Hirsch* an. Vom *„Hirsch" mit [Rotem Strich/HW5] Ringwallweg*, nach 100 m *Friedhofsweg* li, *Ww [Anhausen, Wartstein].* Weiter ger auf dem Talweg. Re am Ortsrand des kl Weilers *Anhausen* vorbei. Nach kl Anhöhe ger entlang der Stromleitung. Nach der Kläranlage ist re aufw ein Abstecher zur *Ruine Maisenburg* mit *[Roter Pfeilspitze]* möglich. Beim Wander-P li über die *Lauter. Ölmühle* re und immer an der *Lauter* entlang. Vorbei an den *Ochsenlöchern*, 2 runden Felslöchern (li), dem *Heuscheuerle*, einem mächtigen Felsdach mit kl Höhle und dem Wasserfall *Hoher Gießel.* Nach ca. ½ Std vor den mächtigen *Gemsfels* mit *Ww [Wartstein]* li aufw. Nach kurzem steilem Aufstieg erreicht der Wanderer die *Ruine Wartstein* (655 m). Die Burg wurde vermutlich Anfang des 12. Jh. erbaut. Grandiose Aussicht ins romantische *Lautertal.* Auf gleichem Weg zurück
MW ins Tal. Unten mit *[Gelber Gabel]* li. Nach 200 m re über die *Lauterbrücke.* Nach der Brücke re, vorbei an Schutzhütte mit Rastplatz. Gabel nach 30 m halbli aufw, *Ww [Hayingen].* Nach 5 Min Abzweigung re auf schmalem Pfad. Oben an Hochsitz ger
MW vorbei. Gr Waldkreuzung mit *[Roter Raute]* ger. Nach kl Tal in Rechtsbogen leicht aufw. Aus dem Wald heraus, geschotterter

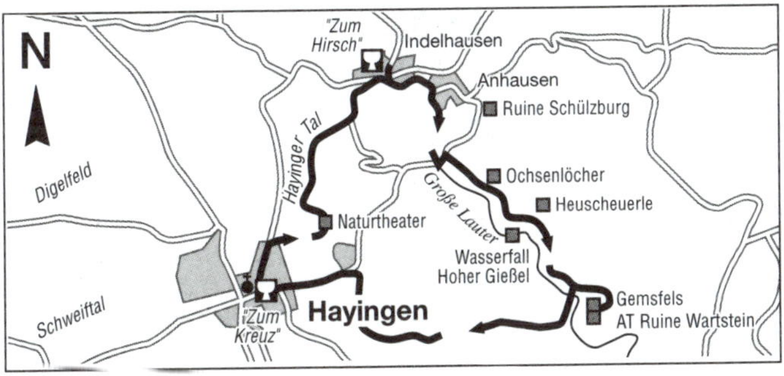

Querweg kurz li, nach 50 m br Weg re. Querstr *ohne Markierung* OM
re, Gabel bei Feldkreuz nach 30 m halbli. Vor dem *Feriendorf Lauterdörfle* mit *[Rotem Dreieck]* li zurück nach *Hayingen*. Die MA
Wanderer aus *Indelhausen* gehen wie oben beschrieben weiter zur Einkehr im

● **Flair-Hotel Gasthof-Pension zum Hirsch** - Traditionsreicher, gepflegter Gasthof mit stilvollen Gasträumen und großzügigen Komfortzimmern. Schöne „Felsen-Terrasse". Gästehaus. Hervorragende schwäbische Küche. Spezialitäten sind fangfrische Forellen, deftige Rostbraten, köstliche Maultaschen und delikate Wildgerichte. Eigene Hausschlachtung. Mittlere Preise. – *Ru = Mo.*

Anhausen - Gerberhöhle - Indelhausen - Kochstetten - Ruine Schülzburg - Anh.

Weg und Zeit - 11 km - 3 Stdn.

Charakteristik - Eine anspruchsvolle Rundwanderung mit vielen landschaftlichen Höhepunkten und immer wieder herrlichen Aussichtpunkten. Auf dem Klettersteig zu den *Gerberhöhlen* ist Trittsicherheit erforderlich. Festes Schuhwerk!

Anfahrt - Von *Münsingen* über *Buttenhausen* durchs *Lautertal.*

Parken - Vor dem *Adler* oder *Schwanen* in *Anhausen.*

● **Gasthof-Pension Schwanen** - Ein freundlicher Landgasthof mit rustikalen Gasträumen und preiswerten Gästezimmern. Überdachte Gartenterrasse. Gutbürgerliche Küche mit regionalem Schwerpunkt. Spezialitäten: Köstliche selbstgeräucherte Forellen, hausgemachte Maultaschen, deftige Vesper. Brot und Kuchen selbstgebacken. Untere bis mittlere Preise. - *Ru = Mi.*

● **Der Rundweg** - *Anhausen* (580 m), erstmals erwähnt 1268, ist ein idyllisch gelegener kleiner Fremdenverkehrsort im *Großen Lautertal.* Vom *„Schwanen" St.-Ursula-Str* Ri Ortsmitte. Am *Mühlweg* li und vorbei am *„Adler"* aus dem Ort hinaus. Hinter
MA dem *„Adler"* mit *[Rotem Strich/HW5]* li. Auf kl Kuppe bei Feldkreuz ger weiter entlang der Stromleitung. Vor dem Wald li abw
MW zur Kläranlage. Mit *[Gelber Gabel], Ww [Gerberhöhlen],* re neben der Kläranlage in eine schmale Felsenschlucht, das Fichteltal. Nach 10 Min auf schmalem Pfad scharf re steil aufw. In einer grandiosen Felsenlandschaft liegen die *Gerberhöhlen.* Das *Große Gerberloch* ist ein geschütztes Naturdenkmal von 57 m Länge. Tropfsteine sind nicht mehr zu erkennen. Über gesicherten Klettersteig auf den Felsgrat. Großartige Aussicht vom *AP* oberhalb der Höhlen. 100 m nach der Höhle bei Gabel
OM *ohne Markierung* halbli. Querweg bei Schild *[Burghalde]* mit
MA *[Gelber Gabel]* li abw. Aus dem Wald heraus und bei gr Bildstock auf asphaltiertem Weg re. In Rechtsbogen abw nach Indelhausen. Am Ortseingang Friedhofsweg re. Beim Friedhof mit
MW *[Rotem Strich]* li über die *Lauter* (ger geht es in 15 Min zurück nach *Anhausen*). Durchgangsstr am Backhaus vorbei ein kurzes
OM Stück re, dann *Tiber-Fundel-Weg ohne Markierung* li aufw. Auf
MA dieser wenig befahrenen Fahrstr mit *LM [5 u. 6]* stetig aufw in mehreren Kehren auf die Albhochfläche (nicht abzweigen). Bei den ersten Häusern von *Kochstetten* re zur Fahrstr. An der Str ca. 200 m re, dann auf Feldweg li. Beim Schild *[Öde Mauer]* ger durch ein kl Waldstück. Rechtsbogen zu den freistehenden Holzhütten. Hier Fahrstr re mit weiter Sicht über die Hochfläche. Beim *Hülbenhof* mit Windrad Kreuzung ger überqueren. Nach Rechtsbogen Fahrstr ger überqueren, *Ww [Schülzburg].* Jetzt immer ger durch den Wald, später abw zur *Ruine Schülz-*

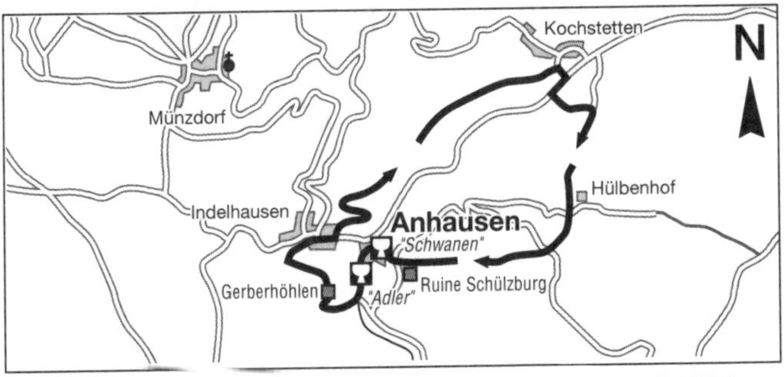

burg, ab 1452 Stammschloss der *Freiherren Speth von Schülzburg.* Die ursprüngliche Burg stammt aus dem 11./12. Jh. Das 1605 erbaute Renaissance-Schloss wurde 1884 durch Feuer zerstört. Neben der Burg abw nach *Anhausen.* Nach 5 Min unten im Tal re zurück zu einem der beiden zünftigen Gasthöfe.

● **Gasthof Adler** - Gemütlicher Landgasthof mit modernem, komfortablem Gästehaus. Wunderschöne Gaststube, behagliche Atmosphäre. Die vielfach ausgezeichnete Küche bietet hervorragend zubereitete schwäbische Leckerbissen. Fleischspezialitäten aus eigener Schlachtung. Wildgerichte. Köstliches selbst gebackenes Holzofenbrot. Eigene Schnäpse. Mittl. Preise. - *Ru = Di.*

Pfronstetten - Rundweg Lehrtal - Oberstetter Tal - Pfronstetten

Weg und Zeit - 8 km - 2 Stdn.
Charakteristik - Sehr schöner kleiner Rundweg über die weite Hochfläche und durch malerische Felsentäler.
Anfahrt - B 312 *Reutlingen* über *Engstingen* nach *Pfronstetten.*
Parken - Großer Gäste-P beim *Gasthof zur Rose.*

● **Der Rundweg** - *Pfronstetten* (748 m) ist ein typisches Bauerndorf auf der Albhochfläche. Sehenswert ist die aus einer mittelalterlichen Anlage barock umgebaute *Kirche St. Nikolaus* mit
OM spätgotischen Holzbildwerken. Von der *„Rose" ohne Markierung* B 312 Ri *Reutlingen.* Kurz vor Ortsende *Wilsinger Str* li. *Oberstetter Str* re, B 312 ger überqueren und auf asphaltierten Weg vorbei an Aussiedlerhof. Vor der Wacholderheide Querstr re. Vor dem Anstieg zu den Sportplätzen spitze Gabel halbre auf Forst-
MA weg in das *Lehrtal.* Am Ende des Tals vor der Fahrstr mit *[Gelbem Dreieck]* rechtwinklig li in das *Oberstetter Tal.* Der bequeme Fußweg durch dieses Tal ist voller landschaftlicher Schönheiten. 200 m nach Holzhütte mit Rastplatz Gabel halbli aufw. Achtung: Ca. 10 Min nach der Gabel gegenüber einer steil aufra-
OM genden Felswand *ohne Markierung* li aufw durch Tannenwald. Kreuzung vor gr Hochsitz scharf re. Jetzt in weitem Linksbogen immer auf dem br Forstweg bleiben. Aus dem Wald heraus, halbre am Waldrand entlang und am Waldeck Gabel li über freies Feld. Querweg auf freiem Feld re. Vorbei an Waldspielplatz und Sportplätzen wie auf dem Hinweg zurück zum

● **Gasthof zur Rose** - Ein gemütliches Gasthaus im ländlichen Stil mit rustikalen Gasträumen, modernen Gästezimmern (Du/WC) und gr Saal. Schmackhafte, gutbürgerliche Küche. Leckere Braten, verschiedene Schnitzel, Wildgerichte und schwäbische Spezialitäten. Herzhafte Vesper mit Wurst aus eigener Hausschlachtung. Untere bis mittlere Preise. - *Ru = Mo.*

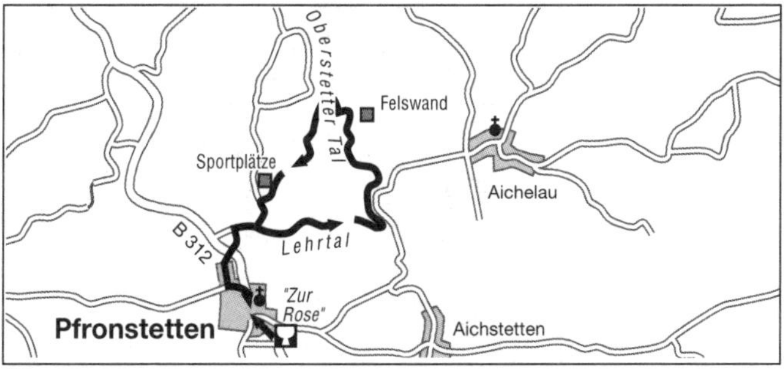

Ödenwaldstetten - Rundweg Pfaffental - Götzenberg - Ödenwaldstetten

Weg und Zeit - 15 km - 3 ¾ Stdn.
Charakteristik - Ein sehr schöner Rundweg über die Höhen und Täler der *Münsinger Alb.* Fernab vom Verkehrslärm ist dies ein Weg für Naturbegeisterte, die sich an der charakteristischen *Albvegetation* mit Wald-, Wiesen- und Heideabschnitten erfreuen können.
Anfahrt - Von *Reutlingen* B 312 über *Engstingen, Bernloch.*
Parken - Großer Gäste-P beim *Gasthof Lamm.*
● **Ödenwaldstetten** - Unbedingt sehenswert ist das liebevoll ausgestattete *Bauernhausmuseum.* In der *Pfarrkirche* (13./ 14. Jh.) sind Reste schöner Wandmalereien von 1340 zu sehen.
● **Der Rundweg** - Neben dem *„Lamm" Lindenstr, [Radweg 21]* Ri *Bauernhausmuseum,* vorbei am Backhaus aus dem Ort hinaus. Ab dem Friedhof mit *[Gelber Raute], Ww [Ehestetten].* *MA*
4 Min nach Ortsende auf befestigtem Feldweg li, *Ww [Ehestetten, Burg Derneck].* Querweg re, bei Kruzifix li. Bei Schutzhütte mit Feuerstelle *ohne Markierung* ger weiter auf asphaltiertem *OM*
Weg. An der Str nach *Eglingen* ein Stück re, dann 1. Abzweigung li mit herrlicher Aussicht ins *Pfaffental.* Unten auf Talweg

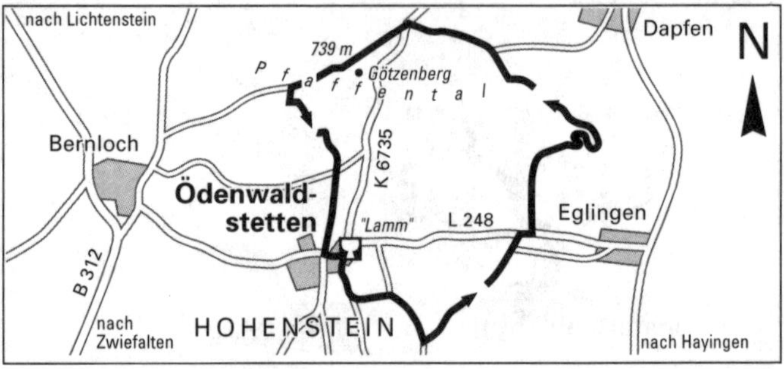

scharf li. Nach ca. ½ Std 1. Abzweigung re am Rande eines Seitentales aufw. Oben Querweg li. Durch ein Wildgatter auf br Forstweg in den Wald. Nach 15 Min Fahrstr überqueren und vor Schutzhütte halbli ger aufw auf den *Götzenberg.* Oben Kreuzung ger überqueren. Nach einiger Zeit wieder durch Wildgatter abw in das *Pfaffental.* Talweg re. Achtung: nach ca. 5 Min rechtwinklig li auf schwer erkennbarem Wiesenweg mit
MA *[Gelbem Dreieck]* in den Wald hinein. Im Wald Forstweg li, nach 150 m Gabel re und, immer der Markierung folgend, in ca. 20 Min wieder aus dem Wald heraus. Am Waldrand vor bis zu befestigtem Weg, der in ca. 30 Min wieder zurück führt.

● **Gasthof Lamm** - Das traditionsreiche Gasthaus mit schönem Biergarten beherbergt Deutschlands kleinste Hausbrauerei, **Speidel's Brauerei'le**. Neben herrlichen, frisch gezapften Bierspezialitäten lässt die Küche vom schwäbischen Schmankerl bis zur kulinarischen Köstlichkeit keine Wünsche offen. Sehr beliebt sind die *Bierseminare,* bei denen man sich sein Bier selbst brauen kann, und der *Jazzbiergarten.* Mittl. Preise. - *Ru = Di.*

Ehestetten - Burg Derneck - Münzdorf - E.

Weg und Zeit - 12 km - 3 Stdn.

Charakteristik - Auf dieser gemütlichen Wanderung durch die artenreiche Naturlandschaft der *Ehestetter Alb* findet der Wanderer neben der interessanten Begegnung mit der Geschichte auch erholsame Stille und gesunde Luft.

Anfahrt - B 312 von *Reutlingen.* Bei *Bernloch* Abzweigung li über *Ödenwaldstetten, Eglingen.*

Parken - Vor dem *Gasthof-Bauernhof-Gästehaus Rose, Ehestetten.*

● **Ehestetten** (720 m) - Erstmals im 14. Jh. erwähnt, ein ländlicher Teilort der Stadt Hayingen. Sehenswert die schön renovierte Pfarrkirche mit frühgotischem Chor und beachtenswerten spätgotischen Holzbildwerken und Wandmalereien.

● **Der Rundweg** - Von der *„Rose"* auf der Durchgangsstr mit
MA *[Gelber Raute]* Ri *Ödenwaldstetten. Schloßstr* re, *Ww [Wander-*

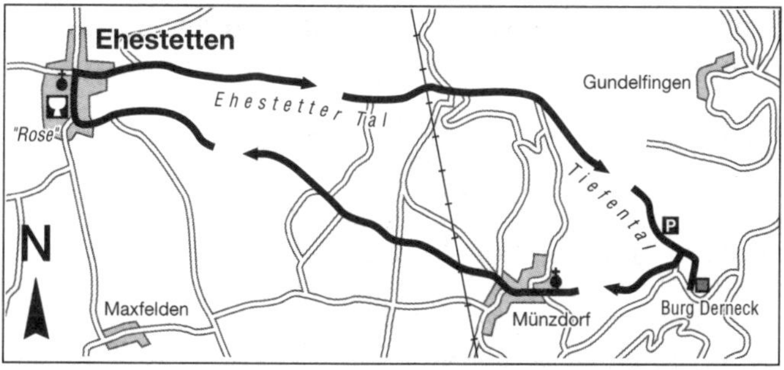

heim Derneck]. Jetzt ger auf br Feldweg durch das stille *Ehestetter Tal.* Nach ca. 15 Min halbre auf schmalem Weg am rechten Waldrand entlang. Nach weiteren 15 Min Einmündung in einen br Schotterweg, der den Wanderer in ca. ¾ Std zum Wander-Ⓟ unterhalb der **Burg Derneck** bringt. Hier li aufw und vor den Spielplätzen re zur *Burg Derneck* mit Wanderheim. Erbaut wurde die Burg schon vor 1350. Sehenswert sind die Reste des Burghofs und der Schildmauer mit dem Treppenturm. Schöne Sicht von der Aussichtsplattform. Zunächst auf gleichem Weg zurück. Nach den Spielplätzen mit *[Gelber Raute]* li abw. Achtung: Nach ca. 100 m mit *[Gelber Raute], Ww [Münzdorf, Köhlerplatte],* schmaler Waldpfad halbli abw. Unten br Forstweg ger überqueren und gut ausgeschildert aufw bis in den alten Köhlerort **Münzdorf**. Auf der *Lautertalstr* ger aufw durch den Ort. Oben *Am Ehestetter Weg* re. Mehrfachgabel nach dem letzten Haus halbli. Jetzt immer auf diesem Weg bleiben und über die weite Hochfläche zurück nach *Ehestetten.*

● **Gasthof-Bauernhof-Gästehaus Rose** – Ein sympathisches Haus, in dem ökologische Grundwerte sowohl in der baubiologischen Ausstattung der Gästezimmer als auch in der hervorragenden Küche konsequent umgesetzt werden. Neben feiner vegetarischer Vollwertkost werden auch herzhafte schwäbische Fleischgerichte angeboten. Biologischer Anbau seit 1950. Eigene Tierzucht. Mittlere Preise. – *Ru = Di.*

Hundersingen - Bichishausen - Hohengundelfingen - Wittsteig - Steighof - Hundersingen

Weg und Zeit - 12 km - 3 ¼ Stdn.
Charakteristik - Spektakulärer Rundweg mit vielen Höhepunkten durch das romantische *Große Lautertal* und über die angrenzenden Höhen. 2 längere Anstiege. Großartige Aussicht von *Ruine Hohengundelfingen.* Festes Schuhwerk!
Anfahrt - Von *Münsingen* über *Buttenhausen.* - Von *Zwiefalten* über *Hayingen - Indelhausen.*
Parken - Beim *Gasthaus Rössle.*

● **Hundersingen - Bichishausen - Hohengundelfingen - Wittsteig** - gut 1 ½ Stdn - Vom *„Rössle" Schloßrainstr* ca. 300 m Ri Orts-
MA mitte. Neben altem Fachwerkhaus Nr. 36 mit *[Rotem Strich, Gelbem Dreieck/HW5]* auf schmalem Weg re aus dem Ort hinaus. *Lauter* überqueren und auf dem *[Burgenweg]* li am Fluss entlang. Das *Lautertal* wird eindrucksvoll umrahmt von Wacholderheide- und Waldhängen, bizarren Felsenformationen und zahlreichen Burgruinen. Am Ortseingang von *Bichishausen* re neben der Scheune in den Ort hinein. Querstr re, *Ww [Lautertal].* Vor schöner *Zwiebelturmkirche St. Gallus* (1736) *Fürstenbergstr* li. Nach der *Kirche* re. Vor *Gundelfingen* ger über die *Lauterbrücke.* Fahrstr ger überqueren und auf *Hohengundelfinger Weg* aufw aus dem Ort hinaus. Nach ca. 10 Min mit *Ww [Hohengundelfingen]* re in den Wald hinein. Jetzt auf schmalem Waldpfad in Serpentinen aufw zur *Ruine Hohengundelfingen,* (siehe Wanderung S. 53). Vom Bergfried phantastische Aussicht über weite Teile des *Lautertals* und auf die *Ruine Niedergundelfingen.* Unterhalb der Burg mit *Ww [Wittsteig]* li an eindrucksvollen Felsen vorbei in Serpentinen steil abw nach *Wittsteig* zur geruhsamen Rast im

● **Landhotel Wittstaig** - Traditionsreicher Gasthof mit sehr komfortablen Fremdenzimmern, Hallenbad, Sauna und Solarium. Hervorragende Küche mit fein zubereiteten schwäbischen Spezialitäten. Fangfrische Forellen, heimisches Wild, köstliche Lammgerichte. Auch leckere vegetarische Speisen. Eigene Hausschlachtung. Mittlere Preise. - *Ru = Di.*

● **Wittsteig - Steighöfe - Hundersingen** - gut 1 ½ Stdn - An der *Hauptstr* ein Stück Ri *Hayingen.* Nach 50 m mit *[Rotem Strich/HW5]* re auf *Häldelesweg* aus dem Dorf hinaus. 100 m nach dem letzten Haus scharf li aufw in den Wald. Oben nach Waldende auf Fahrstr weiter mit *Ww [AP Bürzel].* Auf kl Kuppe
MW mit Ruhebank mit *[Gelber Raute]* ger weiter. Bei Gabel am Kruzifix halbre. Jetzt immer am Waldrand entlang bis zum *AP Bürzel* (708 m). Herrliche Aussicht auf *Gundelfingen.* Weiter mit *[Gelber Raute].* Nach Wander-P auf asphaltierter Str re am Kru-

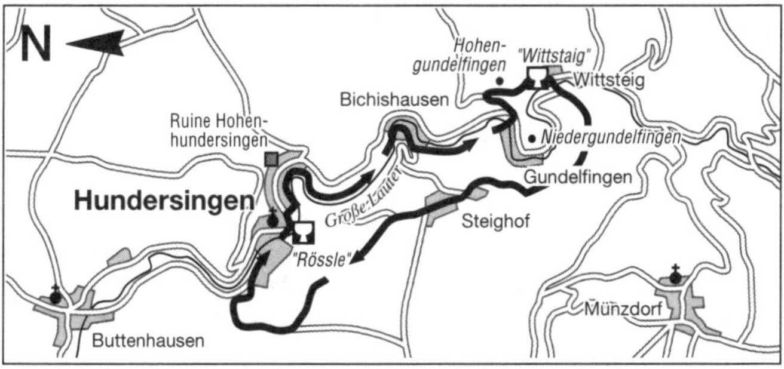

zifix vorbei durch die *Steighofe*. Nach dem letzten Hof Gabel halbre. Mit der Markierung durch ein kl Waldstück. Nach dem Waldende Querweg li. Nach ca. 15 Min bei Kreuzung Querstr re. Nächste Kreuzung mit *[Rotem Strich/HW5]* re und vorbei am *MW* Wander-P abw nach *Hundersingen*. Im Ort ger zum

● **Gasthaus Rössle** - Ein familiärer ländlicher Gasthof mit sehr schönen Komfortzimmern und Gartenterrasse. In den urgemütlichen Gasträumen werden dem Gast gutbürgerliche Gerichte und echte schwäbischen Spezialitäten mit handgemachten Spätzle serviert. Herrliche Albvesper aus der Hausmetzgerei und selbst gebackenes Brot. Unt. Preise. - *Ru = Mi.*

Mundingen - Landgericht - Schloss Mochental - Saubergh - Wolfstal - Bärenhöhle - Mundingen

Weg und Zeit - 18 km - 4 ¾ Stdn.

Charakteristik - Eine großartige Rundwanderung, die das Herz eines jeden Naturfreundes höher schlagen lässt. Von der dörflichen Atmosphäre des auf einer kleinen Anhöhe liegenden *Mundingen* geht es zunächst durch das Waldstück *Landgericht.* Dann am *Albrand* entlang mit phantastischer Aussicht bis zu den *Alpen.* Das *Wolfstal* ist ein Naturerlebnis der besonderen Art. Die Felsen stoßen z. T. so eng zusammen, dass sie gerade 2 Wanderern nebeneinander Durchlass gewähren. Ein weiterer Höhepunkt ist der Besuch des *Barockschlosses Mochental*, (siehe S. 176).

Anfahrt - B 465 *Bad Urach–Ehingen,* über *Münsingen* bis *Frankenhofen.* Hier *Abzweigung* re über *Granheim* nach *Mundingen.* - Von *Ehingen* über *Altsteußlingen, Dächingen.*

Parken - Gäste-P beim *Gasthof „Hirsch"* in *Mundingen.*

MA ● **Der Rundweg** - Vom *„Hirsch"* über *Innerdorf* mit *[Rotem Strich/HW 7], Ww [Altsteußlingen, Ehingen].* Oberdorf ortsauswärts. Vor Ortsende Ri *Erbstetten, Granheim* li auf *Kirchener Weg* aus dem Ort hinaus. Jetzt immer auf dieser wenig befahrenen Fahrstr bleiben. Ca. 20 Min nach dem Ort, 100 m vor dem Waldende, biegt *[HW 7]* bei gr Waldkreuzung li ab. Hier nicht der
OM Markierung folgen, sondern *ohne Markierung* weiter auf asphaltierter Fahrstr bleiben. Immer am Waldrand entlang, bei spitzer Gabel ger. Nach ½ Std erreicht man den gr Wander-P *Landge-*
MA *richt.* Hier auf schmalem Waldweg mit *[Blauer Raute]*, *Ww [Kirchen, Mochental]* re abbiegen. Auf diesem Waldweg geht es nach einer leichten Linkskurve abw. Nach ¼ Std auf br Forstweg li vor bis zum Waldrand. Von dieser Stelle aus hat der Wanderer einen herrlichen Ausblick auf weite Teile *Oberschwabens.* Bei guter Sicht reicht der Blick bis zu den schneebedeckten Gipfeln der *Alpen.* Weiter mit *[Blauer Raute], Ww [Mochental, Wolfstal]* re am Waldrand entlang. Nach gut 5 Min Querweg kurz li, dann gleich wieder re. Gabel li, br Weg schräg überqueren und weiter mit der Markierung bis zum *Barockschloss Mochental* (siehe S. 176). Nach der Besichtigung des Schlosses auf der Zufahrtstr abw. Nach langgezogener Linkskurve br Forstweg mit *[Blauer Raute], Ww [Spielplatz Saubergh]* re, nach 50 m Abzweigung li. Nach einem kl Anstieg erreicht der Wanderer in knapp ¼ Std den *Spielplatz Saubergh*, der wunderschön am Waldrand liegt. Auch von dieser Stelle ist bei guter Sicht das Alpenpanorama zu sehen. Bei gr Wander-P Autostr überqueren und mit der Markierung auf Wiesenweg am Waldrand entlang (nicht in den Wald hinein). Nach 5 Min geht es auf schmalem Pfad steil abw

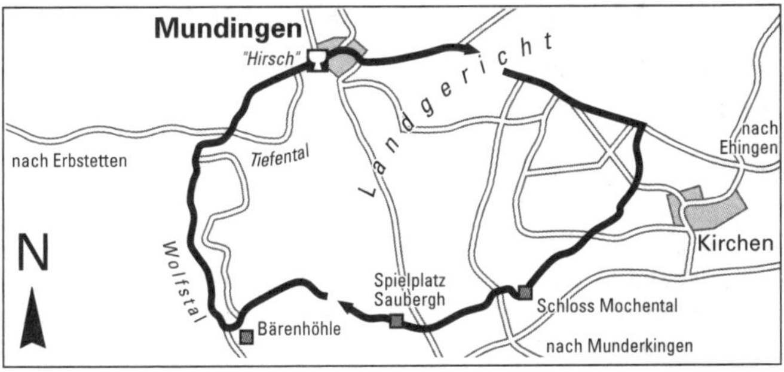

durch den Wald. Unten auf br Forstweg kurz re, nach 10 m li abw auf befestigter Str. Jetzt re, gleich nach Linkskurve (Teich) auf Feldweg re abbiegen. Am Waldrand Gabel halbli, nach 100 m Waldkreuzung li. Nächste Gabel halbre. Nach kurzem Anstieg im Wald mündet der Weg in einen schmalen Pfad, der in steilen Serpentinen abw ins *Wolfstal* führt. Unten im Tal ist ger aufw ein lohnender Abstecher zur 5 Min entfernten *Bärenhöhle* (570 m, 9 m Eingangsbreite, Länge 20 m, Höhe von 5 m bis 1 m abnehmend) möglich. Mit *[Rotem Strich/HW 7], Ww* *MW*
[Mundingen], re durch die klammartige Felsenenge des romantischen *Wolfstals*. Vorbei an zahlreichen bemoosten Felsüberhängen und *Nischenhöhlen* geht es leicht aufw bis zur Autostr nach *Mundingen*. Hier re vorbei am Wander-P und *ohne Markierung* *OM*
auf der wenig befahrenen Str in ca. ½ Std zurück zum Ausgangsort *Mundingen*. Der Wanderer stößt in der Ortsmitte direkt auf den

● **Gasthof-Pension „Hirsch“** - Ein angenehmer ländlicher Gasthof mit gemütlichen Gasträumen und familiärer Atmosphäre. Gutbürgerliche Küche mit einem großen Angebot schmackhafter Speisen. Herzhafte schwäbische Gerichte. Spezialität sind die deftige Metzelsuppe und die Schlachtplatten, die nach den Hausschlachtungen serviert werden. Behagliche Gästezimmer mit Du/WC. Untere bis mittl. Preise. - *Ru = Mo.*

Schloss Mochental - Frauenbergkirche Munderkingen - Untermarchtal - Lauterach - Wolfstal - Saubergh - Mochental

Weg und Zeit - 17 km - 4 ½ Stdn.

Charakteristik - Moderne Kunst im barocken Schloss und die Natur gehen hier eine gelungene Symbiose ein. Ein spektakulärer Rundweg mit vielen Höhepunkten: weite Felder, kurze Waldabschnitte, stille Einkehr bei der *Frauenbergkirche,* beschauliche Atmosphäre im *Donautal,* eine wildromantische Felsenschlucht und großartige Fernsicht auf die *Alpen.*

Anfahrt - Von *Mundingen* (siehe S. 174) gut ausgeschildert.

Parken - Großer P unterhalb des *Schlosses Mochental.*

● **Schloss Mochental** - Das heutige Schloss wurde 1730–33 unter dem *Zwiefaltener Abt Augustin* erbaut. Seit 1985 beherbergt es die *Galerie für Moderne Kunst* von *Ewald und Dorothea Schrade,* eine der größten und schönsten Privatgalerien *Deutschlands.* Die Verbindung der barocken Innenausstattung des Schlosses mit moderner Kunst macht den Besuch der Ausstellungen zu einem eindrucksvollen Gesamterlebnis.

MA ● **Der Rundweg** - Mit *[Blauer Raute]* vom P aufw zum *Schloss.* Mit *Ww [Munderkingen]* an der Schlossmauer entlang abw. Unten im Tal vor der Str re. Nach 100 m Str überqueren. Am Waldrand nicht der Markierung in den Wald folgen, sondern
OM *ohne Markierung* re am Waldrand entlang. Nach ca. 200 m auf br
MA geschottertem Weg mit *[6]* links am Waldrand entlang. Bei
MW Wander-P wieder mit *[Blauer Raute]* Autostr ger überqueren und mit weiter Sicht bis zu den *Alpen* über freies Feld bis zur *Frauenberg Wallfahrtskirche Munderkingen.* Die sehenswerte *Barockkirche* entstand 1721 nach dem Brand der ursprünglichen Kapelle von 1340. Kirchenweihe 1729. Sie beherbergt am Hochaltar das berühmte *Gnadenbild der Schmerzhaften Gottesmutter,* einer Holzskulptur um 1500. Weiter geht es am Kreuzweg mit 14 zeitgenössischen Reliefs leicht abw. Nächster Abzweig scharf re, *Ww [Untermarchtal].* Nach kurzer Zeit re an der Bahnlinie entlang. Auf Straßenbrücke li über die Gleise. Nach der Brücke gleich wieder re auf Feldweg entlang der Bahn. Bei ehemaligem Bahnwärterhäuschen Bahngleise überqueren und li vor dem Haus vorbei auf schmalem Pfad aufw. Jetzt geht es oberhalb der Donau durch ein Waldstück, bevor der Wanderer unten im Donautal den Ort *Untermarchtal* erreicht. Am Bahnhof vorbei, Kreuzung ger überqueren und auf *Bergstr* ger mit *Ww [Lautermündung].* Bei spitzer Gabel mit Schild *[Durchfahrt verboten]* halbli abw ins *Donautal.* Bahnlinie überqueren, gleich danach re unter der hohen Straßenbrücke hindurch und auf Wiesenweg durch die *Donauauen.* Vorbei am *Klammerfels* immer an der

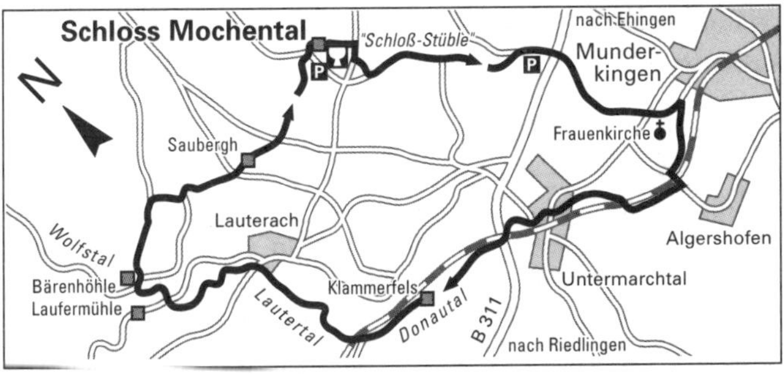

Donau entlang. Beim Streckenkilometer 50 re unter der Bahn
hindurch. Danach li am Felsen vorbei ins *Lautertal*. Nach kl
Steinhäuschen Gabel ger mit *[Rotem Strich/HW 5, Blauem Drei-* *MW*
eck], Ww [Wolfstal, Laufenmühle]. Im malerischen *Lauterach*
Querstr Im *Hochberg* li aufw. In der Linkskurve nach Haus Nr.
10 mit *[1]* halbre abbiegen. Nach 10 Min re abw ins *Lautertal*. *MW*
Nach dem Sportgelände bei Wander-P Str ger überqueren und
mit *[Rotem Strich/HW 7]* ins *[Wolfstal]*. Diese enge Felsen- *MW*
schlucht ist im Frühjahr von Tausenden von Märzenbechern
umsäumt. Bei der Kreuzung zur *Bärenhöhle* (li aufw, siehe S.
175) mit *[Blauer Raute]* re auf schmalem Waldpfad in Serpenti- *MW*
nen aufw. Oben auf ebenem Weg durch den Wald. Querweg vor Hochsitz li, nächste Kreuzung re aus dem Wald heraus. Asphaltierte Querstr li. Nach der Rechtskurve li steil aufw durch den Wald. Nach kurzem Anstieg am Waldrand auf der Hochfläche entlang. Mit atemberaubender Aussicht auf das Alpenpanorama vorbei am *Spielplatz Saubergh* und in 20 Min zurück zum Ausgangsort.

• **Schloß-Stüble im Schloss Mochental** - Rustikale Vesperstube mit herrlicher Terrasse im Schlossinnenhof. Angenehme familiäre Atmosphäre. Kleine Karte mit Kaffee, hausgemachten Kuchen und Torten, herrlichem selbst gebackenem Holzofenbrot und herzhaften Vespern. Wurst aus eigener Landwirtschaft. Schöne Weinkarte. Gutes Preis-Leistungs-Verhältnis. - *Kein Ru.*

Mehrstetten - Heutal - Sondernach - Hütten - Gundershofen - Mehrstetten

Weg und Zeit - 16 km - gut 4 Stdn.

Charakteristik - Ein wunderbarer Rundweg durch malerische Täler, die von Heide, Felsen und Wald eingerahmt werden. Durch verträumte kleine Ortschaften und schließlich über die weiten Wiesen und Felder der *Albhochfläche* mit großartiger Aussicht. Ein besonderer Augenschmaus für Naturliebhaber.

Anfahrt - A 8, Ausfahrt *Merklingen,* Ri *Münsingen.* Vor *Böttingen* li. In *Mehrstetten Bremelauer Str* zum *Fohlenhof.*

Parken - Großer Gäste-P beim *Landhaus Fohlenhof.*

● **Mehrstetten** (763 m) - Erstmals erwähnt 1307, seit 1396 in württembergischem Besitz, sehenswerte Kirche von 1577.

● **Der Rundweg** - Vom *Fohlenhof* ca. 200 m zurück zur Fahrstr
OM nach *Mehrstetten.* Hier *ohne Markierung* re, nach 20 m Linkskurve. Zwischen 2 Bauernhöfen Abzweigung re. Gabel bei Waldeck halbli abw durch den Wald, Schild *[Marksteigle].* Unten im *Schandental* vor der Bahnlinie Talweg li. Vor Kläranlage Bahngleise überqueren und weiter li, *Ww [Radweg Sondernach].*
MA Nach 15 Min stößt *[HW2, Rotes Dreieck]* von re hinzu. Jetzt durch das *Heutal,* durch den kl Weiler *Sondernach* und 50 m nach dem Ortsschild halbli entlang der Bahnlinie bis zur Ortschaft *Hütten.* Im Ort Bahngleise überqueren und über die *Schmiechbrücke* ger bis zur Durchgangsstr *(Schlosserstr).* Hier
MW *mit [Gelber Raute], Ww [Gundershofen],* li. Vor dem Ortsschild *Eichhalde* scharf re aufw. Achtung: Nach ca. 200 m auf schmalem Pfad halbli aufw. Am Waldrand li. Jetzt in ständigem Auf und Ab immer auf schmalem Hangweg mit z. T. herrlicher Aussicht und vorbei an beeindruckenden Felsen durch das
OM *Schmiechtal* bis *Gundershofen. Ohne Markierung* abw in den Ort. Bei der *Kirche* Str überqueren und ger zum Waldrand. Hinter dem letzten Haus halbre aufw durch den Wald. Im Wald auf

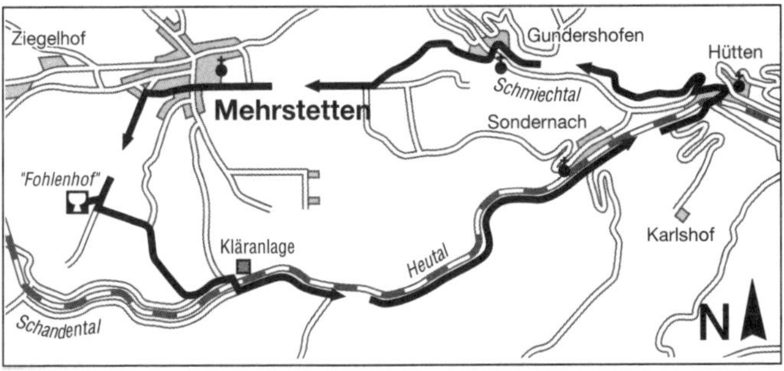

halber Höhe spitze Gabel halbli. Rechtsbogen. Kurz vor der Hochfläche Querweg halbre. Oben aus dem Wald hinaus und ger Ri Bauernhöfe. Auf Fahrstr durch die 2 Höfe hindurch und ger weiter bis *Mehrstetten.* Im Ort ger, Kreuzung *Süßweg* ger, *Schillerstr* ger. Bei Kreuzung *Bremelauer Str* li zurück zum

● **Landhaus Fohlenhof -** In absolut ruhiger Lage außerhalb des Ortes findet der Gast einen Ort der Erholung im ländlichen Restaurant, der behaglichen Herberge und der zünftigen Gartenwirtschaft. Feine schwäbische Spezialitäten, leckere Fisch-, Lamm- und Wildgerichte. Kreativ zubereitete vegetarische Speisen. Mittlere Preise. - *Ru = Mo.*

Magolsheim - Mühltal - vor Böttingen - Böttental - Buchtal - Magolsheim

Weg und Zeit - 14 km - 3 ¾ Stdn.
Charakteristik - Eine anspruchsvolle Wanderung mit einigen Anstiegen über aussichtsreiche Höhen und durch romantische Täler der *Münsinger Alb.* Ein großartiges Naturerlebnis.
Anfahrt - A 8, Ausfahrt *Merklingen,* Ri *Münsingen.* - Von der B 465 bei *Münsingen.* - Von der B 492 bei *Schelklingen.*

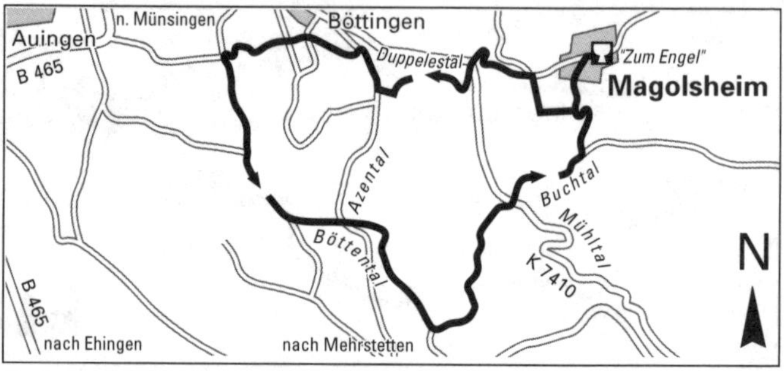

Parken - Beim *Gasthof zum Engel* in *Magolsheim.*

● **Der Rundweg** - Vom *„Engel" Ennabeurer Str* abw, *Baldeckstr* li. Nach 50 m bei Schulbushaltestelle re aus dem Ort hinaus. 200 m nach der Kläranlage mit *[Gelber Gabel]* rechtwinklig re
MA über freies Feld, vorbei am Wander-P *Breitelteich.* Bei Gruppe von 3 Bäumen re aufw. Vor der Str mit *[Gelber Gabel]* li. Auf Fahrstr in Serpentinen abw in *Mühltal.* An der Autostr im Tal 100 m li, dann Str überqueren und auf schmalem Pfad halbli aufw in den Wald. Bei gr Waldkreuzung br Forstweg überqueren und halbre weiter leicht aufw. Nach ca. 15 Min ger aus dem Wald heraus, vor einer Hecke nach 200 m re. An der Str re. Nach leichtem Anstieg mit *Ww [Böttentalrundweg]* zunächst scharf li, dann in langem Rechtsbogen vorbei an 2 freistehenden Bäumen über freies Feld. Schöne Aussicht über *Böttingen* und die waldreiche Umgebung. Durch kl Bepflanzung ger hindurch, Fahrstr überqueren und weiter auf *Böttentalrundweg* halbli unter der Stromleitung hindurch. An Holzhütte vorbei ger durch Waldschneise. Am gegenüberliegenden Waldrand re. Beim Waldeck in den Wald hinein und in mehreren Kehren
MW abw ins *Böttental.* Im Tal vor Kläranlage mit *[Gelber Raute]*, *Ww [Mehrstetten]*, scharf li. Jetzt auf ebenem Weg am Waldrand durch das landschaftlich reizvolle *Böttental.* Nach ¾ Std Fahrstr ger überqueren und weiter mit *Ww [Mehrstetten, Gundershofen]* auf schönem Hangweg durch die prächtige Heidelandschaft am Rande des Tals. Unterhalb von *Mehrstetten* bei Mehrwegegabel
OM *ohne Markierung* li in eine enge, romantische Seitenschlucht. Am Talende an der Autostr kurz re, bei Wander-P an der
MA Schranke vorbei li ins *Buchtal.* Nach ca. 15 Min mit *[Gelber Gabel], Ww [Magolsheim]* li. Jetzt folgt ein längerer Aufstieg. Oben nach der Schranke li aus dem Wald hinaus und danach re an der Kläranlage vorbei zurück zum Ausgangsort.

● **Gasthof zum Engel** - Gemütlicher schwäbischer Landgasthof mit behaglicher, ungezwungener Atmosphäre. Sehr gute schwäbische Küche mit Produkten aus der eigenen Landwirtschaft. Leckerer gemischter Braten, Rostbraten, Schnitzelvariationen, köstliche Wildgerichte. Untere (bis mittlere) Preise. - *ÖZ: So ganztägig, werktags ab 18 Uhr geöffnet.*

Blick vom Knopfmacherfels auf Kloster Beuron

oben: *Münster in Zwiefalten*
unten: *Luftkurort Hayingen*

oben: *Historische Hammerschmiede am Blautopf*
unten: *Wimsener Höhle*

oben: *Schäfer mit Herde auf dem Raichberg*
unten: *Laichinger Tiefenhöhle*

Heroldstatt-Sontheim - Sontheimer Höhle - Tiefental - Eistal - Lindenhütte - Sontheim

Weg und Zeit - 18 km - 4 ¾ Stdn.

Charakteristik - Diese herrliche Wanderung zu einer der schönsten Tropfsteinhöhlen der *Schwäbischen Alb* ist wegen der angenehmen Kühle in den schattigen Tälern insbesondere im Hochsommer zu empfehlen. Auf der Hochfläche streckenweise schöne Aussicht. Aus dem *Tiefental* ist ein ca. 1-stündiger leichter Anstieg zu bewältigen.

Anfahrt - A 8, Ausfahrt *Merklingen,* über *Laichingen.* - B 28 *Reutlingen* bzw. *Blaubeuren.* - Bahnstation *Blaubeuren* (Abholung).

Parken - Großer P beim *Landhotel Wiesenhof.*

● **Der Rundweg** - *Sontheim* (774 m), ein Teilort der Gemeinde *Heroldstatt,* wurde 1108 als *Suntheim* erstmals urkundlich erwähnt. Vom *Wiesenhof Lange Str* Ri Ortsmitte. *Wiesenweg* re, nach 20 m li. *Blaubeurer Weg* halbre leicht abw aus dem Ort hinaus. Talsohle durchqueren und mit *[Radweg 6]* wieder aufw auf die Hochfläche. Oben auf Autostr mit *[Gelber Gabel]* ger bis *MA* Wander-P. Hier mit *[Gelber Gabel, Rotem Strich]* re auf Wiesenweg, später durch ein kurzes Waldstück. Nach 20 Min kommt *[Gelbes Dreieck]* hinzu. Auf Fahrstr re zur *Sontheimer Höhle* (730 m, 223 m lang, 37 m tief). Die früher *Sontheimer Loch* genannte Höhle war einst neben der *Nebelhöhle* die bekannteste Schauhöhle der *Alb.* In mehreren Hallen sind wunderschöne Tropfsteinbildungen zu sehen. *(Geöffnet je nach Witterung ca. 1.5. bis 31.10., Sa 14-18 Uhr, So 9-18 Uhr).* Gleich nach der Höhle mit *[Rotem Strich/HW 7* und *Gelbem Dreieck]* steil abw ins *MW* *Tiefental.* Unten auf dem Talweg li, bei Kreuzungen und Abzweigungen immer der Markierung folgen. Nach ¾ Std bei Schutzhütte mit *[Gelber Gabel]* scharf re, *Ww [Lindenhütte].* *MW* Jetzt leicht aufw durch das von Felsen eingerahmte *Eistal.* Nach

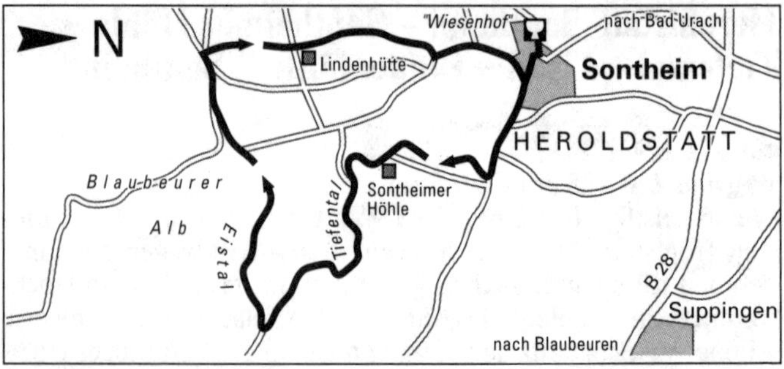

knapp 1 Std vor Waldende mit *[Gelber Gabel]* re, *Ww [Linden-*
MW *hütte].* An der nächsten gr Kreuzung am Waldrand mit *[Rotem*
Strich/HW 7], re aufw wieder in den Wald. Ger vorbei an der
MW *Lindenhütte.* Nach 5 Min ger weiter mit *[Gelber Gabel], Ww*
[Sontheim]. Beim Austritt aus dem Wald re am Waldrand entlang. Über Feldweg und ger durch kl Waldschneise. Nächste Abzweigung li am Waldrand aufw. Nach Scheune befestigter Querweg li. Auf diesem Weg zurück zum Ausgangsort.

● **Landhotel Wiesenhof** - Wegen seiner vielfältigen Freizeitangebote (Reithalle, Planwagenfahrten) ideal für den Familienurlaub geeignet. Behagliche Komfortzimmer. Kreative Meisterküche mit feinen schwäbischen u. internationalen Spezialitäten. Das Angebot der stets frisch zubereiteten Köstlichkeiten richtet sich nach der Saison. Mittl. Preise. - *Ru = Di.*

Bühlenhausen/Berghülen - Langes Tal - Lautertal - Tobelhalde - Bühlenhausen

Weg und Zeit - 14 km - 3 ½ Stdn.
Charakteristik - Ein Weg der Stille und Naturverbundenheit mit romantischen Partien im *Langen Tal* und *Lautertal.*
Anfahrt - A 8, Ausf. *Merklingen - Merklingen - Machtolsheim - Berghülen.* - B 28 von *Blaubeuren* - L 1230 - Abfahrt *Bühlenhausen.*
Parken - Gr Ⓟ beim *Gasthaus Krone.*

● **Bühlenhausen** - Beschaulicher Teilort von *Berghülen. Ev. Pfarrkirche,* spätgotisch, mit *Wandmalereien* von 1477, u. a. „Kluge und Törichte Jungfrauen".

● **Gasthaus Krone** - Angenehmes Landgasthaus am Ortsrand, jetzt in neuem Gewand. Gemütliche Gasträume. Prächtige Sonnenterrasse. Familiäre Atmosphäre. Empfehlenswerte gutbürgerliche Küche mit klassischen Gerichten und schwäbischen Spezialitäten. Eigene Schlachtung. Herzhafte Vesper. Dosenwurst zum Mitnehmen. Untere bis mittl. Preise. - *Ru = Mi.*

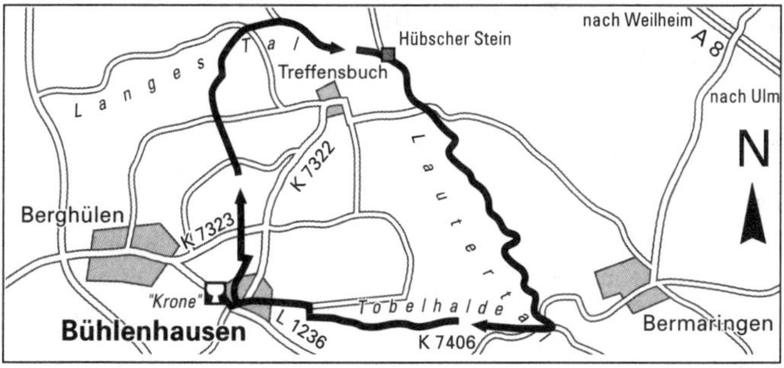

● **Der Rundweg** - Von der *„Krone"* *Ulmer Str* ortsauswärts, *Lin-*
denstr li, *Hinter den Gärten* li, *[Gelbes Dreieck], Ww [Nellingen].* *MA*
Weg und Ri beibehalten. Re drüben der Kirchturm. Außerorts
bei Schuppen befest. Querweg 100 m li, dann befest. Querweg
re. K 7323 queren, weiter ger über Albhochfläche zum Wald. Re
drüben *Treffensbuch*. Waldrand ger, *Ww*. Schöne Alblandschaft.
Waldeintritt. Leicht abw ins **Lange Tal**. Wegkreuzung ger, *NSG*.
Querweg re, *[Gelbe Raute], Ww [Lautern, Herrlingen].* Stiller *MW*
Weg mit märchenhaften, romantischen Partien durch das *Lange*
Tal. Klotzige Einzelfelsen wechseln ab mit imposanten Fels-
gruppen. Re des Wegs der *Hübsche Stein*, mittelalterlicher
Grenzstein Ulm-Helfenstein-Württemberg. Später Sträßle queren,
ger durchs **Kleine Lautertal**, ein Trockental. Der Taleinschnitt
wird ausgeprägter. Wegedreieck, ger, *Ww [Lautern].* Einige Weg-
bogen, mehrere eindrucksvolle Felsformationen. Unterhalb der
K 7406 Querweg re, *[Gelbes Dreieck], Ww [Blaubeuren, Bühlen-* *MW*
hausen]. Durch die *Tobelhalde,* eine tiefe Erdschlucht, leicht
aufw, immer ger, Abzweige ignorieren. Bald nach einem mäch-
tigen Felsen wird der Wald verlassen. Rechtsbogen aufw, befe-
stigter Querweg li, *Ww*, zurück nach *Bühlenhausen. Daunerstr*
ger, später *Ww [Nellingen], Lindenstr* li, *Ww [Gasthaus Krone].*
Ger, (*Gelbes Dreieck* nach re), *ohne Markierung* zur *Ulmer Str*, re *OM*
ab zur erholsamen Einkehr in der *„Krone"*.

Blaubeuren - Rusenschloss - Sonderbuch - Landsitzle - Blautopf - Blaubeuren

Weg und Zeit - 7 km - 2 Stdn.

Charakteristik - Ein herrlicher Rundweg voll beeindruckender Begegnungen mit Zeugnissen der Geschichte und Kultur sowie angefüllt mit einzigartigen Naturerlebnissen. Ein Weg auch mit unvergesslichen Ausblicken. Die Glanzpunkte: *Klosterkirche, Altstadt, Rusenschloss, Ach, Blau* und *Blautopf.*

Anfahrt - An der B 28 von *Reutlingen - Metzingen - Bad Urach* bzw. von *Ulm.* - B 492 von *Ehingen.* - A 8, Ausf. *Merklingen* - L 1230 *Machtolsheim* - B 28. - *Bahnstation* (Strecke *Ulm - Freiburg*).

Parken - Gäste-P u. Garagen *Hotel Ochsen.* - Sonst P *Festplatz.*

● **Blaubeuren** - *Staatl. anerkannter Erholungsort,* genannt *„Die Perle der Schwäbischen Alb“,* inmitten einer reizvollen Alblandschaft im Talkessel der *Urdonau* gelegen. Die schroffen Weißjurafelsen an den Talrändern - Schwammstotzen des Jurameeres - verleihen dem Stadtbild eine besonders attraktive Note. - Klostergründung 1085. Im Anschluss daran erfolgte die Stadtgründung. 1267 erste Nennung *Blaubeurens* als Stadt. Sie besaß damals allerdings schon Stadtrecht und war von Stadtmauern umgeben. - **Ehem. Benediktinerkloster**, heutige Bauten 15./16. Jh. *Klosterkirche,* 1466-1510 neu errichtet, eines der schönsten Zeugnisse der schwäb. Spätgotik, prächtiger *Chor,* großartiger *Hochaltar* - ein Wandelaltar der *Ulmer Schule* (*Erhart, Zeitblom, Strigel*) - *Chorgestühl* von *Jörg Syrlin d .J. Kreuzgang. Kapitelsaal.* Einzigartiges *Badhaus* mit *Heimatmuseum.* - **Ev. Stadtkirche** 15. Jh., got. Fresken. - **Heilig-Geist-Spital** 15. Jh., jetzt Altenheim. - **Urgeschichtliches Museum** mit Funden z. T. aus der Neandertalerzeit.

● **Hotel Ochsen** - 3-Sterne-Haus, seit 1525 Gastherberge. Großzügige Komfortzimmer. Stilvoll-gemütliche Gasträume. Angenehme familiäre Atmosphäre. Ideenreiche Küche, Württ. Meisterbetrieb. Verlockende Spezialitäten, z. B. Lamm aus eigener Zucht, Egli-Filet, Ochsenschwanzragout, Wild, Geflügel, Steaks, Maultaschen, hausgem. Spätzle, Vegetarisches. Tageskarte. Vesper. Abends Feinschmecker-Menüs. Mittl. Preise. - *Kein Ru.*

● **Der Rundweg** - Vom *„Ochsen“* zum *Marktplatz* mit **Rathaus** (1425/1593/1931/1966) und Renaissancebrunnen (1600). *Karlstr* re, *Ulmer Str* li, vorbei am *Ruckenberg* (Umlaufberg) mit *AP,* danach
MA am mächtigen Felsen *„Klötzle Blei“.* Vor Bahnbrücke li, *[Rote Gabel], Ww [Rusenschloss].* Gabel halbre, abw zu kl Bach. Wunderschöner Blick aufs *Rusenschloss.* Vor zum *Blau-Steg* unterhalb der Bahnbrücke. Querwegbogen li aufw, am Durchlass li, Pfad
MW scharf re, *LSG,* dann mit *[Roter Raute]* scharf li, *Ww.* Serpentinen und Bergrücken aufw. Kurz vor der Höhe lohnender Abstecher 20 m li zur *Kleinen Grotte* (Felsen-Doppelgrotte). Etwas weiter ist

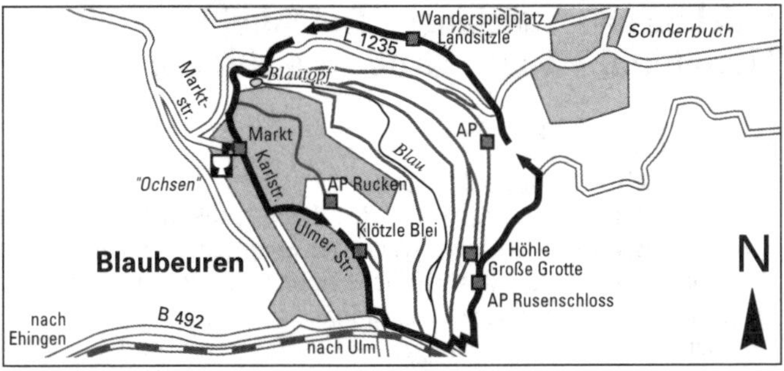

ein Abstecher zur *Großen Grotte* möglich. **Ruine Rusenschloss**, als Grafenburg um 1080 kühn auf schmalen Felsklippen errichtet, im 15. Jh. schlossartig ausgebaut, 1768 abgebrochen, stattliche Reste erhalten. Von der Brüstung fantastischer Blick auf *Blaubeuren,* zu Füßen die *Blau.* Durch einen Torbogen wird das mächtige Areal verlassen. – Br Weg ger, später Linksabzweig aufw, *[Rote Gabel],* *MW*
Ww [Blautopf]. Gefallenen-Ehrenmal. Dahinter schöner *AP.* Fahrstr kurz re, **Sonderbuch** (*Ev. Filialkirche St. Leonhard* 17. Jh., sehr gute Muttergottesfiguren 15. u. 16. Jh.). Vor Hs. 68 Pfädchen scharf li, Rechtsbogen, befest. Weg am Waldrand entlang. Li an der Segelflughalle vorbei, Spiel- und Rastplatz „**Landsitzle**" mit *Schutzhütte.* Br Weg ger weiter, *Ww.* Am Waldausgang halbli **(!)** abw *[Rote Gabel]* durch den Wald zum **Blautopf**. Vorbei an der *Hist. Hammerschmiede, Blautopfstr* ger, *Klosterstr* li, *Marktpl.,* re zur wohltuenden Einkehr im *„Ochsen".*

● **Der Blautopf** – Der berühmteste und schönste Karstquelltopf Deutschlands – und nach dem *Aachtopf* auch der größte. In seinem Einzugsbereich von über 150 qkm versickert das Regenwasser im Untergrund und sammelt sich in einem riesigen Höhlensystem. Der Blautopf hat heute eine Tiefe von 21 m, darunter die geheimnisvolle *Blautopfhöhle.* Die Blaufärbung zeigt sich am intensivsten nach längeren Trockenperioden. – *Eduard Mörike* (1804-75) wählte den Blautopf als Schauplatz für seine *„Historie von der schönen Lau",* Teil des *„Stuttgarter Hutzelmännlein"* (1853).

Laichingen - Laichinger Tiefenhöhle - Himpfertal - Vogt's Grub - Laichingen

Weg und Zeit - 8 ½ km - 2 ¼ Stdn.
Charakteristik - Ein bequemer Rundweg, praktisch ohne jede Steigung, der vor allem den Wanderer anspricht, der die weiten Rundblicke über die Albhochfläche liebt. Glanzpunkt ist jedoch zweifellos die einzigartige *Tiefenhöhle.*
Anfahrt - A 8, Ausf. *Merklingen.* - 3 Abfahrten von der B 28. - Von *Donnstetten* oder von *Wiesensteig* über *Westerheim.*
Parken - Gäste-P beim *Hotel Krehl „zur Ratstube".* - Mehrere P im Bereich *Marktplatz, Rad-* und *Weberstr.*

● **Laichingen** (755-780 m) - Schön gelegene Mittelpunktstadt mit den Teilorten *Feldstetten, Machtolsheim* und *Suppingen.* Erste urkundl. Erwähnung 805. Stadtrecht 1364 durch *Kaiser Karl IV.* Marktrecht 1788. Frühes Zentrum der Leinenweberei. Bis heute finden jährlich fünf große Märkte mit traditionellem Charakter statt. - *Ev. Pfarrkirche,* gotischer Saalbau, Ausstattung 17. u. 18. Jh., Turm 14. Jh., Aufsatz 1632 von *Heinrich Schickhardt.* Befestigter *Kirchhof* mit Ringmauer und Wehrgang, *Torburg* mit 3 Bogentoren und Fachwerkaufbau, sog. *Zeughaus* und *Heiligenhaus, Weber-* und *Heimatmuseum.*

● **Hotel Krehl „zur Ratstube"** - Gepflegtes Haus erlesener Gastlichkeit. Elegante Komfortzimmer. Stilvolle Gasträume. Wunderschöne Zirbelstube. Biergarten. Abwechslungsreiche Küche mit einer breiten Palette klassischer und schwäbischer Gerichte. Großer Weinkeller mit 250 Sorten, auch zum Verkauf. Weitbekannte Weinproben. Mittlere Preise. - *Ru = So.*

● **Laichingen - Tiefenhöhle** - knapp ½ Std - Vom *Hotel Krehl „zur Ratstube"* vor zum *Marktplatz,* vorbei am *Postamt, Schallen-*
MA *gasse* ortsauswärts, *[Gelbes Dreieck],* auch *[Roter Strich/HW 7], Ww.* Aufw, *Suppinger Str* ger, Fußweg neben der L 1236. Am Ortsende halbli, *Ww,* Straßenbrücke, ger zur

● **Laichinger Tiefenhöhle** - Tiefste ausgebaute Schauhöhle Deutschlands. Bisher wurde sie auf 80 m Tiefe und 1070 m Länge erforscht. Der Führungsweg geht über Treppen und Leitern durch eindrucksvolle Vertikalschlünde zur *Großen Halle* (4000 cbm, Tiefe 40 m) und weiter abw zur *Kleinen Halle* (mit 55 m tiefster Punkt des Rundgangs). Sinterbildungen im *Blumenkohlgang, Nassen Schacht* und am *Wasserfall.* Der *Gletschermühlenschacht* wurde durch herabfallendes Wasser gebildet. Ausgang durch die *Ostschächte.* - Ein sensationelles Erlebnis stellt sie dar, eine Impression vom „Hades" vermittelt sie, diese 1892 entdeckte Einmaligkeit. Heute betreut vom *Höhlen- und Heimatverein Laichingen.* - Im Eingangsgebäude bedeutendes *Museum für Höhlenkunde. - ÖZ von Höhle und Museum: Karfreitag bis Ende*

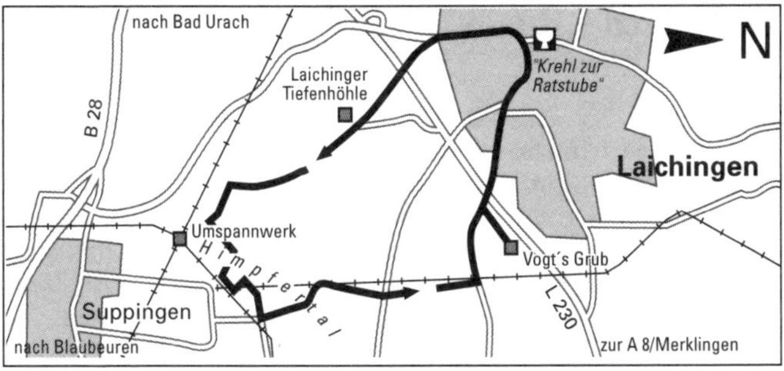

Okt. tägl. von 9 bis 17 Uhr. (Bei Gruppen ab 20 Personen ist Anmeldung erwünscht. Tel. 07333/5586.)

● **Tiefenhöhle - Himpfertal - Vogt's Grub - Laichingen** - gut 1 ¾ Stdn - Vom Ausgangsgebäude befest. Weg südl., *LSG, [Gelbes Dreieck]*, auch *LM [3]*, li am Reitplatz vorbei, ger **(!)** am Waldrand entlang. Kreuzung, ger zur nächsten Waldecke. Waldrand, ger bis Querweg. Li ab, Waldrand, Rechtsbogen, drüben *Suppingen.* Ca. 150 m **(!)** vor dem Umspannwerk scharf **(!)** li ab, *LM [3]* folgen. *MW* Grasiger Weg schneidet Waldecke ab. Bei Waldaustritt re, am Waldrand entlang, S-Bogen, vor **(!)** Grasabhang des *Himpfertals* li *[3]*, herrliche Alblandschaft. Br Weg ger, befest. Querweg li, dann unbefest. ger, bei gelbem Gasleitungspfahl Querweg re. Hochspannungsleitung, befest. Weg halbli, Waldrand, *[3,4].* Kreuzung ger, *[3].* (Kreuzung li = *Tiefenhöhle*). Weiter Rundblick: *Laichingen, Machtolsheim, Suppingen.* Nächste Kreuzung ger, *[Gelbes Dreieck]* von re, auch noch *LM [3].* Re eine markante Feldholzinsel. *MW* Befest. Querweg li, Straßenbrücke. Lohnender Abstecher zur riesigen Doline *Vogt's Grub* (hin u. zurück 600 m). *Laichingen. Pichlerstr* ger, *Ulmer Weg* ger, *Bahnhofstr* li zum *Marktplatz, Radstr* re zum Ausgangspunkt.

● **Weitere Wanderwege** - 1) *Karstwanderweg [K]* 11,4 km mit Höhlen, Hülen und Dolinen. - 2) *Histor. Wanderweg [H]* mit Keltengräbern, keltischer Viereckschanze, Römerstr u. v. a.

Feldstetten – Rundweg Laichinger Tiefenhöhle

Weg und Zeit – 16 km – 4 Stdn.

Charakteristik – Ein Rundweg, der vor allem durch die weite Rundsicht über die unendliche *Albhochfläche* begeistert. Eine Landschaft, die viel Ruhe ausstrahlt. Glanzpunkt: *Tiefenhöhle.*

Anfahrt – An der B 28 *Bad Urach – Blaubeuren.* – A 8, Ausf. *Merklingen – Laichingen.* – Behelfsausf. *Hohenstadt – Westerheim.*

Parken – Gr Gäste-P bei *„Lamm“* und *„Post“*.

● **Feldstetten** – Teilort von *Laichingen. Ev. Pfarrkirche* um 1300, im Chor Wandmalereien 14. Jh., Taufstein 14. Jh., Kanzel 1708.

● **Feldstetten – Laichingen – Tiefenhöhle** – 1 ¾ Stdn – Vom
„Lamm“ Lange Str östl., nach der *„Post“* 1. Str li, *Wandertafel*
MA *Rathausplatz* (762 m), ger, *Berggasse* aufw, *[Gelbes Dreieck], Ww*
[Laichingen, Höhle]. Leichter Rechtsbogen. Am Ortsende
Rechtsbogen zum Wald, befest. Weg aufw, im freien Feld Quer-
MW weg re, *[Gelbe Raute], Ww.* Ger (!), Weg wird befestigt, Rechts-
bogen abw, Kreuzung ger, Linksbogen, unbefest. Weg am Wald-
rand, parallel zur Hochspannungsleitung. Ger (!), befest. abw
zu Querweg. (Re = 750 m zu *Hohlem Stein*). Li ab, nach Strom-
mast Kreuzung re, Waldecke, aufw, Strommast, Waldeintritt. Br
Weg ger, *Lehrtafeln.* Waldaustritt, ger, *Laichingen. Herdweg,*
OM Hauptstr, *Max-Lechler-Str ohne Markierung* re, ger, *Hagsbucher-*
weg re, *Im Grübler* li, bei Hs. 16 bzw. 17 ger (!), nicht re. L 1236
MA 50 m re, Abzweig halbli, *[Roter Strich], Ww*, ger zur *Tiefenhöhle*
(S. 190).

● **Tiefenhöhle – Hohenloh – Nattenbuch – Feldstetten** – 2 ¼ Stdn
– Bei der *Wandertafel* re, *[Roter Strich/HW 7], Ww [Sontheim].*
Waldeintritt. Bald Pfadabzweig re, Waldrand li. Vor Fahrstr
Linksbogen. Pfädchen re abw, vor der L 1236 80 m li, Str que-
ren, befest. Landwirtschaftsweg li, dann Rechtsbogen abw.
2 Stromleitungen unterqueren (dazwischen *Erdfall*). Waldein-
tritt, Querweg re, vorm Waldrand li, später kurz re, li durch
Waldstück, Feldweg ger (!). B 28 queren, *[Radweg/Tour6]* ger,
OM Querweg *[OM]* re, L 230 queren. Ger (!), Waldrand (*Hohenloh*).
Im (!) Rechtsbogen br befest. Weg li. Ger (Blick auf *Sontheim*)
MA zu befest. Querweg. Re ab, ger, nach ca. 20 Min kommt *[Gelbes*
Dreieck] von li. Mit ihm ger, Waldrand aufw, Waldecke re, *Ww.*
Aufw zum *Nattenbuch* (822 m), prächtiger Ausblick. Ger, re das
ND Nattenbuch-Hüle. Ger, dann nicht (!) befestigt li, sondern
ger (!) über die Wiese. Im Wald gleich oberhalb vom *Wbh* li,
dahinter Wegspur re abw. An 5-Stamm-Buche li vorbei, Quer-
weg (Grasweg) li, *Ww [Römerstein]*, Grasweg re abw *[Gelbes*
Dreieck]. Ger nach *Feldstetten.* Hauptstr li zu den beliebten Ein-
kehrzielen *„Post“* und *„Lamm“*.

● **Gasthof-Hotel-Pension Post** – Traditionsreiches Familienun-

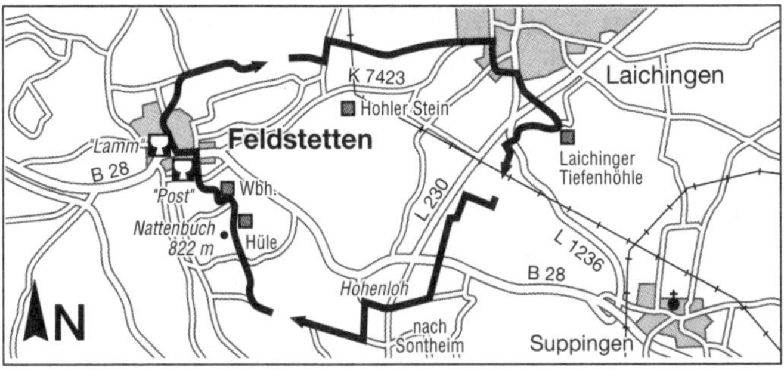

ternehmen, Württ. Meisterbetrieb. Komfortzimmer, auch im ruhig gelegenen Gästehaus. Freundliche Gasträume. Wohltuende Atmosphäre. Feine schwäbische Küche. Wohlschmeckende Spezialitäten aus eigener Schlachtung. Herzhafte Hausmacher Vesper. Wildgerichte. Untere bis mittl. Preise. - *Ru = Mo.*

● **Landgasthof Lamm** - Renommiertes Haus. Behagliche Gästezimmer mit Du/WC. Gemütliche Gasträume. Gepflegte, familiäre Atmosphäre. Respektable schwäbische Küche. Reichhaltige Speisekarte, u. a. Steaks, Braten, Wild, Lamm, Siedfleisch. Eigene Schlachtung. Deftige Vesper. Kinder- u. Seniorenteller. Tageskarte. Untere bis mittlere Preise. - *Ru = Mi.*

Westerheim - Schertelshöhle - Steinernes Haus - Roßwang - Westerheim

Weg und Zeit - 12 km - 3 Stdn.
Charakteristik - Abwechslungsreicher Rundweg zu der prächtigen *Schertelshöhle* und der Naturhöhle *Steinernes Haus.*
Anfahrt - A 8, Behelfsausf. *Hohenstadt* o. Ausf. *Merklingen.* - B 28, Abf. *Feldstetten.* - B 465, Abfahrt *Donnstetten.* - Von *Wiesensteig.*
Parken - Gäste-🅿 *„Adler“* o. *„Rössle“*. Sonst beim *Friedhof.*

● **Westerheim** (820 m) - *Luftkurort* auf einer Kuppe der *Alb,* gesundem Reizklima. Wanderwege-Schnittpunkt. - *Kirche St. Stephan* 1788, klassizist. Stil, Hochaltar 18. Jh, ummauerter Kirchhof.

● **Westerheim - Schertelshöhle - Steinernes Haus** - 1 ¼ Stdn - 1) Vom *„Adler“ Gartenstr* li. - 2) Vom *„Rössle“ Aufseestr (Uffseegasse)* aufw, *Gartenstr* li. - Gemeinsam: *Gartenstr* bis Ende, *Elsterweg* ger, bei Hs. 21 befest. Weg abw, Senke, aufw, Aussichtsbank, Rechtsbogen **(!)**, S-Bogen zu Quersträßchen. Li ab, abw, in der
MA Senke li **(!)**, *[Roter Strich]*, aufw, bei Baumgruppe Abzweig halbre,
MW *Ww.* Abw, Waldeintritt, abw, Pfad halbre, *Ww*, (*Roter Strich* ger).

● **Schertelshöhle** - 212 m lang, bis 15 m hoch, mit wunderschönen Tropfstein- und Sinterbildungen, eine der schönsten Schauhöhlen der *Schwäb. Alb.* Der 24 m tiefe Erdfall *„Kuhloch“* ist bereits seit 1470 bekannt. Durch ihn erfolgte 1820 die Erschließung. 1830/31 heutiger (künstlicher) Eingangsstollen. - *ÖZ: sonntags von Palm-*
MW *sonntag bis 15.11., werktags vom 15.5. bis 1.10.* - Stufenpfad abw, *Ww*, zur gr Kreuzung, Abstecher, *Ww,*

● **Steinernes Haus** - Im Gegensatz zur *Schertelshöhle* muss man sich hier selbst zurechtfinden: Von der etwa 250 qm großen Eingangshalle leicht bergab und nach re zum gr Versturzblock. Erst dahinter trifft man im bis 55 m Tiefe reichenden Höhlengang schöne alte Sinterbildungen an.

● **Steinernes Haus - Roßwang - Pfählerweg - Westerheim** -
MW 1 ¾ Stdn - Zurück zur gr Kreuzung, li ab, *[Rote Gabel].* Im dunklen Tann (Gemarkung *Roßwang*) durch ein Hochtal leicht aufw.
MW Nach ca. 700 m Gabel li **(!)**, *LM [W7, W8]*, auch *[Rotes Dreieck auf Weiß, Weißes Dreieck auf Rot].* Grasiger Abschnitt, etwas zerfahrenes Wegstück. Waldaustritt, Waldrand immer ger **(!)** (*W8* nach li), Zaun zur rechten Hand. Grasweg über freies Feld zur L 252, *LM [W7].* Fahrstr 150 m li, Forstweg mit 2 befest. Spuren re, *[W7].* Freies Feld, Waldpassage, Linksbogen über freies Feld. Querweg li, *[W7].* Einmündung in br befest. Weg, *[W7].* Li oben *Alb-Camping.* Fahrsträßchen li, *Westerheim, Tennishalle, Pfählerweg.* Nach Anwesen Nr. 6 li, *Feldstetter Str* ortseinwärts. *Donnstetter Str* li zum *„Rössle“*, *Wiesensteiger Str* halbli zum *„Adler“*.

● **Gasthof zum Adler** - Angenehmer Landgasthof. Behagliche Komfortzimmer. Stilvoll-rustikale Gasträume. Gepflegte Atmo-

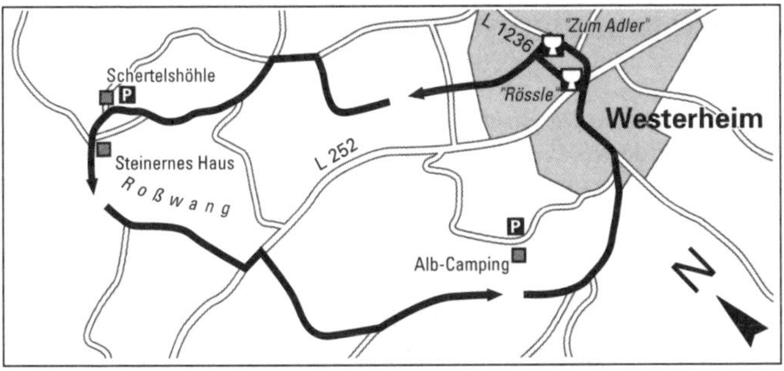

sphäre. Ideenreiche Küche mit großer Auswahl. Auch Wild, Geflügel, Lamm, Vegetarisches. Grillgerichte. Große Fischkarte. Vesper. Das ganze Jahr hindurch Aktionen mit verlockenden saisonalen Spezialitäten. Mittl. Preise. - *Ru = Mi.*

● **Gasthof Rössle** - Stattlicher Landgasthof von 1982. Wohnliche Komfortzimmer mit Balkon. Rustikale Gasträume. Wintergarten. Familiäre Atmosphäre. Respektable gutbürgerliche Küche, die den Gast mit schwäbischen Spezialitäten und vortrefflichen klassischen Gerichten verwöhnt. Hausschlachtung. Gr Maultaschenkarte. Vegetarisches. Vesper. Der Chef kocht selbst. Untere bis mittl. Preise. - *Ru = Di.*

Die Hohenzollernstraße

Charakteristik - *Die Hohenzollernstraße* (ca. 230 km) führt durch die alten *Hohenzollerischen Lande* mit ihrer landschaftlichen Vielfalt und ihren kulturhistorischen Glanzpunkten. Im nachfolgenden Routenverlauf werden die Hauptsehenswürdigkeiten vorgestellt bzw. die Seitenzahlen der im Buch behandelten Orte genannt. - *In der Skizze ist sie als durchgezogene Linie dargestellt.*

● **Die Hohenzollernstraße** - **Haigerloch** (S. 88-91), einstige hohenzollerische Residenzstadt. - **Rangendingen** (S. 86), ehem. *Dominikanerinnenkloster* 1580/1754, Umbau des Nordflügels als *Rathaus* 1974. *Klosterkirche* 1754, Rokoko-Innenraum, Rocaillestuckaturen *J. M. Feichtmayr.* - *Bietenhausen,* Kirche *St. Agatha* 1791, roman. Tympanon. - *Höfendorf,* Kirche *St. Ägidius* 1777 von *Chr. Großbayer* (*Haigerloch*). - **Hechingen-Stein** (S. 76, 81, 86) *Römisches Freilichtmuseum.* - **Hechingen** (S. 72-75), einstige hohenzollerische Residenzstadt. - **Burg Hohenzollern** (S. 82), Stammsitz der *Hohenzollern.* - **Bisingen**, Kirche *St. Nikolaus* 1900, Muttergottes, Ulmer Schule, um 1440. - **Onstmettingen**, *Philipp-Matthäus-Hahn-Museum* (Uhren u. Waagen). - **Hausen**, Kirche *St. Nikolaus* 1775 von *Chr. Großbayer.* - **Killer**, Kirche *Schmerzhafte Muttergottes* 1776 von *Chr. Großbayer. Deutsches Peitschenmuseum.* - **Ringingen**, Kirche *St. Martin* 1707-24/1904. *Mutter-Gottes-Kapelle* 15. Jh./1650/1760. 2 Burgruinen. - **Salmendingen**, Barockkirche *St. Michael* 1747. Kegelberg *Kornbühl* mit *Salmendinger Kapelle*, um 1500. - **Melchingen**, Barockkirche *St. Stephan* 1769 von *Chr. Großbayer.* Burgruine. Lehrpfad „Sonnenalb". - **Stetten**, *Burgruine Holstein.* - **Trochtelfingen** (S. 152/54), Kirche *St. Martin* 12.-19. Jh. *Hünensteinkapelle* mit bedeutender Wandmalerei, um 1320. *Erhardkapelle* 14. Jh. Ehem. *Schloss* 15. Jh. Türme der *Stadtbefestigung* 16. Jh. - **Mägerkingen** (S. 152/54). - **Neufra**, Kirche *St. Mauritius* 1862. *Muttergotteskapelle* 1591. *Wallfahrtskapelle Hl.-Kreuz* 1751 auf dem *Hochberg.* Ehem. *Schloss,* jetzt Forsthaus. Burgruinen. Herrliches *Fehlatal* (S. 149). - **Gammertingen** (S. 149/50). - **Hettingen** (S. 149), spätgot. Kirche *St. Martin*, sehenswerte Ausstattung. *Marienkapelle* 1583/1730. *Sebastianskapelle* 1612. *Schloss*, um 1720. Wandergebiet *Lauchert-* und *Fehlatal.* - **Hermentingen**, Kapelle *St. Gallus* 15. Jh. mit spätgot. Wandmalerei. - **Veringenstadt** (S. 147/48), Kirche *St. Nikolaus* 1862. *Rathaus* 1415, jetzt *Heimatmuseum. Strübhaus,* einstiges Ackerbürgerhaus, 1536 Wohnhaus des Malers *Peter Strüb d. J.*, wohl der sog. *Meister v. Sigmaringen*, heute *„Haus der Malkunst um 1500".* Burgruine und Burgkapelle 12. Jh. *Göpfelsteinhöhle, Nikolaushöhle.* - **Veringendorf**, Kirche *St. Michael*, um 1100, Veränderungen 14., 16., 18. Jh., romanisch, gotisch und barock, bedeutende Bildzyklen, um 1325. - **Sigmaringen** (S. 145). - Abstecher **Donautal** (S. 140-45). - **Krauchenwies**, Kirche *St. Laurentius* 1597. *Altes Schloss* 1597/

18. Jh. - **Habsthal,** *Benediktinerinnenkloster,* gegr. 1259. *Klosterkirche* 1680 von *J. Beer*, Hochaltar um 1750. - **Ostrach** (Bd. 8, S. 134), südöstlichster Punkt der ehem. hohenzollerischen Lande. Kirche *St. Pankratius* 16.-20. Jh. In der Nähe des *NSG Pfrunger Ried* (Bd. 8, S. 135), eine glaziale Bildung aus Hoch- und Niedermooren im Einzugsgebiet von *Ostrach* und *Rotach.* - **Pfullendorf,** Kirche *St. Jakob*, spätgot. Basilika. *Wallfahrtskirche Maria Schray* 1476/1566, barockisiert 1751. Mächtige Stadtbefestigung. *Rathaus* 1524/1786. - **Aach-Linz,** spätgot. Kirche *St. Martin*, 1754 barockisiert. - **Herdwangen**, Kirche *St. Petrus und Paulus* 1812/1911. - **Schloss Hohenfels** 1148/1553/1733, ehem. *Deutschordensschloss,* heute Internat, südwestlichster Punkt der alten hohenzollerischen Lande. - **Wald**, ehem. *Zisterzienserinnenkloster,* gestiftet 1212. Klosterkirche *St. Bernhard*, barockisiert 1696-98 von *J. Beer.* 50 Jahre danach meisterhafte Stuckierung von *J. J. Schwarzmann.* - **Meßkirch,** Kirche *St. Martin* (Urkirche um 750). *Liebfrauenkirche* 14. Jh./1576. *Schloss* 1557-94. - **Thalheim**, Kirche *St. Laurentius* 1843. - **Leibertingen**, in der Nähe *Burg Wildenstein* 12. u. 16. Jh., hoch über dem *Donautal,* heute Jugendherberge. - **Kreenheinstetten**, Kirche *St. Michael* 1782, Rokoko-Seitenaltäre. Ehem. *Gasthof „Traube“*, Geburtshaus von *Abraham a Sancta Clara* (*J. U. Megerle*, 1644-1709). - **Hausen im Tal**, Mittelpunkt der herrlichen Landschaft *Obere Donau* mit steilen Felsen, prächtig gelegenen Schlössern, Burgen, Burgruinen und geheimnisvollen Höhlen (S. 134-37 u. 140-44). - **Kloster Beuron** (S. 134). - **Schwenningen** (S. 138/39).

Hauptroute: Heinstetten - Hartheim (S. 105/06) - **Meßstetten** (S.105/06). - **Nebenstrecke: Stetten am kalten Markt**, Kirche *St. Mauritius* 17. Jh., verändert 1720. *Schloss* 16. Jh., heute Rathaus. **Frohnstetten** (S. 146/47). - **Kaiseringen** (S.146/47), *Allerheiligenkapelle* - **Straßberg**, Barockkirche *St. Verena* 1742/1922, Turm um 1500. Ehem. *Amtshaus* 1745, heute Rathaus. *Burg Straßberg*, 12./13. Jh., Umbauten 16. u. 18. Jh.

Albstadt (S. 97-104), sog. „Herz der Schwäbischen Alb“ mit mehreren Stadtteilen, u. a.: **Ebingen** (S.102-04), Kirche *St. Martin* 1906, Chor 1473, Turm 1672/1906. *Städt. Galerie. Museum im Kräuterkasten.* **Lautlingen** (S. 97/98), ehem. *stauffenbergisches Schloss* 1850, *Musikhist. Sammlung Jehle, Nähmaschinenmuseum.* **Margrethausen** (S. 102/03), ehem. Klosterkirche *St. Margareta* 1699. **Burgfelden** (S. 99/100), *Ev. Kirche* 11. Jh., wertvolle Wandmalereien, *Reichenauer Malerschule*, 11. Jh., *Schalksburg,* romanisch-gotische *Hohenzollernburg.* **Pfeffingen** (S. 100/01). - **Balingen** (S. 92-95).

Hauptroute: **Ostdorf,** *Ev. Pfarrkirche*, Chor 14. Jh., Langhaus 19. Jh. - **Owingen**, romanische *Weilerkirche,* um 1200, Tympanon 12. Jh. Kirche *St. Jakob* 1697-1706, Hochaltar 1781 von *J. G. Weckenmann.* - **Nebenstrecke: Schömberg** (S. 108-16). - **Rosenfeld**, gegr. um 1240, malerisches Stadtbild. *Ev. Kirche*, urspr. romanisch, gotisch und barock erneuert. - **Haigerloch.**

Der Zollernweg

Charakteristik - Ein Wanderweg des *Schwäbischen Albvereins* durch herrliche Landschaften und zu kunst- und kulturhistorisch bedeutsamen Stätten. - *Länge* 98 km, unterteilbar in 5 Etappen. *Markierung [Hohenzollernwappen mit stilisierter Burg und Aufschrift „Zollernweg"].* - In Klammern die Seitenzahlen der im Buch vorgestellten Orte. - *In der Skizze ist er punktiert dargestellt.*

● **Der Wegverlauf** - **Glatt/Sulz** (Bd. 2, S. 154-59) - *Fischingen - Burgruine Wehrstein - Mühlheim - Furtbachtal - Renfrizhausen* - ehem. *Dominikanerinnenkloster Kirchberg* mit sehenswerter *Klosterkirche - Weildorf* - **Haigerloch** (S. 88-91) - **16 km**. - *Stetten - Stauffenburger Hof - Römisches Freilichtmuseum* (S. 76/81) - **Stein** (S. 86/87) - **16 km**. - **Hechingen** (S. 72-75), *Stiftskirche - Brielhof* (S. 82) - *Burg Hohenzollern* (S. 82/83) - Sattel *Hohenzollern/Zellerhorn - Kapelle Mariazell - Zellerhorn* (S. 84/85) - *Raichberg/Nägelehaus - Himberg - Hoher Berg* - **Killer** (S. 196) - **24 km**. - *Killerberg - Ringingen* (S. 196) - *R. Hohenringingen* - Ⓟ *Bäbeloch - R. Ringelstein* (*Aloisschlössle*) - *Titusenköpfle - R. Hochwacht - Burladingen, Kirche St. Georg* 1769 von *Chr. Großbayer* (*Haigerloch*) - *Gauselfingen - Lange Lichse - Eulenloch* - **Gammertingen** (S. 149/50) - **16 km**. - Ⓟ *Fehlakapelle - Fehlatal* (S. 149/50) - Abstecher zum *Alten Schloss Baldenstein* (Ruine, S. 149/50) - *Fehlamündung - Hermentingen* (S. 196) - *Kapelle St. Gallus* (S. 196) - *Gallusquelle - Wallfahrtskirche Deutstetten*, Neubau 1751 - *Veringenstadt* (S. 147/48, 196) - *Veringendorf* (S. 196) - *Jungnau - Römerstraße - Nollhof - Altes Schloss R. Hertenstein - Nägelesfelsen* - **Sigmaringen** (S. 145) - **26 km.**

● **Alternative Etappeneinteilung** - *Glatt - Haigerloch* - 16 km. - *Hechingen* - 16 km. - *Nägelehaus* - 10 km. - *Burladingen* - 18 km. - *Veringenstadt* - 20 km. - *Sigmaringen* - 18 km.

Donau-Alb-Neckar-Weg

Eine Rückwegmöglichkeit - 110 km - *In der Skizze ist er als gestrichelte Linie dargestellt.*

● **Sigmaringen** - *Laiz - Inzigkofen - Schmeietal* (S. 142-45) - **Frohnstetten** (S. 146/47) - **22 km**. - *Straßberg* (S. 197) - *Ebingen* (S. 102-04, 197) - *Margrethausen* (S. 102, 197) - *Burgfelden* (S. 99, 197) - **Laufen** (S. 97, 99) - **24 km**. - *Hörnle* (S. 95, 99) - *Lochen* (S. 95, 115) - *Plettenberg* - **Schömberg** (S. 108-116) - **24 km**. - *Dotternhausen - Dormettingen* - **Rosenfeld** (S. 197) - **14 km.** - *Bickelsberg - Vöhringen* - **Sulz** (Bd. 2, S. 154-59) - **26 km**.

● **Informationen** - *Landratsamt Sigmaringen. Landratsamt Zollernalbkreis. Arbeitsgemeinschaft Hohenzollernstraße. Schwäbischer Albverein.*

nach Stuttgart
nach Tübingen
Neckar
Reutlingen
A 81
Glatt
Empfingen
1. Tag, 16 km
Sulz
Haigerloch
2. Tag, 16 km
Rangendingen
Stein
B 27
Vöhringen
Stetten
Hechingen
Salmendingen
Melchingen
5. Tag, 26 km
Owingen
3. Tag, 24 km
Nägelehaus
Rosenfeld
Ostdorf
Burg Hohenzollern
Ringingen
Killer
Stetten
4. Tag, 16 km
Trochtelfingen
Balingen
4. Tag, 14 km
Albstadt-Onstmettingen
Burladingen
Gauselfingen
Mägerkingen
B 27
B 27
Schömberg
nach Rottweil
Albstadt-Laufen
Neufra
Gammertingen
3. Tag, 24 km
Albstadt-Ebingen
2. Tag, 24 km
5. Tag, 26 km
Meßstetten
Hettingen
Hermentingen
Hartheim
Straßberg
Veringenstadt
B 463
Heinstetten
Stetten am kalten Markt
Frohnstetten
Veringendorf
Schwenningen
Jungnau
1. Tag, 22 km
Hausen i.T.
Kloster Beuron
Sigmaringen
Kreenheinstetten
Scheer
Leibertingen
Inzigkofen
Sigmaringendorf
Donau
B 313
B 32
Thalheim
B 311
B 311
Krauchenwies
Meßkirch
Habsthal
B 313
Wald
Ostrach
Pfullendorf
Aach-Linz
B 31
Stockach
A 81
A 98
Hohenfels
Herdwangen-Schönach
Route der Hohenzollernstraße
Alternativen zur Hauptroute
Zollernweg des Schwäb. Albvereins
Donau-Alb-Neckar-Weg
Singen
Überlinger See
N
Radolfzell
B 33
zum Bodensee

Ortsregister

nach Stuttgart
Herrenberg
Nagold
A 81
TÜBINGEN
Rottenburg
Neckar
REUTLINGEN 61
Pfullingen
Bad Imnau 91
Genkingen 69
Rangendingen 87
Stein 87
Willmandingen 71
nach Rottweil
89,91 Haigerloch
74,83 Hechingen
85 Stetten
Erpfingen 67,71
96 Grosselfingen
85 Boll
Hausen 151
Mägerkingen 153
Balingen 94
Pfeffingen 101
Gammertingen 149
107 Dautmergen
Burgfelden 99
102 Albstadt
Schömberg 111,112,114
97 Laufen
103 Ebingen
116 Ratshausen
Frohnstetten 146
Hartheim 105
Wehingen 117
Bubsheim 119
Oberschmeien 145
Schwenningen 139
Denkingen 121
Thiergarten 141,142
Unterschmeien 145
Spaichingen
Naturpark Obere Donau
Sigmaringen
DONAU
135, 137 Fridingen
124 Tuttlingen

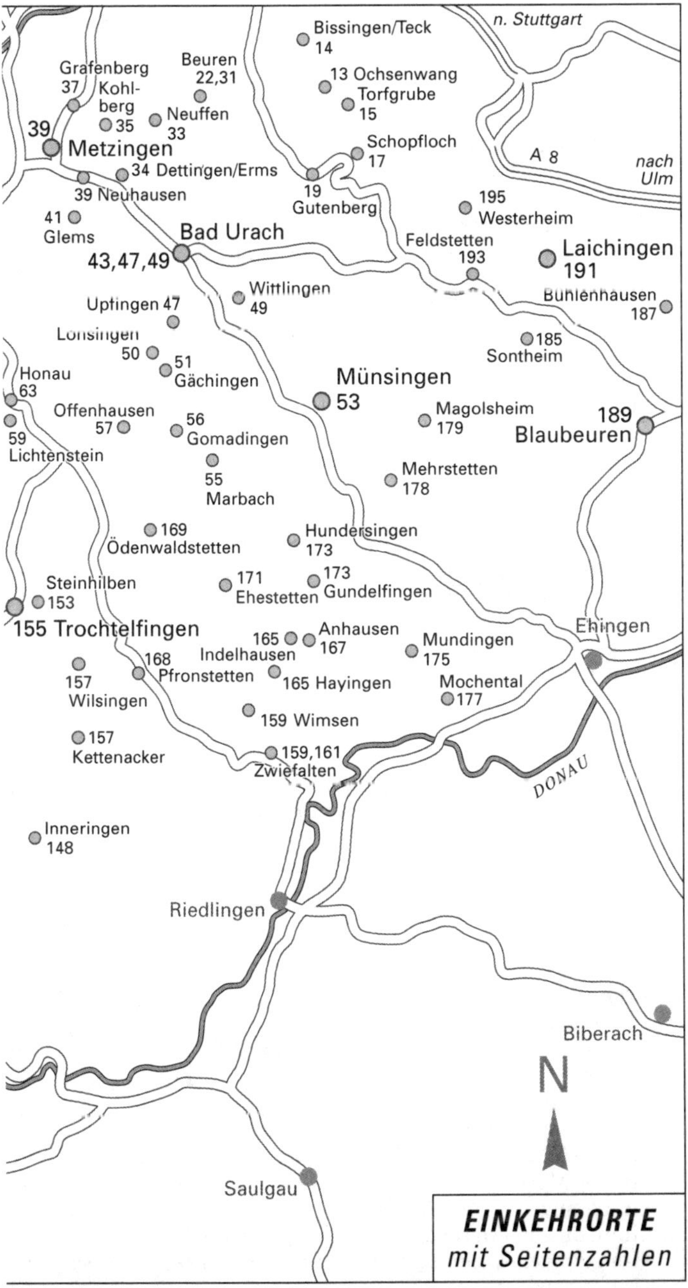
n. Stuttgart
Bissingen/Teck
14
Beuren
22,31
Grafenberg
37
Kohl-
berg
35
13 Ochsenwang
Torfgrube
15
Neuffen
33
39
Metzingen
Schopfloch
17
A 8
nach
Ulm
34 Dettingen/Erms
39 Neuhausen
19
Gutenberg
195
Westerheim
41
Glems
Bad Urach
43,47,49
Feldstetten
193
Laichingen
191
Wittlingen
49
Buhlenhausen
187
Upfingen 47
Lonsingen
50
51
Gächingen
185
Sontheim
Honau
63
Münsingen
53
Offenhausen
57
56
Gomadingen
Magolsheim
179
189
Blaubeuren
59
Lichtenstein
55
Marbach
Mehrstetten
178
169
Ödenwaldstetten
Hundersingen
173
Steinhilben
153
171
Ehestetten
173
Gundelfingen
155 Trochtelfingen
165
Indelhausen
Anhausen
167
Mundingen
175
Ehingen
157
Wilsingen
168
Pfronstetten
165 Hayingen
Mochental
177
159 Wimsen
157
Kettenacker
159,161
Zwiefalten
DONAU
Inneringen
148
Riedlingen
Biberach
N
Saulgau
EINKEHRORTE
mit Seitenzahlen

Register der Gasthöfe, Hotels und Restaurants